PAUL KÜCH

Ich hatte einen Schießbefehl

Gezählte Tage im Eichsfeld

Über den Autor:

Paul Küch, Jahrgang 1963, wuchs als einziges gemeinsames Kind seiner Eltern in einem kleinen Dorf im Brandenburgischen auf. Nach erfolgreichem Abitur absolvierte er seinen Grundwehrdienst bei den Grenztruppen der DDR, studierte an der Humboldt-Universität in Berlin und ist bis heute in der Lebensmittelindustrie tätig.

PAUL KÜCH

Ich hatte einen Schießbefehl

Gezählte Tage im Eichsfeld

Laumann-Verlag

Die Namen der Handelnden wurden aus rechtlichen Gründen geändert. Jede Ähnlichkeit mit lebenden oder toten Personen wäre rein zufällig und vom Autor nicht beabsichtigt.

Für die freundliche Bereitstellung der beiden Fotos auf dem Buchumschlag danke ich Herrn Jürgen Ritter. Der Fotojournalist hat zu Zeiten der deutschen Teilung die Grenzanlagen vom Westen aus fotografiert und ein Archiv mit mehreren Tausend Motiven aufgebaut. Bitte besuchen Sie ihn im Internet unter www.grenzbilder.de!

Satz und Layout erstellt und unverändert
übernommen von Paul Küch

Bildnachweis: Privatfotos des Autors
Buchumschlag: Polina Buschhüter

Copyright © 2013 by
Laumann Druck & Verlag GmbH & Co. KG
Postfach 1461
48235 Dülmen

ISBN 978-3-89960-392-7

info@laumann-verlag.de
www.laumann-verlag.de

Inhalt

Für Katharina,

die immer alles genau wissen möchte.

Vorwort

Als ich am 27. April 1984 aus dem Grundwehrdienst bei den Grenztruppen der DDR entlassen wurde, dachte ich, dass dieses Kapitel für immer abgeschlossen wäre. Meine Erlebnisse waren mir einfach nicht wertvoll genug, um sie damals aufzuschreiben. Außerdem durfte man im ehemaligen Arbeiter- und Bauernstaat solche Erfahrungen nicht veröffentlichen.

Nach der Wende 1989 erschienen zahlreiche Bücher zu diesem Thema. Viele Autoren verallgemeinerten die Geschehnisse an der innerdeutschen Grenze. Andere wiederum verurteilten unser Verhalten, obwohl sie sich selbst nie in einer ähnlichen Situation befanden. Dabei besagt schon ein altes Indianersprichwort, man müsse erst 1000 Schritte in den Schuhen eines anderen Menschen gehen, bevor man sich ein Urteil über ihn erlauben dürfe. Deshalb begann ich Vergleiche anzustellen, wie es mir persönlich an der Grenze erging.

Solange Menschen, wie eine deutsche Rentnerin im fernen Chile, die Existenz des Schießbefehls leugnen und den Tod von DDR-Flüchtlingen als Dummheit bezeichnen, werde ich dagegen meine Stimme erheben. Diese Standpunkte der ewig Gestrigen erschütterten mich zutiefst und bildeten einen zusätzlichen Ansporn, Aufklärung zu betreiben. Auch wenn mir die Aussicht auf Erfolg bezüglich eines Umdenkens der Genannten äußerst gering erscheint.

Mein Buch sollte jedoch keine wissenschaftliche Abhandlung über den Schießbefehl werden. Vielmehr wollte ich zeigen, wie ich als junger Mensch damit umgegangen war. Zufällig entdeckte ich im Internet die beiden Bilder auf dem Buchumschlag, zwischen denen 22 Jahre liegen. Sie zeigen die Gemeinde Asbach in Thüringen, deren Einwohner besonders unter der Teilung Deutschlands litten. Diese Fotos steigerten mein Bedürfnis, die Gedanken von damals festzuhalten. Überrascht und erfreut von der Umgestaltung des ehemaligen Todesstreifens, wuchs meine Neugier, mir das Grüne Band, Europas längstes Biotop, selbst anzuschauen.

Ich kehrte nach Asbach zurück und beschloss, mein Schweigen zu brechen.

Frühjahr 1983

Samstag, 19. März 1983. Wir fahren von Weidenbach in Richtung Staatsgrenze. Die malerische Landschaft im Eichsfeld mit Zäunen und Minen? Für mich unvorstellbar. Stattdessen denke ich an Corinna und meine Eltern, denen ich keine Schande bereiten will. Das ist leichter gesagt als getan. Schließlich bin ich mit einem Schießbefehl, einer Kalaschnikow und zwei Magazinen mit je 30 Stahlkernpatronen unterwegs, „um Grenzdurchbrüche nicht zuzulassen, Grenzverletzer festzunehmen oder zu vernichten". Der Befehl schockiert, wenn man ihn zum ersten Mal bei der Vergatterung hört. Das Kopfsteinpflaster am Ortsausgang von Weidenbach schüttelt mich ordentlich durch.

Der Weg in den Grenzabschnitt heute

Eine verschlossene Schranke am Waldrand verhindert das Passieren fremder Fahrzeuge. Da wir spät dran sind, bleibt der rot-weiße Schlagbaum nach unserer Durchfahrt oben. Wenn der Kompaniechef das erfährt, gibt es Ärger für unseren Zug. Der Oberst kann die Schranke aus seinem kleinen Toilettenfenster im Buckelbau sehen.

Unser Lkw rast mit einer Geschwindigkeit von 60 Stundenkilometern den schmalen, holprigen Waldweg entlang. Hoffentlich kommt uns kein Fahrzeug entgegen. Vorbei an der Burgruine Altenstein erreichen wir Asbach. Das hört sich nach feinem, altem Weinbrand an. Doch hier liegt nicht der Geist des Weines, sondern ein provokationsgefährdeter Abschnitt. Was damit gemeint ist, werde ich bald erfahren.

Der Lkw stoppt am Ortseingang. Mein Postenführer ist längst herunter geklettert und auf dem Weg zum Grenzsignalzaun (GSZ), während ich wie versteinert auf der Ladefläche verharre.

„Achtzig, absitzen!", das Kommando gilt mir, einem 19-jährigen Soldaten der Grenztruppen der DDR, der sofort über die hintere Ladeklappe springt und unsanft auf dem Hosenboden landet. Meine Postentasche liegt direkt neben mir im Dreck. Eine dampfende, dunkelbraune Brühe rinnt aus der Tasche, die unsere Verpflegung für die bevorstehende Schicht enthält. Zum Glück ist nur eine Thermosflasche zu Bruch gegangen. Mein Postenführer schüttelt verständnislos den Kopf. Er schaut ausdruckslos und soll mir damit ein Vorbild sein. Das Postenpaar der Frühschicht übergibt den Bereich Asbach ohne Anzeichen einer Grenzverletzung. Die Vorgänger klettern auf den Lkw, der weiter nach Sickenberg braust. Mit einem Ast verwische ich alle Fußabdrücke auf den 2 m-Kontrollstreifen und verschließe das Tor im Grenzsignalzaun von innen. Über das Grenzmeldenetz (GMN) formuliert der Gefreite den Entschluss, zum Beobachtungsturm (BT) Asbach zu wechseln. Dorthin gelangen wir über die bestgesicherte Straße der Republik, den Kolonnenweg, der hier parallel zum Grenzzaun 1 verläuft. Hinter diesem über drei Meter hohen Monstrum aus Streckmetall erkenne ich eine schwarz-rot-goldene Grenzsäule. Das silberne Blechschild mit dem Emblem der DDR kann man nicht sehen, weil es auf der Rückseite montiert ist, die nach Westen zeigt. Dahinter steht ein weißer Pfahl mit rotem Kopf, der einem Streichholz ähnelt. Auf der gegenüberliegenden Straße ist eine Fußstreife vom Bundesgrenzschutz (BGS) unterwegs. Noch nie war ich so nah am Klassenfeind. Im Gegensatz zu uns tragen die Beamten saubere Uniformen, die ihnen wie angegossen passen. Die beiden Männer beobachten uns neugierig durchs Fernglas, als wären wir Außerirdische. Mein Postenführer nimmt die Streife demonstrativ ins Visier seiner Kalaschnikow. Die Geste ist unmissverständlich. Für einen Moment zweifle ich am Verstand meines Vorgesetzten. Wir sind hier nicht im Kindergarten, sondern an der Grenze zwischen zwei Staaten unterschiedlicher Gesellschaftsordnungen. Bereits die kleinste Provokation kann den Dritten Weltkrieg auslösen. Doch dazu kommt es an diesem

Nachmittag nicht. Die Streife vom BGS verabschiedet sich mit Scheibenwischer und Stinkefinger. Diese abfälligen Handbewegungen gelten meinem Vorgesetzten, der schadenfroh lacht. Ich weiß nicht, ob ich das ganze Theater acht Stunden lang aushalte und gehe den Kolonnenweg entlang. Die hellgrauen Betonplatten nehmen kein Ende. Tänzelnd versuche ich, den rechteckigen Löchern auszuweichen. Mit meiner normalen Schrittlänge klappt das nicht, denn jede Platte besitzt vier Reihen mit jeweils sieben Stolperfallen.

Von meinem Postenführer erhalte ich Asbach als Beobachtungssektor zugewiesen und verstehe nur Bahnhof. Obwohl der Feind im Westen steht, soll ich nach Osten schauen? Befehl ist Befehl. Gehorsam blicke ich hinüber zum Ort, der wie ausgestorben wirkt. Wenn ich hier wohnen müsste, würde ich mich auch nicht auf die Straße trauen. Die Fassaden betteln nach Farbe. Das Mittelgrau der Fachwerkhäuser scheint auf das Wetter abgefärbt zu haben, denn dunkelgraue Wolken ziehen auf. Ein einziges Grau in Grau bestimmt das Bild wie vielerorts im Lande. In meinem Heimatdorf hing wenigstens ein rotes Banner mit der Aufschrift „Schöner unsere Städte und Gemeinden - mach mit!" vor dem Büro des Bürgermeisters. Die republikweite Masseninitiative hat es offensichtlich nicht bis nach Asbach geschafft. Das melodische Plätschern des Alten Hainsbaches wird von lautem Hundegebell aus Richtung Sickenberg übertönt. Einige Hunde winseln kläglich. Wahrscheinlich haben die Tiere nur Hunger und Durst. Als Hundeführer hätte ich ihnen gern die

Postenbrote überlassen, aber mein Vorgesetzter er-
mahnt mich zur Eile, weil wir uns von oben auf dem
Turm melden müssen. Der BT Asbach erhebt sich wie
ein grauer Koloss vor meinen Augen. Er passt genauso wenig in diese Landschaft wie die beiden Zäune.
Für Vögel gibt es keine Barrieren, sie fliegen von Ost
nach West. Vielleicht kehren sie sogar zurück. Mir
bleibt keine Zeit für die Natur und keine Zeit zum
Nachdenken. Wo bin ich nur gelandet?

Blick aus dem Westen auf Asbach

Kindheit und Schulzeit

Kaum zu glauben, dass erst ein Flugzeug in unserem Dorf abstürzen musste, um einen Namen für den Berg in der Nachbarschaft zu finden. Ohne den Fliegerberg hätte es mich wahrscheinlich nie gegeben. Nachdem die Rote Armee im Frühjahr 1945 die Oder überquerte und sich auch auf das Gehöft meiner Vorfahren einschoss, hielt dieser Berg viel Unheil von der Familie ab. Wenn mich meine Eltern suchten, spielte ich in der Nähe des Fliegerbergs. Meistens war unser Hund dabei, der mich beschützte. Bello hauchte sein Leben aus, als ihn mein Cousin Hartmut mit dem linken Vorderrad seines Famulus erwischte. Deshalb denke ich mit besonderer Wehmut an diesen Hund zurück.
Zum Fliegerberg verirrte sich keiner, um mir etwas zu verbieten. So weit das Auge reichte, lagen Felder, Gärten, Wiesen und Wälder direkt vor unserer Haustür. Hier konnte ich den ganzen Tag lang herumtoben, ohne Rücksicht auf andere nehmen zu müssen. Ob wir Ostern buntbemalte Eier durchs Gras trudelten, im Sommer Burgen in der Sandkuhle bauten, im Herbst Drachen steigen ließen oder im Winter Schlitten fuhren, niemand störte dabei. Selbst der ländliche Atem, der von den Schweineställen der landwirtschaftlichen Produktionsgenossenschaft (LPG) Tierproduktion herüberwehte, konnte uns nicht abschrecken. Als unsere Republik am 7. Oktober 1969 den 20. Jahrestag ihres Bestehens feierte, ging ich längst in den Kindergarten und durfte nicht mehr machen, was ich wollte.

Wie an jedem Nationalfeiertag gab es Kartoffelsalat und Bockwurst zum Mittagessen und wer seinen Teller leer aß, bekam sogar noch Pudding zum Nachtisch. Ich mochte keinen Kartoffelsalat, Bratkartoffeln mit Spiegelei wären mir lieber gewesen. So beförderte ich den ekligen Salat auf den Teller meiner Tischnachbarin Carola, die sofort zu heulen begann. Zur Strafe verfrachteten mich die Erzieherinnen in eine Ecke des abgedunkelten Schlafraumes. Wer sich derart daneben benahm, musste in der Ecke stehen und sich die kahle Wand besehen, um über sein Fehlverhalten nachzudenken. In einer anderen Ecke stand Matthias, der beim Festumzug durch die Gemeinde den Namen des mächtigsten Mannes im Staate vergessen hatte. „Walter Ulbricht, er lebe hoch, hoch, hoch!", „hatten wir oft genug geübt", entschuldigte sich die Kindergartenleiterin beim Bürgermeister, der noch dazu ihr Ehemann war. Frau Fleischer ärgerte sich, wenn wir die Namen der Politiker unseres Landes nicht wussten, weil das ihre pädagogischen Fähigkeiten in Frage stellte. Zum Glück konnte Matthias die letzten Buchstaben des Alphabetes noch nicht schreiben, sonst hätte er zur Strafe hundertmal Walter Ulbricht notieren müssen wie die Älteren in der Schule. Nach mir kam Gabi in die dritte Ecke, weil sie beim Essen das Messer in die linke und die Gabel in die rechte Hand nahm. Im Kindergarten brachten uns die Erzieherinnen eine Art Gerechtigkeit bei. Bemerkten sie eine Prügelei, durfte der vermeintlich Unterlegene dem Gewinner eine kräftige Ohrfeige verpassen und der Sieger musste zur Strafe in die Ecke. Die Meinungsver-schiedenheiten klärten wir auf dem Nachhauseweg unter uns.

Ich hasste die Tage, an denen mich meine Eltern vor lauter Arbeit im Kindergarten vergaßen. Dann ging ich mit in die Wohnung von Frau Fleischer. Dort gab es zu meiner Erleichterung keine freien Ecken. Überall standen Blumentöpfe herum und es roch stets nach frischer Farbe. Ich war froh, wenn mein Vater am späten Abend vor der Tür stand, um mich abzuholen.

Meine Vorfreude auf die Schule wurde bereits bei der Einschulung getrübt. Ich traf auf neue Kontrahenten, gegen die ich mich durchsetzen musste. Am ersten Schultag im September 1970 rannte ich deprimiert nach Hause, weil mich ältere Schüler Dickwanst, fette Sau oder Schweinebacke riefen. Alle Schimpfwörter trafen zweifelsohne zu. Ich fühlte mich hässlich und minderwertig. Das ist umso schmerzvoller gewesen, weil ich nicht dumm war, denn das Lernen fiel mir leicht und machte Spaß. Diese Konstellation schuf Minderwertigkeitskomplexe bei mir, was meine Flucht als Kurzschlussreaktion erklärte. Ich kam ganz nach meiner Mutter, die sich nur daheim geborgen fühlte. Riss man sie aus der ihr vertrauten Umgebung heraus, wirkte sie unsicher. Allein die Fahrten zu Ärzten in die Stadt oder lästige Behördengänge bildeten unangeneh-me Strapazen für sie. Die Bürokraten auf den Ämtern erteilten uns selten die gewünschten Genehmigungen für Kindergeld und staatliche Subventionen, die der Familie laut Gesetz zustanden. Stattdessen dachten die

Amtsschimmel über fadenscheinige Gründe nach, unsere Anträge einfach abzulehnen. Immer wussten andere Menschen besser als wir selber, was gut für uns wäre. Diese Bürokratie machte meiner Mutter so sehr zu schaffen, dass wir oft unverrichteter Dinge nach Hause fuhren. Trotzdem belohnte sie mich und sich selbst mit einem Muscheleis für Schmerzen, Misserfolge und endlose Wartezeiten. Unser bescheidenes Glück kostete 30 Pfennige pro Portion und bestand aus jeweils einer Kugel Vanille-, Erdbeer- und Schokoladeneis sowie zwei Waffeln in Form einer Muschel.

Mein Vater war aus anderem Holz geschnitzt. Auf Grund seiner Lehre im ehemaligen Landratsamt der Kreisstadt wusste er genau, wie man Beamte mit ihren eigenen Waffen schlug. Man musste wirklich mit allen Wassern gewaschen sein, um auf den Ämtern Erfolg zu haben. Trotz dieses Defizits wird meine Mutter ein ganz besonderer Mensch für mich bleiben. Sie verkörperte Disziplin, Fleiß, Ordnung und erwartete, dass ich instinktiv alles nachmachen würde. Auf ihre Art und Weise vermittelte sie mir moralische Werte wie Bescheidenheit, Dankbarkeit und Respekt vor anderen Menschen. Ich durfte nicht dazwischen reden, wenn sich Erwachsene miteinander unterhielten. Sicher spielte auch die Angst meiner Mutter eine Rolle, dass ein Fehlverhalten von mir auf mangelnde Erziehung im Elternhaus zurückfallen könnte. Obwohl sie mich anständig erzog, tanzte ich oft aus der Reihe. Schon als kleiner Junge schoss ich einen Gummiball mit voller Wucht gegen den Hausgiebel und fing den Abpraller wie ein Torwart. Mein Vater verbot mir diesen Spielplatz, weil im Treppenhaus der Putz von der Wand bröckelte. Ich wich auf die Kuhwiese vor dem Fliegerberg aus, doch ohne einen Mitspieler ging es nicht. Mein Freund Hardy zirkelte den Ball aufs Weidegatter, das ich als Torwart hütete. Anfangs fehlte uns die richtige Ausrüstung, aber wir machten das Beste daraus. Ich trug blauweiße Stoffturnschuhe und Wollhandschuhe, die mir meine Mutter für den Winter gestrickt hatte. Hardy spielte barfuss in Gummistiefeln bis er Blasen bekam. Meine allerersten Fußballschuhe aus schwarzem Stoff mit roten Nähten und einer Sohle mit Gummistollen hielten zwar nicht lange, man hatte dafür aber ein gutes Ballgefühl in den Tretern. Eines Tages schenkte mir der zwei Jahre ältere Detlef seine ausgedienten Lederschuhe mit Schraubstollen. Da mir die Töppen zwei Nummern zu groß waren, stopfte ich die Fußspitzen mit Watte aus. Von meinem Taschengeld kaufte ich einen braunen Lederball, der viele neugierige Kinder anlockte. Plötzlich wollten alle Kinder des Ortes mit meiner Kugel bolzen. Meine Neffen Thomas und Ronny sowie Hardy und ich spielten auf der Dorfstraße gegen ein marodes Scheunentor. Wir waren noch richtige Straßenfußballer. Nachdem meiner Schwägerin der Verkehr auf der Hauptstraße zu gefährlich wurde, wichen wir auf den Wäscheplatz aus, wenn dort keine Klamotten zum Trocknen hingen. Das Tor war eine Teppichklopfstange und der Zaun dahinter das Fangnetz. Bei einem tollkühnen Sprung über die Holzlatten riss sich Ronny seinen Hintern auf, was einen Platzverweis für uns alle zur Folge hatte. Im Sommer 1973 nahm mich Hardy zum ersten Mal mit auf den Fußballplatz des Nachbarortes, wo die Männermannschaft in der Bezirksklasse Frankfurt/Oder spielte. Das eindeutige 0:5 der Platzherren gegen den Spitzenreiter aus der Kreisstadt entfachte meine Fußballleidenschaft. Ich wollte unbedingt in diesem Verein spielen. Die Betriebssportgemeinschaft (BSG) Traktor kann stolz auf eine lange Tradition zurückblicken. Seit Mai 1930 wurde offiziell gegen den Ball getreten. Im Laufe der Jahre entstand eine gepflegte Anlage mit zwei Rasenplätzen. Dieses Fleckchen Erde am Sportlerweg wurde mein zweites Zuhause. Unser Biologielehrer und amtierender Vorsitzender des Sportvereins entließ Hardy und mich an Samstagen eine halbe Stunde früher aus dem Unterricht, so dass wir kein Heimspiel der Männermannschaft verpassten. Auf dem Weg zum Sportplatz kauften wir in der Privatbäckerei Streuselschnecken als Verpflegung. Bei allen Spielen fieberte ich kräftig mit. Die Rolle des Torwarts imponierte mir besonders. Nach dem Abpfiff kopierten wir beide die Spielzüge, die zu den fünf Gegentoren führten. Abwechselnd schossen wir meinen Lederball auf die großen Tore mit richtigen Netzen und keiner verletzte sich beim Ballholen. Oft kehrten wir erst am späten Abend heim, weil wir noch drei Kilometer mit dem Fahrrad fahren mussten. Nichts gegen Hardy, Thomas, Ronny und alle anderen Straßenfußballer, aber ich habe mir immer gewünscht, dass mein Vater einmal mit mir gekickt hätte, um meine Begeisterung für diesen Sport zu verstehen. Mein Wunsch erfüllte sich leider nicht. Dafür fuhr er mit mir am 13. März 1974 zu einem Länderspiel nach Berlin, wo die DDR-Elf gegen Belgien für die bevorstehende Fußballweltmeisterschaft probte. Als einer von 30.000 Zuschauern erlebte ich, wie Joachim Streich zum 1:0-Sieg einköpfte. Auf der Heimfahrt diskutierten wir über das Spiel und ich merkte, dass mich mein Vater als gleichberechtigten Gesprächspartner akzeptierte. Der Fußball symbolisierte in meinen Augen das wahre Leben. Wer gut war, der eroberte sich den Ball, schoss ihn ins Tor oder daneben. Wer noch besser war, der dachte vorausschauend, spielte ab und bekam den Ball auch wieder zurück. Das Leben funktionierte nur gemeinsam, nicht im Alleingang. Laut dieser Devise spielten sich mein Vater und ich die Bälle gegenseitig zu. Wir einigten uns darauf, dass unsere Nationalmannschaft als krasser Außenseiter zum Turnier ins Nachbarland fuhr. Es war die erste Fußballweltmeisterschaft, die ich bewusst miterlebte. Ich werde den 22. Juni 1974 nicht vergessen, weil ich für meinen Vater noch Bier für das Spiel am Abend holen musste. Der Sommer gehörte zu den Feinden der Getränkeindustrie, denn die Hitze machte selbst um unser kleines Land keinen Bogen. Im Dorfkonsum waren sämtliche Getränke ausverkauft. Nachschub kam frühestens in drei Tagen, denn die Brauerei lieferte zwecks Transportoptimierung nur dienstags und donnerstags. An diesen Tagen musste man sich mit Getränken bevorraten, wenn man nicht auf dem

Trockenen sitzen wollte. Notgedrungen fuhr ich mit einer Emaillekanne los, um Fassbier zu kaufen. Aber die Dorfgaststätte hatte wegen Urlaub geschlossen und der Wirt der Bahnhofskneipe machte Betriebsferien. Solche Zustände gab es wahrscheinlich nur bei uns. Die Zeit drängte, denn ich wollte das innerdeutsche Duell unter keinen Umständen verpassen. Als ich mit der leeren Kanne heimkehrte, rastete mein Vater aus. „Dann fährst du eben ins Nachbardorf!", schnauzte er mich an. Zuerst glaubte ich, mich verhört zu haben, aber mein alter Herr meinte es ernst. „Beeil dich, sonst entgeht dir der Anpfiff!", befahl der Tyrann. Mir blieb nichts weiter übrig, als unverzüglich mit dem Fahrrad ins drei Kilometer entfernte Nachbardorf zu rasen. Zum Glück war das marode Kopfsteinpflaster bereits mit einer Asphaltschicht überzogen. Auf dem Weg zur Gaststätte beleidigte ich meinen Vater mit den übelsten Schimpfwörtern, die mir gerade einfielen. Ständig dachte er sich irgendwelche Schikanen aus, die mich vom Fußball ablenkten. Ich weiß bis heute nicht, warum er das tat. Selbst die geöffnete Kneipe und das vorhandene Fassbier im Nachbarort ließen meinen Ärger nicht abebben. Um meinem Vater einen Denkzettel zu verpassen, habe ich die halbe Kanne ausgetrunken, im Vorgarten mit Wasser aus der Regentonne aufgefüllt und ordentlich geschüttelt. Wenn er über die Blume gemeckert hätte, wäre kein Tropfen Bier im Gefäß geblieben. Bei der Direktübertragung vom Spiel aus Hamburg schlief mein alter Herr dünnbierselig vor dem Fernseher ein. Als Sparwasser das 1:0 schoss, begann das große Zittern bei mir. Eine Viertelstunde später sprang ich vor Freude aus dem Sessel, denn ich hatte dieses Ergebnis nicht für möglich gehalten. Für mich war es nicht der Sieg der sozialistischen DDR gegen die kapitalistische BRD wie es am Montag danach in unseren Zeitungen stand. Diese Propaganda habe ich in dem Alter noch nicht verstanden. Aber ich begriff, dass man mit festem Willen, höchstem Einsatz und hartem Kampf jeden Gegner schlagen konnte.

Diese wichtige Erkenntnis prägte mein weiteres Fußballerleben, denn ich habe stets 100 Prozent für die Mannschaft gegeben, in der ich spielte. Es war eine Auszeichnung für mich, das blaue Trikot mit dem gelben Bruststreifen zu tragen, mit dem mein Heimatverein im Jahre 1966 den Pokal „Goldener Traktor" des Bezirkes Frankfurt gewann. Darin fühlte ich mich dem Verein und den Zuschauern gegenüber verpflichtet. Ich wollte den Menschen, die uns bei jedem Wetter die Treue hielten, unbedingt etwas zurückgeben. Da das leider nicht immer klappte, stiegen wir in die Kreisliga ab. Doch wir kämpften bis zum Umfallen, wofür uns die Einwohner auf Biegen und Brechen unterstützten. Manchmal blieb sogar ein Krückstock am Knie eines gegnerischen Spielers hängen, um dessen Tatendrang zu stoppen. Für die Zuschauer in meiner Heimat ist Fußball eine Art Weltanschauung oder zweite Religion gewesen. Ich erinnere mich an eine handgreifliche Auseinandersetzung zwischen den eigenen Schlachtenbummlern und unserem Trainer während eines Punktspiels. Wir lagen deutlich hinten und fanden keine Mittel, das Spiel noch zu drehen. Laut Meinung unserer Fans hatte der Übungsleiter die falschen Leute aufgestellt und bezog eine ordentliche Abreibung dafür. Das Spiel musste schließlich vom Schiedsrichter unterbrochen werden, um die Prügelknaben auseinander zu bringen. Jede Partie werteten unsere Kritiker abends in der Gaststätte aus. Bei einer Niederlage brauchten wir uns dort nicht mehr blicken zu lassen. Trotzdem gefiel es mir im Nachbardorf besser als in unserer 500-Seelen-Gemeinde, die im tiefen Dornröschenschlaf schlummerte. Dieser Stillstand sah auf den ersten Blick romantisch aus, befriedigte mich jedoch nicht. Drei Kilometer weiter östlich ging die Post ab. Der Nachbarort stellte eine Republik mit eigenen Gesetzen dar, wozu die Dorfbewohner im patriotischen Sinne standen. Auswärtigen war es bei Strafe verboten, Annäherungsversuche gegenüber einheimischen Frauen zu starten. Meine Mitgliedschaft im Fußballverein brachte mir den Status der Zugehörigkeit im Ort ein.

Sehr früh entwickelte ich eine Schwäche für das weibliche Geschlecht. Leider stieß meine Neugier nicht auf Gegenliebe bei den Mädchen. Vielleicht war ich den meisten zu pummelig und daher auffällig, anderen wiederum zu unauffällig, weil ich immer in den gleichen Klamotten herumrannte. Natürlich musste ich die abgelegten Sachen meines Vaters tragen, denn meine sparsame Mutter konnte sich von keinem Stück trennen. Sie fragte ständig, ob das nicht alles zu teuer wäre und wozu ich denn ihr Geld bräuchte. Dabei begnügte ich mich mit nachgemachten Westjeans und -nickis vom Markt im polnischen Stettin. Die Fahrten mit dem Zug dorthin gestalteten sich zu unvergesslichen Erlebnissen. Bei der Ankunft auf dem Bahnsteig habe ich zum ersten Mal richtige Bettler gesehen. Die armen Menschen, die da vor uns auf Knien lagen, verfrachtete man hinter das Gebäude, wo sie nicht gleich ins Auge fielen. Aus Mitleid bot ich einem alten Mann meine Frühstücksbrote an, was mir nur Kopfschütteln einbrachte. Auf die Idee, mein Taschengeld zu verschenken, kam ich nicht. Beim illegalen Geldumtausch auf der Straße wurden wir oft übers Ohr gehauen. In dunklen Fluren drehte man uns alte, ungültige Zloty-Noten an. Auf dem Markt konnten wir mit Ostmark bezahlen. Die Händler nahmen unser Spielgeld gern, um damit in der DDR einzukaufen. So schloss sich der Kreis und die Aluchips, die kaum etwas wogen und genauso wenig wert waren, landeten wieder im Inland.

Meine übrige Kleidung stammte von der volkseigenen Stange unserer Jugendmodeläden. Die Klamotten fand ich praktisch und es störte mich nicht, dass andere in den gleichen Sachen herumliefen. Auf die Modelle hiesiger Jeansklassiker Boxer und Wisent habe ich allerdings verzichtet, weil sie den Eindruck vermittelten, dass der Träger keinen Hintern in der Hose haben durfte. Die mir fehlende Attraktivität versuchte ich mit netten Gesten und Geschenken auszugleichen. Während der Jugendstunden zur Vorbereitung auf die Jugendweihe absolvierte ich einen Knigge-Grundkurs, um den Frauen jeden Wunsch von den Augen ablesen zu können. Ich lernte, freundlich und hilfsbereit zu sein, ohne dabei aufdringlich zu wirken. Außerdem brachte man mir die Standardtänze bei.

Auf einer Klassenfahrt zur Nationalen Mahn- und Gedenkstätte Buchenwald machte ich eine äußerst unangenehme Erfahrung, als ein Mitschüler versuchte, mir näher zu kommen. Wir übernachteten in der Jugendherberge auf dem Ettersberg. Bei der Vorstellung, in einer ehemaligen SS-Kaserne zu schlafen, lief mir ein eiskalter Schauer über den Rücken. Während die anderen in den Fernsehraum zogen, um sich abzulenken, blieb ich mit Dirk im Zimmer. Wir saßen auf meinem Bett, quatschten miteinander und leerten eine Flasche Rosenthaler Kadarka. Dabei muss ich irgendwann eingenickt sein. Plötzlich bekam ich keine Luft mehr. Ich öffnete die Augen und blickte direkt ins Gesicht meines Klassenkollegen, der auf mir lag. Sein Herz raste. Bevor er mich küssen konnte, packte ich den schmächtigen Kerl an beiden Oberarmen und schubste ihn wütend von der Matratze. Dirk verkroch sich vor Scham unter die Bettdecke, wo ich ihn schluchzen hörte. Wahrscheinlich hatte er damit gerechnet, dass ich seine Zärtlichkeiten erwidern würde. Der Mensch tat mir leid, weil er sich falsche Hoffnungen machte. Trotzdem blieb ich im Zimmer und hörte mir Dirks Entschuldigung an, die auf Erlebnissen aus dem Konfirmandenunterricht basierte. Der Pfarrer seiner evangelischen Kirchengemeinde nutzte die Nachmittage, ihn und die anderen Jungen des Seminars unsittlich zu

berühren. Aus dem Verhalten des kirchlichen Würden-
trägers schloss er, dass solche Kontakte völlig normal
seien. Ich konnte meinen Mitschüler nicht trösten,
musste ihm jedoch versprechen, die Vorkommnisse zu
verschweigen. Heute weiß ich, dass mein Schweigen
ein Fehler war. Ich hätte bestimmt einige Jungen vor
Übergriffen schützen können, denn der Pfarrer blieb
weitere Jahre in Amt und Würden.

Während eines Besuches auf der Leipziger Frühjahrs-
messe lernten Hardy und ich Rosemarie kennen, die
uns mit ihren weiblichen Argumenten fast erschlug.
Die waschechte Sächsin aus der Provinz flüsterte uns
ständig zu, was ich anfangs für einen Sprachfehler
hielt. Aus dem Wortfetzen „… Dreier" schloss ich,
dass Rosemarie für die Staatliche Lottogesellschaft
arbeitete und uns zum Glücksspiel einladen wollte.
Erst als das stramme Mädel Westgeld verlangte, war
mir klar, dass Rosemarie einem Gewerbe nachging,
das laut Staatsbürgerkundeunterricht nur im faulen-
den, parasitären und menschenfeindlichen Kapitalismus angeboten wurde. Rosemaries Irrtum bestand
darin, dass sie uns Milchbubis in den nagelneuen Ju-
gendweiheanzügen mit reichen Westlern verwechselt
hatte. Unser Klassenlehrer klärte diese peinliche Situation, indem er uns auf die andere Straßenseite zurück-
holte, wo wieder der übliche Gruppenzwang herrschte. Nun konnten wir uns vorstellen, was sozialistisch
lernen, lieben und arbeiten in unserem Land bedeuteten. Meine Jugendweihe 1978 bildete den Abschluss
einer unbeschwerten Kindheit. Wir wurden feierlich in

die Reihen der Erwachsenen aufgenommen und die Lehrer siezten uns von nun an im Unterricht. Von der Deutschen Volkspolizei erhielten wir zur gleichen Zeit den Personalausweis. Die Geschenke am Tag des Gelöbnisses hatten es in sich, weil die Jugendweihe ein einmaliges Ereignis im Leben darstellte. Von lieben Verwandten und Bekannten bekam ich das nötige Bargeld, um mir ein Moped vom Typ S 50 zu kaufen, mit dem ich übers Land zur Disko fuhr. Für den stolzen Preis von 1500 Mark hätte meine Mutter ganze vier Monate arbeiten müssen. Ein echter Levis-Jeansanzug von Tante Doris aus dem Westen verhalf mir zu etwas mehr Fetzigkeit. Unser Klassenlehrer verteilte am Tag der Jugendweihe Blumen, Urkunden und die obligatorischen Buchbände „Der Sozialismus – Deine Welt". Der junge Erzieher brachte frischen Wind in unsere verstaubte Bildungseinrichtung. Er gründete einen für diese Zeit revolutionären Schulfunk, leitete viele Jahre den Fotozirkel und begleitete uns zu Konzerten sowie zum Fußball. Damit weckte er die Lust auf das Leben und begeisterte indirekt für die Schule. Leider stieß mein Klassenlehrer mit seinen fortschrittlichen Erziehungsmethoden an Grenzen, die der Direktor unserer Schule bestimmte. Herr Klippenroder zog daraus die Konsequenzen. Auf Grund seines chronischen Heuschnupfens, wie später von offizieller Seite zu hören war, siedelte er an die Ostsee um, wo er heute mit seiner Familie ein kleines Eiscafe betreibt. Er schuf Arbeitsplätze und bereitet kleinen und großen Naschkatzen viel Freude. Das verdient in meinen Augen

Anerkennung. Doch zurück zu mir. Im Sommer 1978 delegierte mich der Direktor an die Erweiterte Oberschule (EOS) der Nachbarkreisstadt. Ich war zwar ein ausgezeichneter Schüler, aber die Lehrer übertrieben es mit der positiven Benotung bei mir. Im Grunde genommen musste man nur genau das sagen, was die Pauker von uns hören wollten. Der Lehrer, der uns in die sozialistische Produktion einführte, verlangte alle Definitionen Wort für Wort. Als wenn es in der Praxis darauf ankäme. Manchmal war es mir regelrecht peinlich, dass man mich mit Einsen überhäufte. Sogar in den wichtigen Kopfnoten Betragen, Fleiß, Mitarbeit und Ordnung standen nur sehr gute Zensuren. Die Lehrer entschieden damit, dass ich Abitur machen durfte. Ich brauchte nur zu nicken. Die Anzahl der Abiturienten, die sich nach volkswirtschaftlichem Bedarf richtete, bestimmte der Staat. Mit Beginn der neunten Klasse sollte ich mich zwei Jahre lang an die höheren Anforderungen der Abiturstufe gewöhnen. Da man mich in der Penne nicht mehr wegen meiner Leibesfülle hänseln konnte, prangerten die Älteren meine Herkunft an. Ich kam nicht vom Lande, sondern man nannte mich „den Bauern". Das war eines der schlimmsten Schimpfworte im Osten und folgte gleich hinter Assi, dem Kürzel für asoziale Elemente, die keiner geregelten Arbeit nachgingen und täglich zehn Mark für Verpflegung vom zuständigen Amt bekamen. Von diesem Geld konnte ein DDR-Bürger auf Grund der staatlich subventionierten Preise für Grundnahrungsmittel satt werden. Wer wenig Alkohol vertrug, wurde sogar besoffen davon. Diese armen Leute tauchten selbstverständlich in keiner Arbeitslosenstatistik auf, weil es so etwas im real existierenden Sozialismus nicht geben durfte.

Der neue Schulleiter hätte es gern gesehen, wenn alle Pennäler in den gleichen Uniformen herumgelaufen wären. Morgens stand er auf der Treppe vor dem Eingang und musterte jeden Schüler von oben bis unten. Lange Haare und Ohrringe bei den Jungen mahnte er an, spitze Kanülen verschwanden sofort vom Kragen. Die Spritzenaufsätze wurden getragen, um zu zeigen, dass man sich den Sozialismus nicht einimpfen lassen wollte. Herr Doktor hatte Spaß daran, Pins von den Rolling Stones einzusammeln. Wenn wir etwas Glück hatten, durften die beschlagnahmten Abzeichen am Ende des Schuljahres im Sekretariat wieder abgeholt werden. Bei einem Pfarrerssohn aus meiner Klasse beanstandete der Direktor den Aufnäher „Schwerter zu Pflugscharen" am Ärmel. Das Zitat aus der Bibel, das für Frieden und Abrüstung stand, wurde seit 1980 zum Symbol der Friedensbewegung in unserem Lande. Propagandaträchtig setzte sich die DDR international stets für den Weltfrieden ein. Aber Frieden schaffen ohne Waffen wollte unser Staat nun doch nicht. Aus diesem Grunde zwang der Direktor meinen Mitschüler, den Aufnäher abzutrennen. Der Schulleiter quälte nicht nur Schüler, sondern auch die Mitarbeiter der Schule. Von den Reinigungsfachkräften verlangte er, ihn ständig mit Herrn Doktor anzusprechen. Die klugen Putzfrauen revanchierten sich, indem sie den Titel mehrmals in einem Satz verwendeten. „Herr Doktor, wünschen Herr Doktor, dass wir die Aula putzen, Herr Doktor?" Diese eindeutige Provokation schien dem Direktor zu gefallen. Der einzige Mensch, der dem Oberpauker Paroli bot, war unser Hausmeister. Wenn der alte Egon das Lied „Flieg nicht so hoch, mein kleiner Freund!" durch seine dritten Zähne pfiff, verschwand der Schulleiter eingeschnappt im Lehrerzimmer.

In der EOS galt unter den Schülern eine spezielle Hackordnung. Wer die Rolling Stones nicht mochte, wurde als Weichei verschrien. Also beschäftigte ich mich intensiv mit dieser Musik, ohne die Texte richtig zu verstehen. Nächtelang überspielte ich mit einem befreundeten Schallplattenunterhalter die Lieder der rollenden Steine auf meine Kassetten. Ich trug das Abzeichen der Gruppe am Kragen und die herausgestreckte Zunge am Ärmel meiner Jeansjacke, denn mit meiner Vorliebe für die City-Rockband aus Berlin wäre ich weit weg vom Fenster gewesen.

Ein Jüngling zählte ebenfalls zu den Außenseitern. Um dieses Defizit zu beseitigen, bevorzugte ich ältere Mädchen, weil sie die nötige Erfahrung mitbrachten, die mir fehlte. Dabei legte ich Wert darauf, dass die Frauen nicht von der Penne stammten, um späterem Getratsche vorzubeugen. Ich wollte nicht, dass die Mädels in der Schule erzählten, was gelaufen wäre und was nicht. Nach Unterrichtsschluss lernte ich durch Zufall eine hübsche Verkäuferin kennen, die zu den freundlichen ihrer Zunft gehörte. „Haben wir heute leider nicht, bitte fragen sie morgen noch einmal nach!", lautete eine ihrer versierten Alibiantworten. Anstelle von billigem Alkohol kaufte ich täglich 200 Gramm Kokosflocken mit Schokoladenüberzug, wenn Kirsten am Süßwarenstand bediente. Ich schaute ihren spröden, zierlichen Händen gern beim Eintüten zu. Mit einer kleinen, silberfarben glänzenden Schippe transportierte sie die leckeren Süßigkeiten in eine spitze Papiertüte mit dem Aufdruck „Gut gekauft - gern gekauft". Jeden Tag fielen mehrere Pralinen daneben. Ich merkte der errötenden Verkäuferin an, dass ich sie mit meinem Schmunzeln zur Verzweiflung brachte. In ihrer Verlegenheit fragte sie stets, ob es denn ein wenig mehr sein dürfte. Natürlich wollte ich mehr von ihr als kalorienreiche Süßigkeiten, aber sollte ich deshalb gleich mit der Wahrheit herausrücken? Das gehört sich doch nicht. Nach genau zwei Wochen, zwei Kilogramm Kokosflocken und 14 Mark weniger in der Geldbörse, traute ich mich endlich, Kirsten einzuladen. Ich überraschte sie beim Sortieren in der Leergutannahme. Während mich Kirsten entsetzt anstarrte, zerschellten einige Flaschen auf dem Steinfußboden. Beim Scherbeneinsammeln beruhigte sich mein Herzschlag. Als leidenschaftlicher Kinogänger schlug ich für den Abend einen Besuch im Filmtheater vor, weil der schummrige Kinosaal eine hervorragende Kulisse zum Näherkommen bot. Sie schien sprachlos, willigte aber sofort ein. Ich wäre am liebsten in die Luft gesprungen, ließ mir meine Freude jedoch nicht anmerken. Nach Ladenschluss holte ich Kirsten ab. Dem

Glaskasten am Eingang der Uckermärkischen Licht-spiele konnten wir entnehmen, dass ein preisgekrönter sowjetischer Heimatfilm auf dem Programm stand. Die Vorstellung fiel aus, weil der Filmvorführer das Gerät für vier Leute nicht anwerfen wollte. Kamen weniger als fünf Besucher ins Kino, durfte die Veran-staltung abgesagt werden.

Ersatzweise knutschten wir auf einer ramponierten Parkbank, während eine Gruppe alkoholisierter Rent-ner nebenan darüber stritt, ob die Erde eine Kugel oder ein Diskus wäre. Da die Verkäuferin zwei Jahre älter war, bekam sie von meinen Erzeugern keine faire Chance. Ich schlich mich abends aus dem Haus und fuhr zu Kirsten, um die Nächte mit ihr zu verbringen. Wenn meine Eltern morgens von der Arbeit aus dem Stall kamen, saß ich müde am Frühstückstisch. Den fehlenden Schlaf holte ich im Unterricht nach, was auf Dauer nicht gut gehen konnte. Obwohl wir einander nicht treu waren, verlobten wir uns heimlich. Ich weiß nicht, welcher Teufel mich damals ritt. Wahrscheinlich fühlten wir uns beringt erwachsener, obwohl wir im Grunde genommen noch Kinder waren. Irgendwann begannen Streitereien, bei denen wir ständig aneinan-der vorbei redeten. Über die Monate trennten wir uns einige Male und rauften uns wieder zusammen. Unsere Beziehung endete im Fiasko. Wir warfen uns nicht nur schmutzige Worte an den Kopf, sondern auch die für Ostverhältnisse teuren Verlobungsringe. Mit Entset-zen stellte ich fest, wie schnell Liebeleien in Hass um-schlagen können. Trotzdem blieben wir sprichwörtlich gute Freunde und grüßen uns noch heute. Um im Fall einer Entlobung nicht ohne Freundin dazustehen, hielt ich im Vorfeld Kontakt zu einem Mädchen aus dem Nachbarort. Jana verkörperte in meinen Augen den Kumpeltyp, mit dem man Pferde stehlen konnte. Sie hörte verständnisvoll zu, wenn ich meine Probleme schilderte und tröstete mich über die beschriebenen Misserfolge hinweg. In der Woche arbeitete Jana im Halbleiterwerk der Bezirksstadt, wo sie Mikrochips nach japanischem Vorbild fertigte. An den Wochen-enden halfen wir ihren Eltern und dem Opa in der Landwirtschaft. Die Freizeit verbrachten wir entweder in der freien Natur oder in der Disko. Leider kamen wir uns körperlich kein bisschen näher. Außer ku-scheln und küssen passierte nichts. Jana wies meine Bemühungen energisch in die Schranken und pochte vehement auf das Recht der ersten Nacht. Das fand ich zum Kotzen, doch meine Freundin blieb eisern in dieser Hinsicht. Angeblich sind wir nie allein gewesen, was ich nicht kapierte, da ich die Gelegenheiten stets günstig abpasste. Eines Tages hieß es, dass ihre Mutter das Essen vorbereitete, aber in der Küche war nie-mand. Deshalb durchsuchte ich die Wohnung, um den wahren Grund für Janas Zurückhaltung zu finden. Wie erwartet blieb meine Suche erfolglos. Der einzige Mensch, der kochte, war ich, allerdings innerlich. Ent-täuscht über diese Begebenheit habe ich mich einfach aus dem Staub gemacht. So verloren wir uns drei Wochen vor meiner Einberufung für immer aus den Augen. Derart beschäftigt, fiel es mir schwer, mich auf den Lehrstoff zu konzentrieren. Mein Zensurendurchschnitt sank von 1,0 in der achten Klasse auf 3,0 in der Abiturstufe. Diese Note galt als die Eins des kleinen Mannes, mit der ich mich leider zufrieden gab. Ich ähnelte einem Pferd, das nur so hoch sprang wie es unbedingt musste. Statt den Anschluss an die Leistungsspitze in der Klasse zu suchen, sammelte ich fleißig Tadel für mein undiszipliniertes Verhalten und wäre um ein Haar von der Penne geflogen. Ich hatte das besondere Talent, in jedes Fettnäpfchen zu treten, das sich mir bot.

Den ersten Tadel gab es fürs Schulschwänzen, so formulierte es der Klassenlehrer später. Dabei war ich am Tag der vierstündigen Matheklausur krank, was ein Attest bestätigte. Die ganze Woche blieb ich zu Hause und hütete das Bett. Da ich am Sonntag unbedingt Fußball spielen wollte, fuhr ich am Samstag zur Penne in der Annahme, dass die Klausur längst geschrieben wäre. Auf dem Schulhof traf ich einen Streber aus meiner Klasse, der mir kopfschüttelnd mitteilte, dass die Klausur genau auf diesen Tag verlegt wurde. Das hatte mir gerade noch gefehlt. Sicherheitshalber machte ich mich wieder auf den Heimweg, denn die Mathematikarbeit wollte ich nicht verhauen. Da mich mein Mitschüler verpetzte, durfte ich am nächsten Montag vor die Klasse treten und musste Farbe bekennen. Als ich die kurzfristige Anwesenheit an dem besagten Samstag leugnete, erhob sich der Streber von seinem Platz und widerlegte meine Version der Geschichte. So stand Aussage gegen Aussage und dem

Klassenlehrer blieb nichts anderes übrig, als mich zu bestrafen.

Den zweiten Tadel zog eine Nichtteilnahme am Sportunterricht, meinem Lieblingsfach, nach sich. Tatsächlich hatte unser Lehrer in der Vorwoche versprochen, Hallenfußball mit uns zu spielen. Als die betreffende Sportstunde anbrach, wollte der Pauker nichts mehr von seinem Versprechen wissen. Er jagte alle Schüler aus der Turnhalle nach draußen auf den Sportplatz, wo sie Ausdauerlauf trainierten. Nur der harte Kern der Klasse wehrte sich gegen diese Verfahrensweise. Gemeinsam mit drei anderen Jungs blieb ich bockig in der Halle sitzen. Unsere Sturheit wurde zu einem regelrechten Politikum aufgebauscht, das sich angeblich am 1980 begonnenen Streik auf der Lenin-Werft in Danzig orientierte, aus dem später die freie Gewerkschaft Solidarnosc entstand.

Der dritte Tadel war politisch noch brisanter als der zweite. Ausgangspunkt der Strafe bildete der 60. Geburtstag meines Vaters, wofür ich an diesem Freitag schulfrei bekam. Am folgenden Samstag hätte ich wieder zur Penne gemusst, doch ich lag verkatert im Bett und dachte überhaupt nicht ans Aufstehen. Meine Mitschüler hatten an diesem Samstag unterrichtsfrei, weil sie am Vortag in Berlin eine Delegation aus Laos verabschieden mussten, die vom 11. bis 16. April 1981 am X. Parteitag der Sozialistischen Einheitspartei Deutschlands (SED) teilnahm. Natürlich hätte ich mit in die Hauptstadt fahren müssen, aber die aufgezwungene Stimmungsmache ging mir mächtig gegen den

Strich. Freiwillig beteiligte sich niemand aus der Klasse am Personenkult, da dieser von ganz oben befohlen wurde und mit hohem Aufwand verbunden war. Im Kunstunterricht bastelten wir rote Nelken, weiße Friedenstauben und Papierfähnchen. Mit solchen Winkelementen wedelte man in der Luft herum bis das Flugzeug abhob. Im Bus nach Berlin wurden Verpflegungsbeutel mit Kakaotrunk, zwei trockenen Brötchen, einer Wurstkonserve, einem Riegel Schmelzkäse und einem Apfel verteilt.

Jeder Abiturient erhielt eine Spalierkarte mit genauer Platzangabe, um sich auf dem großen Rollfeld nicht zu verlaufen. Dabei konnte man sich bei dem Riesenaufgebot an Sicherheitskräften überhaupt nicht verirren, wie mir meine Mitschüler nach ihrer Rückkehr berichteten. Wahrscheinlich befürchteten unsere Genossen, dass man bei dieser Gelegenheit ein Flugzeug in den Westen besteigen könnte. Meine Mitschüler fuhren mit in die Hauptstadt, um am Samstag nicht zur Penne zu müssen. Keiner gab offen und ehrlich zu, was er über derartige Pflichtveranstaltungen dachte. Nur ich tanzte wieder aus der Reihe. „Ich fahre doch nicht nach Berlin, nur um dort den Haufen zu vergrößern", prahlte ich reichlich unüberlegt in einem benachbarten Partykeller, wo wir uns nach Tanzveranstaltungen regelmäßig versammelten. Die Tochter des Hauses ging seit kurzem mit einem Stasi, flüsterte man sich im Dorf. Diese Bezeichnung für einen Nachwuchskader des Ministeriums für Staatssicherheit war durchaus üblich bei uns. Es handelte sich um Menschen, an denen alles Persönliche geheim blieb. Man durfte sich nicht einmal die Gesichter einprägen und selbst der Name spielte keine Rolle. Schon als Kind hielt ich diesen Stasi für ein unbeschriebenes Blatt. Er war sehr ruhig und lang wie eine Bohnenstange. Mit seinem unauffälligen Äußeren konnte der Stasi keinem Menschen Angst einflößen. Er war ein Eigenbrödler, seitdem ihn die Freunde im Stich ließen. Als ich die neunte Klasse der Penne besuchte, legte er dort das Abitur ab. So konnte er mir wertvolle Tipps über Vorlieben und Macken einzelner Lehrer sowie deren Klassenarbeiten geben. Den wahren Hintergrund seines Kriminalistikstudiums und die Karriere im obersten Kontrollorgan des Staates erwähnte der Stasi nicht. Der Freund der Tochter des Hauses reagierte mit Verzögerung auf meine Prahlerei, was wahrscheinlich am Alkohol lag. Schwankend erhob er sich vom Stuhl und blickte mich vorwurfsvoll an. Der Stasi fingerte seinen Ausweis aus der Brusttasche, hielt mir die Legitimation direkt vors Gesicht und fragte, ob ich den Satz unter diesen Umständen wiederholen würde. Plötzlich wurde es mucksmäuschenstill im Keller. Niemand in der kleinen Runde wagte es, ein Wort zu sagen. Ich sah dem Stasi in die Augen und spürte, dass mein Gesicht rot anlief. Während die Gastgeberin versuchte, ihren Freund zu besänftigen, stichelte dieser munter weiter. Anscheinend erwartete er eine Reaktion von mir. Die anderen Gäste schauten still auf den Fußboden, um den Blicken des Fragestellers auszuweichen. Ich rang nach Luft und nach Worten. „Das wird mir hier zu heiß", antwortete ich wütend und lief die paar Schritte zu mir nach Hause. In der Nacht konnte ich nicht schlafen, weil ich Angst hatte, dass mich der Stasi in der Penne verpfeifen würde. Dann wäre mein Abitur dahin und ohne Abi dürfte ich nicht studieren. Ich befürchtete Verhaftung, Jugendwerkhof oder Knast. Den ganzen Vormittag lag ich im Bett und grübelte.

Mittags besuchte mich mein Kumpel Hardy, der als Augenzeuge der Kellerparty alles mitbekommen hatte. „Du hast doch nur ausgesprochen, was du gedacht hast, Paule!" Genau da lag mein Problem. Man durfte nie offen sagen, was man wirklich dachte. Das hatte ich für einen Moment vergessen. „In der DDR existieren zwei Wahrheiten", predigte mein Vater stets. Die erste, die man im Herzen trug, kursierte in den eigenen vier Wänden und durfte nicht nach außen dringen. Die andere Wahrheit galt für Schule, Arbeitsstelle und die Partei. „Der Stasi wird dich schon nicht verpetzen", meinte Hardy. Sein ehrliches, aber naives Mitgefühl konnte mich nicht aufheitern. Mit einer Kiste Bier vom Geburtstag meines Vaters verzogen wir uns in den Garten, um den Ärger wegzusaufen.

Der folgende Montag begann vollkommen anders. Meine Eltern waren noch im Stall, als ich sorgfältig meine Garderobe auswählte. Ich kleidete mich seriös, um die erwarteten Anfeindungen zu umgehen und verzichtete auf Jeans sowie anstößige Abzeichen und Aufnäher. Stattdessen entschied ich mich für eine braune Anzughose aus Präsent 20, einem Stoff aus Chemiefasern, den man zum 20. Geburtstag unserer

Republik kreiert hatte. Dazu trug ich ein helles Oberhemd und eine beigefarbene Cordjacke von Jumo, dem Ausstatter für Jugendmode in unserer Republik. Die braunen Halbschuhe polierte ich bis ich mich darin spiegeln konnte. Mir fehlte nur ein Schlips und ich wäre selbst als Pauker durchgegangen. Die neugierigen Blicke auf dem Weg zum Bahnhof, die meine ungewohnte Verkleidung anzog, verunsicherten mich noch mehr. Ich spürte, dass dieser Montag nicht mein Tag werden würde. Im Zug geriet ich prompt in eine der eher seltenen Kontrollen und stellte entsetzt fest, dass meine Wochenkarte bereits abgelaufen war. Wütend warf ich das alte Ticket auf den frisch geölten Fußboden des Abteils. Mein rowdyhaftes Verhalten veranlasste den Schaffner, die Bahnpolizei am Zielbahnhof zu verständigen. Auf einem abgelegenen Teil des letzten Bahnsteigs trainierte ein freundlicher Ordnungshüter mit mir, wie man einen ungültigen Fahrausweis zielsicher in den Papierkorb wirft. Der Bahnpolizist entließ mich mit der Maßgabe, eine neue Wochenkarte zu kaufen. Nun musste ich noch an den asozialen Elementen vorbei, die an der Ecke vorm Intershop auf milde Gaben der Kundschaft lauerten. Abwechselnd hielt einer der Gelegenheitstrinker seine Bierflasche gegen das erwachende Sonnenlicht und prüfte, ob der Inhalt noch für einen Schluck ausreicht. Sein Kumpel wedelte mit einem lilafarbenen Forumscheck, um seinen Reichtum zu beweisen. Für die 50 Westpfennige hätte er sich vielleicht fünf Schokoladentäfelchen oder fünf Lutscher kaufen können. Ich bog um die Ecke in die Heinrichstraße. Bereits von weitem erkannte ich unseren Direktor, der auf der obersten Treppenstufe thronte wie Lenin vorm Olympiastadion in Moskau. Alle Schwerter samt Pflugscharen passierten den Schulleiter und sogar die rollenden Steine durften rein. Herr Doktor ignorierte sämtliche Embleme, weil er nur auf mich wartete. Obwohl ich auffällig unauffällig gekleidet war, verwehrte er mir den Zutritt ins Schulgebäude.

„Herr Küch, folgen sie mir ins Lehrerzimmer!", forderte mich der Pauker barsch auf. Im Sekretariat redete ein Mann, den ich noch nie gesehen hatte, auf den Parteisekretär unserer Schule ein, der Geschichte und Staatsbürgerkunde lehrte. Mein Eintreffen beendete den lauten Wortwechsel. Der Unbekannte trug eine Kombination aus abgewetztem, grauem Cordstoff, ein weißes Oberhemd und eine weinrote Krawatte. Seine grüne Studentenkutte hing an der Garderobe. Auf Grund dieser Anzugsordnung konnte er nur ein Mitarbeiter unserer Sicherheitsorgane sein. Ich musste mich an die Stirnseite des Lehrertisches setzen, die mir wie eine Anklagebank vorkam. Mir schwante Böses, als der Unbekannte dem Doktor ein Schriftstück übergab. Es handelte sich um das Protokoll meiner Verlautbarungen von Samstagnacht, eine Seite, mit Schreibmaschine getippt. Der Ordnung halber erhielt ich eine Kopie auf Durchschlagpapier. Nach dem Verlesen des Tatbestandes verlangte der Direktor eine Stellungnahme von mir. Zunächst schwieg ich, weil ich nicht wusste, ob mit dem Begriff Vorkommnis die Nichtteilnahme an der Berlinfahrt oder die verbale Rechtfertigung dafür gemeint waren. Mein Schweigen wertete die übermächtige Jury wie ein stilles Schuldeingeständnis. Die Äußerungen konnte ich nicht leugnen, denn das anklagende Pamphlet lag vor mir auf dem Tisch. Die Unterschrift vom Stasi fehlte. Stattdessen las ich einen anderen Namen mit Dienstgrad unter dem Bericht.

Innerlich triumphierend begann der Direktor, die längst feststehende Strafe gemäß Schulordnung vom 29. November 1979 zu verlesen. Der Unbekannte verbot mir unter Androhung ernsthafter Konsequenzen, den wahren Tatbestand meinen Mitschülern zu erläutern. Mit meinem Verhalten hätte ich schon genug Schaden für meine Eltern, die Schule und unseren Staat angerichtet. Meine Verfehlung bestand keineswegs in der Nichtteilnahme allein, sondern in meiner anschließenden Begründung. Angeblich hätte ich meinen Platz in der sozialistischen Gesellschaft noch nicht gefunden. Nach einer halben Stunde geleiteten mich der Direktor und der Parteisekretär zum Klassenraum. Meine Mitschüler schauten zu mir auf, während ich offiziell vom Klassenleiter getadelt wurde. Mit diesem Strafmaß bin ich noch glimpflich davongekommen, denn man hätte mich von der Schule werfen können. Beim harten Kern der Klassenkameraden erntete ich Anerkennung für mein wiederholtes Anecken. Die Streber wandten sich scheinheilig von mir ab, um Pluspunkte für die Karriere zu sammeln.

Im wehrpflichtigen Alter

Meine erste Begegnung mit dem Militär im Jahre 1973 verlief recht außergewöhnlich. Zwei Vorlaubenhäuser, die Anfang des 19. Jahrhunderts entstanden, bildeten die Sehenswürdigkeiten in der Gemeinde, denen wir es zu verdanken hatten, dass unser Dorf als Kulisse für den DEFA-Spielfilm „Unterm Birnbaum" ausgewählt wurde. Neben Agnes Kraus, Angelica Domröse, Erik S. Klein und Hanjo Hasse durfte ich in einer Statistenrolle mitwirken. Gemeinsam mit einigen Mitschülern spielte ich einen armen Bauernjungen in zerrissenen Lumpen und Holzpantinen. Mit dieser Verkleidung erweckten wir sogar in unserem Dorf Mitleid.

Auf dem Weg von der Maske im Saal zum Drehort kamen uns Lastkraftwagen der Nationalen Volksarmee (NVA) entgegen, deren Fahrer entsetzt anhielten. Die Soldaten, die nichts vom Filmdreh ahnten, waren bei unserem Anblick so schockiert, dass sie ihren Lebensmittelvorrat für den Ernstfall hervorkramten und aus dem Fenster warfen. Brot und Wurst in Büchsen, Kekse sowie Schokolade landeten direkt vor unseren Füßen. Die Aktion gefiel mir und ich freute mich, dass ausgerechnet diese Soldaten unsere Paten in der Schule wurden. Bei gegenseitigen Besuchen und gemeinsamen Manövern haben wir später oft über die Episode gelacht.

Der enorme Druck auf uns Jugendliche, sich für einen längeren Armeedienst zu verpflichten, nahm ab der neunten Schulklasse immer mehr zu. Wir wurden ständig agitiert, entweder die Offizierslaufbahn einzuschlagen oder wenigstens drei Jahre als Unteroffizier zu dienen. Einige Lehrer verbogen sich regelrecht, um Nachwuchs für die NVA zu gewinnen. Konnte ich mich bis zur zehnten Klasse noch erfolgreich vor Arbeitsgemeinschaften wie Flugmodellbau, Kraftsport und Schießen drücken, gab es für mich in der Abiturstufe keine Ausreden mehr, eine Mitgliedschaft in der Gesellschaft für Sport und Technik (GST), die das Sprungbrett zur Armee bildete, zu verweigern.

Im elften Schuljahr absolvierten wir Jungen einen militärischen Lehrgang auf der Insel Rügen. Während der Zugfahrt ins Wehrlager fielen unsere graugrünen Uniformen und schwarzen Schnürschuhe auf, weil sie sich krass von der knappen Mode der Urlauber unterschieden. So standen wir beim Umsteigen auf den Bahnhöfen in Stralsund und Sagard isoliert da.

Die Ausbildung mit Holzgewehren in den Wäldern zwischen Breege und Juliusruh machte uns zu einer absoluten Lachnummer. Nach Dienstschluss übten wir Nahkampf in den Dünen am Tromper Wiek, tranken heimlich Bier und bändelten mit vernachlässigten Urlauberinnen an. Heute tummeln sich Camper auf dem Gelände des ehemaligen GST-Lagers in Breege, wo nur der verwahrloste Schießplatz an alte Zeiten erinnert. Nur gut, dass unser Lehrer ein sehr verständnisvoller Vorgesetzter war, der dem Pseudodrill nichts abgewinnen konnte und unsere Freizeitaktivitäten tolerierte. So entstand kein zusätzlicher Druck von außen. Da fünf Mitschüler ihr Hobby zum Beruf wählten, brauchte ich keine Verpflichtungserklärung für eine längere Dienstzeit zu unterschreiben. Zwei wollten unbedingt, zwei mussten von den Eltern aus und einer wurde irgendwie mitgerissen. Die hohe Quote überraschte selbst den verantwortlichen Lehrer, so dass ich überhaupt nicht gefragt wurde. Ich sah die 18 Monate Grundwehrdienst als notwendiges Übel, denn ich verabscheue den Umgang mit Waffen und habe großen Respekt vor deren Wirkung. Trotzdem musste ich wie die meisten männlichen Jugendlichen zur Fahne. So hieß es früher, wenn der Grundwehrdienst in der NVA bevorstand. Seit der Einführung der Wehrpflicht in der DDR am 24. Januar 1962 waren anderthalb Jahre Pflicht. Alles darüber hinaus war freiwillig. Die Rekruten mussten Anfang Mai oder Anfang November einrücken. Bei den Grenztruppen wurde zusätzlich im Februar und August eingezogen. Ich wusste damals nicht, dass man den Waffendienst ablehnen durfte. Eine Verweigerung wäre für mich auch nicht in Frage gekommen, weil ich meinen Eltern keine Schwierigkeiten bereiten wollte. Nach der Verordnung des Nationalen Verteidigungsrates vom 7. September 1964 bot sich jedoch die Chance, den Militärdienst in einer Baukompanie abzuleisten. Erst als ein Freund die Uniform mit einem kleinen Spaten auf den Schulterstücken trug, nahm ich Notiz davon. Trotz seiner pazifistischen Einstellung wurde Detlef Teil der Arbeiter- und Bauernarmee. Der gelernte Betonfacharbeiter mauerte dicke Wände auf einer abgesperrten Baustelle in der Nähe von Berlin, wo ein großer Militärkomplex entstand. Das emsige Treiben beobachtete ich heimlich durch ein winziges Astloch im übermannshohen Bretterzaun, wenn ich Detlef am Wochenende mit dem Moped abholte. Die schwere körperliche Arbeit war mein Kumpel gewöhnt, aber der militärische Drill machte ihm zu schaffen. Aus grauen Lautsprechern schepperte Marschmusik, die das monotone Geschrei der Vorgesetzten übertönen sollte. Trotzdem konnte ich das Gebrüll bis auf die Straße hören. An allen Ecken standen bewaffnete Aufpasser, die dafür sorgten, dass sämtliche Tätigkeiten im Laufschritt erledigt wurden. Die befohlene Eile führte zwangsläufig zu Pfusch am Bau, was Strafen nach sich zog. Detlef musste Überstunden leisten, so dass ich freitags oft vergeblich auf meinen Freund wartete. Er sprach nicht über den Dienst, weil ihm die Verweigerung nur Nachteile einbrachte. Niemand interessierte sich für die Gründe, warum Detlef keine Waffe in die Hand nehmen wollte. Er galt fortan als Drückeberger in unserem Dorf, was ich unter keinen Umständen wollte. Berufliche Perspektiven für Spatensoldaten waren eingeschränkt und Studienplätze gab es nicht mehr für sie. Davor hatte ich Angst.

Mit dem obligatorischen Musterungsbescheid forderte man mich zur Überprüfung meiner Diensttauglichkeit auf. Ein Nichterscheinen beim Wehrkreiskommando hätte strafrechtliche Folgen gehabt. Geprägt durch die Erziehung im Elternhaus machte ich mir selbst Mut, denn ich wollte nicht vor der Verantwortung davonlaufen. Das war ich meinen Eltern und mir persönlich schuldig. An die Verpflichtung dem Staat gegenüber dachte ich weniger. Wenn man genau das tat, was von einem verlangt wurde, hatte man seine Ruhe. Wohl wissend, dass jeder Situation etwas Gutes abzugewinnen ist, bereitete ich mich auf die Armeezeit vor.

Im Bekanntenkreis fragte ich ehemalige Grundwehrdienstler nach ihren Erinnerungen. Leider konnte ich daraus keinen Nutzen ziehen, weil die Auskünfte zwiespältig waren. Einige Leute prahlten damit, bei der NVA erfahren zu haben, wer man wirklich war. Bei anderen gewann ich den Eindruck, dass sie die Armeezeit bewusst verdrängten, da sie abwertend über diesen Lebensabschnitt sprachen. Folglich beschlich mich ein Gefühl zwischen Angst und Neugier.

Die Untersuchung meiner körperlichen und geistigen Eignung für den Wehrdienst erfolgte am 21. April 1981 in unserer Kreisstadt. Ich war vorher beim Friseur und trug keine Matte mehr wie die Hippies im Musical Hair. In der Nacht vor dem Termin träumte ich vom Hochstapler Felix Krull aus dem Roman von Thomas Mann, der mit einem epileptischen Anfall seine Ausmusterung erreichte. Das lag mir fern. Schon beim Aufstehen am frühen Morgen begann das erwartete Muffensausen. Unser Personenzug bekam am Umsteigebahnhof keine Einfahrt, so dass ich befürchtete, den Anschlusszug zu verpassen. Ich war Pünktlichkeit gewöhnt, was man von unseren öffentlichen Verkehrsmitteln nur bedingt behaupten konnte. Deshalb plante ich reichlich Zeit für die Anreise ein, um viel zu früh am Musterungsstützpunkt einzutreffen.

Hinter einem Tross orangefarbener Rangierloks auf dem Nachbargleis sah ich den D-Zug von Stralsund zur Weiterfahrt nach Berlin-Lichtenberg stehen. Ich spurtete los und erreichte ihn auf den letzten Drücker. Hastig schlug der Schaffner die Tür von außen zu. Im selben Augenblick fuhr der Zug an. Das heftige Rucken schleuderte mich in den überfüllten Gang, wo man überhaupt nicht umfallen konnte. Wer nun hoffte, dass bei dem Gedränge keine Fahrausweise kontrolliert wurden, der hatte sich getäuscht. Als sich der Schaffner einen Weg durch den Zug bahnte, rammte er mir seinen Ellenbogen in die Seite. Zum Glück fiel mir noch rechtzeitig ein, dass mein Musterungsbescheid gleichzeitig eine Fahrkarte 2. Klasse war. Zwei Stunden vor meinem Termin erreichte ich den Musterungsstützpunkt, der direkt hinterm Bahnhof lag. Bei der Anmeldung musste ich nicht warten. Jeder Kandidat ist sofort abgefertigt worden, woraus sich für mich die Möglichkeit ergab, den Mittagsbus nach Hause zu schaffen. Ein weiterer Vorteil bestand darin, dass mich niemand kannte. Ich brauchte keine Zeugen, die mir später nachsagten, dass ich mich blöd angestellt hätte. Diese Anonymität ließ meine Unsicherheit langsam weichen. Im Gegensatz zu den Szenen im Film „Pearl Harbor" mit Ben Affleck verlief meine Musterung ernst und sachlich. Meine Angst, diesen Kittel- und Uniformträgern ausgeliefert zu sein, legte sich rasch. Die Übermacht hatte ich mir wesentlich größer vorgestellt. Natürlich flößten mir Menschen in Uniformen Respekt ein, aber ich gewöhnte mich schnell an die durchdringenden Blicke. Die Prozedur selbst bestand aus vier Abschnitten, die akribisch im Gesundheitsbuch festgehalten wurden. Dieses G-Buch musste ein wichtiges Dokument sein, denn auf der Titelseite prangte das Wappen unseres Arbeiter- und Bauern-Staates.

Der Teil A beinhaltete Namen, Adresse, Geburtsdatum und Schulbildung. Im Teil B erfolgte eine Aufnahme von Erkrankungen in unserer Familie. Ein freundlicher Weißkittel mit Hornbrille auf der untersten Nasenspitze fragte nach Unfällen, ambulanten und stationären Behandlungen. Als er das schwere Gestell abnahm, glich er einem schlitzäugigen Chinesen. Er rieb sich ein Auge und kniff das andere zu, was Krähenfüße in den Winkeln entstehen ließ. Der Brillensteg hatte auf der Nase einen terrassenähnlichen Abdruck hinterlassen. Sein Zinken wirkte in diesem Moment wie eine Skisprungschanze. Der Arzt hauchte gegen die Gläser, polierte sie blank und riskierte einen flüchtigen Kontrollblick. Das benutzte Stofftaschentuch verschwand jedoch nicht wieder in seiner Hosentasche. Er zwirbelte eine Ecke zu einer fingerdicken Wurst zusammen und steckte sich die Spitze abwechselnd in beide Nasenlöcher. Dazu bückte er sich unter den Schreibtisch, wobei seine Stirn um ein Haar gegen die Tischkante gestoßen wäre. Ich verschwieg bewusst, dass mein Vater während des Afrikafeldzuges im Zweiten Weltkrieg mit einer Malaria im Lazarett lag. Besonderen berufsbedingten Einflüssen wie Lärm, radioaktiven Strahlen und giftigen Substanzen war ich als Schüler der elften Klasse nicht ausgesetzt. Die Frage nach Nikotin konnte ich verneinen, denn der Gestank ekelte mich an. Heimliche Versuche, Zigaretten zu rauchen, hatte ich bereits hinter mir. Allerdings traute ich mich nicht, den Qualm zu inhalieren. Schokolade schmeckte mir besser. Beim Thema Alkohol nickte ich zwar, aber der Doktor fand keine Anzeichen von Abhängigkeit. Bettnässer war ich schon lange nicht mehr. Die Schwimmfertigkeit lag mit erreichter dritter Schwimmstufe vor. Bei sportlicher Betätigung trug der Arzt ein, dass ich organisiert Fußball spielte.

Teil C umfasste die körperliche Untersuchung durch einen pausbackigen Musterungsarzt. Nur in Unterhosen betrat ich barfuss einen Raum, in dem Einzelabfertigung herrschte. Ich wog bei einer Körpergröße von 185 Zentimetern 82,5 Kilogramm. Als mir der Arzt einen trockenen Holzspatel in den Rachen schob, musste ich würgen. Die Blutentnahme wurde von einer Krankenschwester vorgenommen, die vorher Protokoll führte. Der Doktor prüfte Ohren, Augen, Nase, Mundhöhle, Hals, Wirbelsäule, Lunge, Herz, Milz, Nieren und die Haut. Mein leichter Silberblick störte ihn nicht. Den dezenten Griff an die Männlichkeit begleitete ein „Husten sie mal!" In diesem Moment blickte die Schwester neugierig auf, was mich nicht im Geringsten störte. Die Tippse würde ich sowieso nicht wiedersehen. Auf Grund der vorliegenden Befunde sollte im Teil D eine geeignete Waffengattung für mich festgelegt werden. Die Entscheidung der Musterungskommission bestand lediglich aus zwei Worten.

Ich sollte motorisierter Schütze werden, was Angehöriger der Landstreitkräfte der NVA oder kurz Mucker bedeutete. „Ich, warum ausgerechnet ich?", bohrte sich eine Frage in mein Hirn, die gewiss tausende Rekruten vor mir beschäftigt hatte. Keine andere Waffengattung hätte mich mehr treffen können. Ich war ganz unten angekommen, denn motorisierte Schützen galten im Krieg als Kanonenfutter. Enttäuscht von dieser Einstufung überhörte ich fast die Frage nach der Dauer der Dienstzeit. Die 18 Monate erschienen mir ausreichend.

Ich erhielt den grauen Wehrdienstausweis und eine persönliche Erkennungsmarke, auf der meine Personenkennzahl und die Staatsangehörigkeit DDR eingeprägt waren. Die so genannte Hundemarke sollte im Ernstfall um den Hals getragen werden. Von meinem Vater wusste ich, dass er einst das ovale Aluminiumschild eines Kameraden in der Mitte auseinanderbrach, als der Soldat im Zweiten Weltkrieg verstarb. Er nahm den unteren Teil mit und gab ihn beim Vorgesetzten ab. Der obere Teil verblieb zur Identifizierung bei der Leiche. In dem Zusammenhang erzählte mein Vater auch von ehemaligen Kameraden, die vor ihrer Erschießung im Kriegsgefangenenlager die Hundemarken zusammenrollten und verschluckten, um später erkannt zu werden. An ein solches Szenario wagte ich überhaupt nicht zu denken.

Hundemarke und Wehrdienstausweis
des Autors

Trotz der düsteren Aussichten fiel mir ein Stein vom Herzen, weil ich die Musterung überstanden hatte. Dafür belohnte ich mich mit ein paar Gläsern Bier in der Wildgaststätte „Weidmannsheil", die sich in der Nähe des Busbahnhofes befand. Kurz nach 11.00 Uhr war ich der erste Gast, der den kalten Rauch vom Vorabend einatmen musste. Das vergilbte Hinweisschild „Bitte warten, Sie werden platziert!" am Hirschgeweih überm Eingang ignorierte ich bewusst. Hastig setzte ich mich an den verwaisten Stammtisch vorm Tresen und orderte den Gerstensaft, weil mir nur eine halbe Stunde bis zur Abfahrt des Busses blieb. Das erste Glas leerte ich in einem Zug und bestellte sofort ein zweites Bier nach. Als ich eine Soljanka verlangte, riet mir die freundliche Kellnerin ab, weil die Suppe vom Vortag angeblich aus dem Topf stank. Dafür bekam ich einen doppelten Kräuterlikör auf Rechnung des Hauses, mit dem der Objektleiter unbedingt einen Eintrag ins Gästebuch, dem Beschwerdebuch in unseren Kneipen, verhindern wollte. Entgegen der Annahme des Wirtes war ich nicht der Typ, der sich bei der erstbesten Gelegenheit beklagte. Wenn mir etwas nicht schmeckte, habe ich es stehengelassen, meine Rechnung bezahlt und das Lokal fortan gemieden.

Im September 1982, genau am 10., fand meine Einberufungsüberprüfung statt, die ich kommentarlos über mich ergehen ließ. Jede Veränderung gegenüber den Musterungsbefunden wurde penibel ins Gesundheitsbuch eingetragen. Die trügerische Routine unterbrach ein Offizier mit einer Frage, die soviel Sprengstoff in sich barg, dass ich ihre Bedeutung nicht gleich erfassen konnte. „Genosse Küch, würden sie bei einem Angriff auf ihre Person von der Schusswaffe Gebrauch machen?", bohrte der Uniformierte. In diesem Moment, in dem man mich mit einer scheinbar simplen Frage konfrontierte, deren Tragweite ich nicht übersah, fühlte ich mich überfordert. Selbstverständlich hätte ich mich verteidigt. Jeder Mensch verteidigt sich, wenn er angegriffen wird und mit einer Waffe ist das noch einfacher als mit bloßen Händen, sagte mir meine innere Stimme. Deshalb antwortete ich mit dem Wort, das aus zwei Buchstaben bestand. Ich hielt mein Ja in dieser Situation für absolut normal und bemerkte, dass alle Anwesenden mit dieser Antwort gerechnet hatten. Die Mitglieder der Einberufungskommission, die nicht an meiner Einstellung zweifelten, werteten meine Zustimmung als Bereitschaft und steckten mich an die innerdeutsche Grenze. Grenztruppen der Deutschen Demokratischen Republik hörte sich wichtiger an als motorisierter Schütze oder gar Mucker. Ich sah in der neuen Einstufung eine Auszeichnung, denn ich war ein Kind zweier Genossenschaftsbauern, die in der Hierarchie der Klassen und Schichten hinter den Angehörigen der Arbeiterklasse lagen. Irrtümlich dachte ich, dass nur Söhne von Betriebsleitern, Kombinatsdirektoren oder Parteisekretären an die Grenze kamen. Doch bei den Grenztruppen herrschte eine bunte Mischung, was die Herkunft der Rekruten betraf. Damals habe ich dem Grenzdienst gleichgültig gegenübergestanden, weil sich mein Wissen darüber auf wenige

Fakten beschränkte. Ich kannte die olivgrünen Uniformen, die mit einem raffinierten Muster aus einem Strich und dann wieder keinem Strich abwechselnd verziert waren. Von dieser Anordnung stammte der Begriff Einstrich-Keinstrich, das Kurzwort für unsere Verkleidung.

Zur Ausbildung musste ich im November 1982 ins Grenzausbildungsregiment 11 nach Eisenach. Bisher verband ich mit dieser Stadt die Wartburg und den gleichnamigen Pkw, das Aushängeschild der einheimischen Automobilindustrie. Dabei zählt Eisenach neben Weimar zu den deutschen Kulturhochburgen. Martin Luther übersetzte auf der Wartburg das Neue Testament aus dem Griechischen ins Deutsche und schuf somit die Grundlage der deutschen Schriftsprache. Der Musiker Johann Sebastian Bach wurde am Frauenplan 21 geboren, Walter von der Vogelweide und Goethe waren in der Stadt zu Gast und der Dichter Fritz Reuter verbrachte hier seine letzten Jahre. Ich befand mich also auf dem besten Wege, die Reihe deutscher Größen zu vervollständigen.

Die Vorgesetzten befahlen mich, Paul Küch, aus dem Bezirk Frankfurt an der Oder in den Bezirk Erfurt. Unser Staat simulierte kriegsähnliche Verhältnisse und schickte viele junge Leute aus dem Osten des Landes an die Westgrenze und umgekehrt. Jungs aus dem Norden mussten im Süden dienen und anders herum. Doch nicht jeder kam in den zweifelhaften Genuss, zum Wehrdienst quer durch die Republik zu reisen. Wie überall im Staat spielten Beziehungen eine große

Rolle. Einem Funktionärssohn war es beispielsweise möglich, in der Nähe des Heimatortes zu dienen.

Vorteilhaft fand ich, dass mir zwei Winter bevorstanden und nicht zwei Sommer, da man sich in der warmen Jahreszeit angenehmer vergnügen konnte als in der kalten. Das galt vor allem, wenn eine Freundin, Verlobte oder Ehefrau existierte, denn der Grundwehrdienst bildete einen echten Prüfstein für die Liebe. Genau an diesem Punkt begann mein Problem. Sollte ich so kurz vor der Armeezeit das Risiko einer neuen Beziehung eingehen?

Aller Abschied fällt schwer

Auf dem Weg zur Penne kam mir täglich eine junge Frau mit einem Moped entgegen. Man konnte die Uhr nach ihr stellen, denn pünktlich um 7.00 Uhr brauste sie an mir vorbei und grüßte jedes Mal freundlich. Wie sich Corinna mit ihrer orangefarbenen Schwalbe in die Kurven legte, war sehenswert.

Ich kannte sie flüchtig, weil sie in der LPG Tierproduktion arbeitete, in der auch meine Eltern unseren Lebensunterhalt verdienten. Corinna gefiel mir mit ihrer mittelblonden Mähne und dem schelmischen Lächeln auf Anhieb. Sie hatte graugrüne Augen, einen begehrenden und zugleich begehrenswerten Blick sowie Kurven satt. Ihre weibliche Figur verlieh jeder Kleidung etwas Besonderes, das nicht nur meine Sinne, sondern auch mein Herz berührte. Wenn ich Corinna irgendwo sah, dann ging es mir gut.

Um an Informationen über diese Frau zu kommen, bemühte ich ihren jüngeren Bruder, der die Berufsschule in der Nachbarkreisstadt besuchte und ebenfalls mit dem Zug fuhr. Doch Ralf kapierte nicht, dass ich Gefallen an seiner Schwester gefunden hatte. Er war so verschlossen, dass ich kaum etwas aus ihm herausbekam. Deshalb musste ich mich selber kümmern.

Sehnsüchtig fieberte ich den wöchentlichen Trainingsstunden der Damen-Gymnastikgruppe unseres Dorfes entgegen und beobachtete Corinna, die sich elegant über den Mattenboden bewegte. Eine bessere Vorturnerin hätten sich die Feierabendsportlerinnen nicht wünschen können. Während der Festumzüge am 1. Mai und 7. Oktober stand ich am Straßenrand, um Corinna zu sehen, die stolz im Gleichschritt des Deutschen Turn- und Sportbundes (DTSB) der DDR marschierte. Die Lebensfreude, die von ihr ausging, wirkte ansteckend auf mich. Wenn ich Corinna mit meinen bisherigen Eroberungen vergleiche, müsste ich die jungen Frauen kränken. Um nicht missverstanden zu werden: Alle Mädels waren auf ihre Art liebenswert und ich bereue keine der Beziehungen. Jedoch steckte der Damennachwuchs wie ich in der pubertären Erkundungsphase. Corinna wirkte auf Grund ihrer gesammelten Lebenserfahrungen wesentlich reifer. Doch ich machte mir keine Hoffnungen, da sie fünf Jahre älter war und zwischenzeitlich auch verheiratet. Mit diesen Tatsachen wollte ich mich aber nicht abfinden. Auf der Suche nach einer passenden Gelegenheit, meinen Schwarm wiederzusehen, wurde ich rasch fündig.

Mein lahmes Moped, das ich mir vom Jugendweihegeld kaufte, hatte ich mit Wertausgleich gegen ein Motorrad vom Typ MZ TS 150 eingetauscht, das nicht anspringen wollte. Trotz neuer Zündkerze gab das Motorrad keinen Laut von sich. Wütend warf ich das Werkzeug durch die Gegend bis unsere Garage einem Schlachtfeld glich. Ich muss zugeben, dass ich von dem technischen Kram keine Ahnung hatte. Auch mein Sinn fürs Praktische ließ leider zu wünschen übrig. Aber ich erkannte wenigstens, dass ich fachmännische Hilfe brauchte, um mein Problem zu lösen. Da nur wenige, ausgewählte Haushalte im Dorf über einen Telefonanschluss verfügten, radelte ich zum LPG-Büro. Von dort aus wollte ich eine Werkstatt anrufen, um einen Reparaturtermin zu vereinbaren. Als ich schüchtern den Raum betrat, verflog der ganze Ärger mit dem Motorrad. Meine Traumfrau, die auf eine Optima-Schreibmaschine einhämmerte, grüßte freundlich, ohne das Tippen zu unterbrechen. Hinter ihrem rechten Ohr klemmte ein spitzer Bleistift, was mir Respekt einflößte. In diesem Moment vergaß ich sämtliche Komplimente, die ich mir mühsam ausgedacht hatte. Ich war so nervös, dass ich erst nach einigen Augenblicken den Mut fand, sie anzusprechen. Mit rotem Kopf schilderte ich das technische Problem und bat die Sekretärin um Unterstützung. Corinna unterbrach ihre Arbeit und musterte mich von oben bis unten. Wenn ich das geahnt hätte, wäre mein Blaumann in der Garage geblieben. Wer im Dorf nicht mit Arbeitssachen oder Trainingsanzug umherlief, der hatte Geburtstag oder es war Feiertag. Corinna verschränkte beide Arme, sah mitleidig zu mir rüber und bemerkte, „dass der Teufel manchmal direkt im Detail stecken würde". Ich hielt die vortreffliche Fehlerdiagnose der Tippse für blanken Wahnsinn und sah sie mit einer Mischung aus Anerkennung, Staunen und Zuneigung an. Corinna blätterte im Telefonbuch, wählte die Nummer der Werkstatt und reichte mir den Hörer. Aufgeregt griff ich daneben und spürte ihre warme, weiche Hand, die ich nicht mehr loslassen wollte. Mein Telefonat geriet völlig zur Nebensache, als sie sich lässig zurücklehnte und die Arme hinterm Kopf verschränkte. Verlegen schielte ich auf ihr pralles Dekollete, das die Rüschenbluse in Altrosa ausfüllte. In diesem Moment wurde mir klar, dass Corinna mehr verdient hatte als meine heimliche Bewunderung. Diese Frau hätte man mit Küssen überschütten müssen in jeder Sekunde des Tages und warum sollte ich das nicht tun.

Wenn der LPG-Vorsitzende nicht ins Zimmer geplatzt wäre, hätte ich wahrscheinlich die Beherrschung verloren. Stattdessen bedankte ich mich höflich und verließ das Büro in der Hoffnung, dass ich der freundlichen Sekretärin in Erinnerung bleiben würde.

Der Autor mit seiner MZ TS 150

Ein anderes Mal traf ich Corinna im Dorfkonsum, wo sie in der Mittagspause regelmäßig einkaufte. Sie trug ein braunes Stoffkleid, welches vorne durchgehend zu knöpfen war. Die an beiden Enden offene Knopfleiste gestattete tiefe Einblicke. Ich hätte beinahe vergessen, die Konsummarken zu verlangen, die meine Mutter sammelte. Corinna stand vor dem Feinkostregal, sah einmal nach links, einmal nach rechts und wieder nach links. Scheinbar unbeobachtet, griff sie gezielt nach dem Mostrich aus Bautzen. Es blieb jedoch nicht bei einer Büchse. Sie hortete emsig, denn ich zählte 36 Stück in ihrem Einkaufskorb. Wofür brauchte man soviel Senf? Während ich noch überlegte, fand der Hamsterkauf bereits die ersten Nachahmer. Alle Kundinnen, die Corinna beobachtet hatten, griffen eilig zum Mostrich. Es entbrannte ein regelrechter Kampf um die verbliebenen Büchsen im Regal. Die Leute tuschelten, dass demnächst ein Senfmangel im Handel bevorstände. Ich staunte über das auffällige Kaufverhalten, das meine Traumfrau mit ihrer Hamsteraktion auslöste. Als sie die Ware an der Kasse bezahlte, ging ich zurück und packte sicherheitshalber zwei Büchsen Senf in meinen Einkaufskorb. Man konnte ja nie wissen, wann es wieder neuen Mostrich gab. Ich hätte gerne mehr genommen, aber das Feinkostregal war leergefegt.

Genau 14 Tage vor meiner Einberufung sah ich Corinna bei einer Disko, wo sie in einem grünen Strickpulli und hautengen Bluejeans den Saal rockte. Der Anblick dieser Geheimwaffe bestätigte meinen Entschluss, endlich anzugreifen. Aber beim Tanzen geht es bekanntlich darum, der Mensch zu sein, der man gerne sein möchte. Leider wusste ich noch nicht, wer ich sein wollte und das Auseinandertanzen lag mir überhaupt nicht. Die Frau auf diesem Wege zu erobern, fiel aus. Ich tanzte lieber zusammen oder rockte bei „Hiroshima" von Wishful Thinking kniend auf dem Fußboden. Dabei konnte man keinem auf die Schuhe treten. Einen Kompromiss bildete die langsame Runde, die häufig als seichtes Vorspiel am Ende der Veranstaltung gespielt wurde. Im Dunkeln hätte niemand einen Fehltritt bemerkt. Wenn ich schon nicht alt genug war, musste ich wenigstens für mein Alter perfekt wirken. In einer Pause habe ich mir beim Diskjockey mein Lieblingslied, „Am Fenster" von City, gewünscht, das er sowieso zum Abschluss spielen wollte. Als ich die ersten Geigenklänge aus den Lautsprecherboxen auf der Bühne hörte, forderte ich Corinna zum Tanzen auf. Sie lächelte verschmitzt und folgte mir unsicher aufs Parkett. Die neugierigen Blicke ihrer staunenden Freundinnen ignorierte ich. Beim Tanzen bewegten wir uns kaum von der Stelle. Während ich still ihre Nähe genoss, plapperte Corinna munter drauflos wie das Frauen so an sich haben. Da ich nur die Hälfte der Nettigkeiten verstand, schmiegte ich mich noch enger an sie heran. Für diesen Augenblick hatte ich den ganzen Aufwand betrieben und wurde nicht enttäuscht. Irgendwann küsste ich Corinna flüchtig auf den Mund. Sie erwiderte meinen Kuss und ich küsste länger. Das klebrige, rote Zeug auf ihren weichen Lippen reichte für zwei. Unsere kleinen, heimlichen Zärtlichkeiten bestärkten mein Verlangen, dass dieser gemeinsame Abend kein Ende nehmen sollte. Nach der Disko brachte ich Corinna bis vor die Haustür und fragte zur Ablenkung nach dem vielen Senf, worauf eine einfache Erklärung für den Hamsterkauf folgte. Die Mutter von Corinna, die Verkaufsstellenleiterin im Konsum des Nachbarortes war, hatte vergessen, Senf zu bestellen. Die kluge Geschäftsfrau beauftragte ihre Tochter, Mostrich im Nachbarort zu kaufen, um einem Mangel im eigenen Laden vorzubeugen. Der Senf, der mir als Vorwand diente, spielte längst keine Rolle mehr.

Ich küsste und umarmte Corinna. Natürlich begehrte ich diese Frau, die energisch versuchte, mich abzuwimmeln. Warum nur bemühte sich Corinna, mir zu widerstehen? War ich tatsächlich zu jung für sie? Sie blieb hartnäckig und rückte den Haustürschlüssel nicht heraus. Allein die Kälte dieser Oktobernacht wäre ein guter Grund gewesen, mich aus reiner Nächstenliebe mit nach oben zu nehmen. Kurz vorm Morgengrauen gab sie endlich nach und zeigte mir ihre Einraumwohnung, die direkt unterm Dach des Mehrfamilienhauses lag. Verrückt nach Liebe landeten wir auf der gemütlichen Klappcouch, wo ich eine solch bedingungslose Hingabe und Leidenschaft spürte wie ich sie bisher nicht kannte. In dieser Nacht hörte Corinna endlich auf ihr Herz anstatt auf den normalen Menschenverstand. Noch Tage später atmete ich ihren unwiderstehlichen Duft an meinem Körper. Die Frau ging mir förmlich unter die Haut. Leider war sie zu dieser Zeit mit einem Armeeangehörigen liiert, der gegen das Oder-Hochwasser kämpfte. Von einer wissbegierigen Nachbarin erfuhr ich, dass wir uns die Klinke in die Hand gaben.

Mir ist von Anfang an klar gewesen, dass Corinna eine Nummer zu groß für mich war. Liebevoll erzog sie ihre kleine Tochter Meike. Pflichtbewusst arbeitete sie als Sekretärin im LPG-Büro. Während der Urlaubszeit half sie auf dem Feld oder im Stall. In ihrer praktisch eingerichteten Mansarde herrschten Ordnung und Sauberkeit. Corinna konnte waschen, kochen und backen. Sie mochte Rockmusik aus England, romantische Liebesfilme und verschiedene Literaturklassiker. Mir imponierte, dass sie die Bücher in ihrem Regal tatsächlich gelesen hatte. Was sich Corinna auch in den Kopf setzte, sie zog es konsequent durch und vergeudete dabei keinen Augenblick. Damit legte sie hohe Maßstäbe an sich selbst. Von dieser Frau konnte ich mir eine ordentliche Scheibe abschneiden, denn sie wusste, worauf es im Leben ankam. Obwohl ich mir keine Hoffnung auf eine feste Beziehung mit ihr machen durfte, schwor ich mir damals, die oder keine. Nach meinem Abschiedsspiel vorm Grundwehrdienst gab es nicht nur das Siegerbier in der Umkleidekabine. Mein Torwartkollege Norbert brachte selbstgemachten Pflaumenschnaps mit. Der Obstlikör schmeckte lecker und verursachte anfangs kein Kopfweh, doch nach einer gewissen Zeit drehte sich alles vor meinen Augen. Zwei Mitspieler brachten mich nach Hause,

Mannschaftsfoto vorm Abschiedsspiel

wo ich meinen Rausch ausschlief. Als mich Norbert
am Abend zur Abschiedsparty abholte, hätte ich lieber
weiter geschlafen, aber meine Freunde erwarteten
mich in der Bahnhofsgaststätte. Auf dem Weg dorthin
kam ich mächtig ins Schwanken. Allein hätte ich die
Strecke sicher nicht geschafft. Vorm Dorfkonsum
begegnete uns eine Nachbarin, die ihren Hund Scharik
ausführte. Dieser merkwürdige Name entstammte
dem treuen Gefährten von Janek aus der polnischen
Fernsehserie „Vier Panzersoldaten und ein Hund". Ich
muss mächtig getorkelt sein, weil mich der vertraute
Schäferhund in diesem Zustand nicht erkannte. Auf
gleicher Höhe angekommen, sprang Scharik an mir

hoch und biss mir in den linken Unterarm. Vor Schreck war ich sofort wieder nüchtern. Zum Glück trug ich meine Jeansjacke unterm Anorak, so dass Fleisch und Knochen wenig abbekamen.

Trotz dieses Missgeschickes wurde es ein geselliger Abend für alle Beteiligten. Die Wirtsleute Emmi und Heiner hatten den Billardtisch zu einer festlichen Tafel umgestaltet. Heiner schützte den grünen Filz mit einer exakt angepassten Holzplatte und Emmi deckte ein weißes Tischtuch darüber. Ich mochte das freundliche Ehepaar mit den kleinen Macken. Emmi sah heimlich Westfernsehen. Wenn Heiner sie dabei überraschte, schaltete er sofort auf einen Ostsender um. Das aktive Mitglied der Kampfgruppe befürchtete, dass sich Emmi im Dorf verplappern könnte. Dabei guckten viele Einwohner ARD und ZDF, aber nur wenige sprachen darüber.

Den Abschied feierte ich gemeinsam mit Jörg, weil wir beide zur Ausbildung nach Eisenach mussten. Mein Mitstreiter, der ein Jahr älter war, wohnte direkt neben der Gaststätte. Wie unser Land im Großen bildeten wir an diesem Abend eine geschlossene Gesellschaft im Kleinen, was ein Schild am separaten Eingang zum Billardraum dokumentierte. Im anderen Teil der Gaststätte lief der normale Kneipenbetrieb weiter. Emmi und Heiner hatten eine Menge Arbeit. Zur Einstimmung auf den Grundwehrdienst übten wir das Marschieren. Anstelle einer Waffe schulterte jeder einen Billardqueue. Der Gleichschritt stellte für Jörg kein Problem dar, nur ich verlor plötzlich das Gleichgewicht und rammte den Tresen. Das Päckchenbauen beendete unser vormilitärisches Treiben. In Anlehnung an das Fertigmachen zur Nachtruhe bei der Armee wurden die Klamotten fein geordnet auf einem Hocker zusammengelegt. Wir übten mit der Kampfgruppenuniform und der langen Baumwollunterwäsche vom Gastwirt. Leider verstand Jörg die Aufgabe falsch. Er zog sich vor allen Anwesenden splitternackt aus, was einigen seiner Mitschülerinnen die Schamesröte ins Gesicht trieb. Schwankend versuchte er, die viel zu große Unterwäsche überzustreifen. Da er mit beiden Beinen in ein Hosenbein stieg, bekam mein Freund mächtig Schlagseite. Beim Versuch, sich abzustützen, verlor er das Gleichgewicht und landete mit den Händen auf den Tellern seiner Nachbarinnen. Zwei angebissene Zigeunersteaks, ein Teil der goldgelben Pommes sowie die Sättigungsbeilage landeten auf der Tischdecke. Fettige, rotbraune Flecken zierten das weiße Tuch und die lange Unterwäsche von Heiner. Während der Wirt sich den Ärger nicht anmerken ließ, starrten die Mädels ihren Mitschüler Jörg entsetzt an. Der Rest der Feier fehlt in meinem Gedächtnis.

Am nächsten Morgen war das Aufwachen umso schöner. Gemeinsam mit Corinna und Meike genoss ich meinen vorläufig letzten Sonntag in ziviler Freiheit. Ich gab mich äußerlich gelassen, aber diese Lockerheit war nur gespielt. Seitdem ich meinen Einberufungsbefehl in der Tasche hatte, zerriss es mir das Herz, wenn ich an Abschied dachte. Ich wollte nicht fort, denn ich befürchtete den Verlust von menschlicher Wärme und

Geborgenheit. Abseits von persönlichen Verpflichtungen, Planerfüllung und Vorbildwirkung hatten wir eine wohltuende Nische gefunden, in der der Altersunterschied zwischen Corinna und mir keine Rolle spielte. Dort waren wir gleichberechtigte Menschen mit Träumen und Wünschen und keine sozialistischen Persönlichkeiten. Insofern bildeten die beiden Wochen vor meiner Einberufung die glücklichste Zeit meines Lebens, die Lust auf mehr machte. Von der großen Liebe hatte ich keine Ahnung, weil ich dieses Gefühl bisher nicht kannte. Noch nicht. Ich war zu jung, um zu begreifen, dass ich bereits liebte. Wahrscheinlich überforderte mich dieses Eingeständnis, mit dem ich mich konkret auf einen Menschen festlegte. Dabei hatte ich die Liebe des Menschen, den ich am meisten mochte, längst angenommen.

Am 3. November 1982 brach eine neue Zeitrechnung für mich an, 542 Tage Grundwehrdienst lagen vor mir. Die Kälte des Herbstes stand in krassem Gegensatz zu meinem Abschied von Corinna. Ein langer Kuss beschrieb alles, was wir in diesem Augenblick füreinander empfanden. Immer wieder riss ich mich los und kam zurück, um Corinna noch fester zu umarmen. Schließlich kehrte ich nicht mehr um.

Mein Vater fuhr Jörg und mich zum Bahnhof in die Kreisstadt, dem so genannten Gestellungspunkt. Dort trafen sich alle Rekruten des Kreises zur Abfahrt nach Eisenach. Ich hatte keinen Alkohol eingepackt, wollte ich doch mit einem klarem Kopf im Grenzausbildungsregiment ankommen. Meine Haare waren kurz, dass ich in der Ausbildung nicht sofort aneckte. Wenn ich mit meinem Vater allein im Auto gewesen wäre, hätte ich ihn wieder gefragt, wie viele Menschen er im Krieg erschossen hatte, um sich zu verteidigen. Die Antwort blieb er mir schuldig. Vor Aufregung brachte ich kein Wort heraus. Mein Leidensgenosse hinter mir blieb ebenfalls still. Er machte Blasen mit seinem Kaugummi, was den nervösen Fahrer sichtlich störte. Regelmäßig schaute er in den Rückspiegel. Mir war klar, dass er etwas auf dem Herzen hatte. Der Vulkan neben mir brodelte. Es schien eine Frage der Zeit, wann er ausbrechen würde. Mit einem Glückspfennig schob ich die Haut über die Halbmonde meiner Fingernägel zurück und wünschte mir nichts sehnlicher als eine Autopanne, um den Zug nach Eisenach zu verpassen. Aber unser 408er Moskwitsch, Baujahr 1970, lief zuverlässig wie ein Schweizer Uhrwerk. „Diese Russenkarren sind unverwüstlich", prahlte unser LPG-Vorsitzender immer und der musste es wissen. Schließlich transportierte er mit einem alten Mossi riesige Findlinge vom benachbarten Acker in seinen Steingarten.

Der Motor vom Moskwitsch dröhnte in den unteren Gängen fast so laut wie ein Traktor. Ein Autoradio auf voller Lautstärke hätte es nicht geschafft, dieses Geräusch zu übertönen. Wir besaßen ein solches Gerät nicht im Fahrzeug, weil sich mein Vater auf den Verkehr konzentrieren musste. Er hielt sich konsequent an die Bestimmungen der Straßenverkehrsordnung. Manchmal rollten wir im Leerlauf die Berge hinunter oder schlichen untertourig im höchsten Gang. Kurz vorm Abwürgen des Motors schaltete er herunter. Dabei umklammerte er in Zehn vor Zwei-Stellung das Lenkrad wie im Lehrbuch. Wenn der Vati am Steuer saß, wusste ich nie so richtig, ob ich die Augen öffnen oder besser schließen sollte. Doch zum Meckern fehlte mir die Lust. Ich gebe zu, dass wir uns nicht immer verstanden haben. Aber ich zweifelte nie daran, dass ich mich auf meinen Vater verlassen konnte. Wenn ich ihn brauchte, war er für mich da. Selbstverständlich mochte ich den Griesgram über alles, doch in den letzten Tagen fanden wir nur selten eine gemeinsame Sprache. Dieser Zustand machte mir Angst. Über der Stille lag eine seltsame Spannung. Wir schwiegen nicht miteinander, sondern gegeneinander. In Gedanken ließ ich die beiden Wochen mit Corinna Revue passieren und bereute keinen Augenblick. Plötzlich überwand mein Vater seine Zurückhaltung und sprach von einer Episode in meinem Leben, woraus ich schlussfolgerte, dass er gegen diese Beziehung war. Wahrscheinlich hatte ihn meine Mutter damit beauftragt. Ich fühlte mich vor den Kopf gestoßen und so verstrichen weitere Minuten, in denen keiner etwas sagte. Der Ratschlag meiner Eltern missfiel mir, obwohl ich Verständnis dafür hatte. In der Vergangenheit mussten sie sich oft neue Namen einprägen. Ob Kirsten oder Jana aktuell waren, wussten meine Eltern nie. Ihnen fehlte die Kontinuität in meinen Beziehungen. Wie sollte ich ihnen glaubhaft vermitteln, dass Corinna die Richtige für mich war? Die Fahrt in die Kreisstadt reichte dafür nicht aus. Da ich beim Abschied keinen Streit wollte, enthielt ich mich der Stimme. Jörg saß schmunzelnd auf dem Rücksitz. Selbst er hatte bemerkt, dass mir Corinna gut tat. Von diesem Glück musste ich den Vati überzeugen, denn ich brauchte einen Fürsprecher in der Familie. Mein alter Herr stand auf meiner Seite, seit ich ihn eines Tages beim heimlichen Rauchen erwischte. Meine Mutter schickte mich ins Dorf, um ihn zu suchen. Mir war klar, dass er sich in einer unserer beiden Gaststätten aufhalten würde. Neugierig betrat ich die Bahnhofskneipe und erblickte meinen Vater, der am halbvollen Stammtisch saß und genüsslich an einer Jägerstolz-Zigarre zog. Nicht zu fassen, dachte ich mir und bekam einen Schreck. Sein knallrotes Gesicht signalisierte mir, dass er den glimmenden Stummel am liebsten verschluckt hätte. Mein alter Herr fühlte sich ertappt. Verunsichert nahm ich neben ihm Platz. Obwohl der stinkende Stumpen im Aschenbecher landete, musste ich husten von dem ganzen Qualm. Der Vati spendierte eine Fassbrause und bat mich, seinen Rückfall ins ungesunde Laster daheim zu verschweigen. Schließlich galt er seit Jahren als Nichtraucher in der Familie. Meine Verschwiegenheit belohnte er großzügig mit vielen Freiheiten.

Mein Vater ist ein großartiger Mensch gewesen, mit dem ich gern die Zeit verbrachte. Er war immer dabei, wenn Höhepunkte in meinem Leben anstanden und vermittelte mir die nötige Sicherheit, die Aufgaben erfolgreich zu meistern. Leider habe ich ihm nie gesagt, dass ich mich in seiner Obhut geborgen fühlte.

Wir hatten nur wenige Gemeinsamkeiten. Mein alter Herr war kein Mannschaftssportler wie ich, sondern ein verbissener Einzelkämpfer, der ehrgeizig Kraftsport betrieb und sich beim Angeln entspannte. Ich fuhr mit zum See, weil ich von ihm lernen wollte. Anfangs konnte ich nie meine große Klappe halten und fragte ständig, ob ich denn schon still sein müsse, um die Fische nicht zu verscheuchen. Wir hatten nicht einmal richtige Angelgeräte. Mein Vater brachte mir bei, wie man mit einem scharfen Taschenmesser eine ordentliche Rute vom Baum abschnitt. Dabei mahnte er ständig, mit dem Messer vom Körper weg zu schneiden. Während ich diese Prozedur früher als Erziehung empfand, rechne ich sie heute zur Familientradition, die von einer Generation an die nächste weitergegeben wird. Mein Vater vermittelte mir Erfahrungen, die von seinem Papa stammten und diese Tradition hätte ich gerne fortgesetzt.

Wenn ich meinen alten Herrn darum bat, spannende Geschichten von früher zu erzählen, schilderte er detailliert, wie er im Jahre 1936 das Reichssportjugendabzeichen ablegte. Fragte ich ihn direkt nach seiner Rolle im Zweiten Weltkrieg, dann verstummte er. Er redete nicht gern vom Überlebenskampf 1944 in der Wüste Nordafrikas. Wie viele andere zwang man ihn in den Krieg, obwohl er jede Form von Ungerechtigkeit verabscheute. Mein Vater sprach von Angst und nie vom Mut, diese Angst zu besiegen. Daher sehe ich in seinem Eintritt in die Sozialdemokratische Partei Deutschlands (SPD) nach Kriegsende eine konsequente und mutige Entscheidung. Ich erinnere mich noch gut an seinen Wutanfall, als er mich beim Lesen des verbotenen Buches „Mein Kampf" erwischte, das er unter seinen akkurat zusammengenommenen Socken im sicheren Versteck wähnte. Mein Vater wollte mich vor dieser größenwahnsinnigen Lektüre schützen, die für das Verständnis des deutschen Faschismus so wichtig ist. Für seinen Einsatz in Afrika hätte er sich niemals gerühmt, denn er war nur ein einfacher Militärkraftfahrer, der gesund nach Hause kommen wollte. Wenn die Reifen seines Jeeps in der Wüste qualmten, musste er anhalten und dagegen pinkeln, um den Gummi abzukühlen. Nannte er das etwa Kampf?

Meine Gedanken wurden in diesem Moment so ungerecht und verletzend, dass ich mich selbst vor ihnen fürchtete. Mein alter Herr war gewiss kein Held, aber ein Vorbild, das ich unbedingt bei unseren internen Wettkämpfen schlagen wollte, die da lauteten: Wer fing den ersten und den letzten Fisch und wer hatte am Ende die meisten geangelt? Einmal gewann ich alle drei Disziplinen, obwohl ich nur einen einzigen Fisch fing. Mein Vater redete den ganzen Tag kein Wort mehr mit mir. Manchmal sind wir richtige Rivalen gewesen, weil ich alles besser machen wollte als er. Warum gönnte mir mein Vater, der selbst nichts anbrennen ließ, das Glück mit Corinna nicht? Hielt er diese Frau für ein Flittchen, das kleine Jungs verführte oder war er einfach nur neidisch auf seinen Sohn? Das Gerede meiner Eltern vom großen Altersunterschied konnte ich beim besten Willen nicht verstehen, denn

Corinna und ich harmonierten bestens. Hatte ich ihnen bisher alles recht machen können, missfiel mir der Gedanke an ständigen Gehorsam. Irgendwie musste ich mich doch abnabeln. Ich wollte Corinna um jeden Preis, dessen war ich mir sicher. Schließlich kann man nicht alles über den Haufen werfen, wenn es unbequem wird oder den Eltern nicht in den Kram passt. Mein Vater schwieg. Vorwurfsvoll blickte ich ihn beim Aussteigen an und merkte, dass mein Vorbild zu bröckeln begann. Mir fehlten das Verständnis und die Toleranz, die er mir selbst stets vermittelte. Obwohl der Sonderzug nach Thüringen reichlich Verspätung hatte, verabschiedete sich mein alter Herr hastig von uns. Eine herzliche Umarmung verwehrte er mir. Wortlos fuhr er auf und davon.

Eisenach

Das Leben ist ein Lotteriespiel, bei dem man nie genau weiß, mit wem man zusammenkommt. Deshalb blieb ich während der Fahrt nach Eisenach bei Jörg, da er der Einzige im Zug war, den ich kannte. Wir wählten einen Waggon in der Mitte, weil mein Kumpel meinte, dass dort bei einem Unfall weniger passieren würde als vorne direkt hinter der Lokomotive. Dieses Sicherheitsdenken zeichnete Jörg aus, der mit Leib und Seele Eisenbahner werden wollte.

Der Sammeltransport hielt nur in größeren Städten, wo weitere Grundwehrdienstler zustiegen. Aussteigen durfte keiner. Im Abteil traf ich einen guten Bekannten, der in der gleichen Kreisliga Fußball spielte wie ich. Er saß mir gegenüber und beschwerte sich lautstark über das Getümmel auf den Gängen. Viele Rekruten nutzten die Aufenthalte, um sich mit Alkohol versorgen zu lassen. Durchs geöffnete Fenster baten sie Wartende auf den Bahnsteigen, Schnaps einzukaufen. Die meisten verzichteten sogar aufs Wechselgeld und gaben 20 Mark für eine Flasche Juwel, die offiziell für 14,50 Mark am Kiosk verkauft wurde. Das Geld saß locker, als gäbe es kein Leben mehr nach der Armeezeit. Bei dem feuchtfröhlichen Durcheinander fehlte mir die nötige Ruhe, in meinem Lieblingsroman von Alexandre Dumas zu schmökern. Da ich das Buch bereits mehrmals gelesen hatte, wurde es eine Art Talisman für mich. Obwohl eine Militärstreife im Zug patrouillierte, spielten sich in den meisten Abteilen chaotische Szenen ab. Der übermäßige Alkoholgenuss schien die Evolution umzukehren. Erwachsene Menschen torkelten herum wie Primaten. Zum Glück schliefen die Schnapsleichen bald ein, so dass Ruhe einkehrte. Irgendwann zog ich den „Graf von Monte Christo" aus der Tasche und las die kurze Zusammenfassung auf der Innenseite des Buchumschlages. Weiter bin ich nicht gekommen, denn die Umrisse der Wartburg waren bereits durchs Fenster zu erkennen. Kurze Zeit später erreichte der Sonderzug den Eisenacher Bahnhof.

Auf dem abgesperrten Vorplatz sammelten wir uns, um zu Fuß in die Ernst-Thälmann-Straße zu laufen. Marschieren hätte bei den alkoholisierten Rekruten unmöglich ausgesehen. Inmitten einer orientierungslosen Herde trottete ich Jörg einfach hinterher. Uniformierte Schreihälse sorgten dafür, dass wir auf dem Bürgersteig blieben. Wer auf die Straße ausscherte, der sammelte die ersten Minuspunkte. Dennoch überholten wir Betrunkene, die sich auf dem Kopfsteinpflaster übergaben.

Im Schutze der Dunkelheit schafften es alle bis ins Grenzausbildungsregiment „Theodor Neubauer". Das um 1930 angelegte Kasernengelände der ehemaligen Wehrmacht bildete ursprünglich die nördliche Grenze der Stadtausdehnung Eisenachs. Die Kasernen waren drei- und viergeschossige Zweckbauten mit Satteldach, die in traditioneller Bauweise errichtet wurden. In diesen kahlen, kalten Gebäuden sollte ich meine Ausbildung absolvieren. Hinterm Kontrolldurchlass (KDL) bogen wir links ab auf die Regimentsstraße. Dahinter lag rechts der Appellplatz, der sich mit Zivilisten füllte. Nur die Vorgesetzten trugen Uniformen. Ein kleiner, pummeliger Major schrie uns willkommen, stellte die Führung des Grenzausbildungsregimentes vor und übergab das Wort an den ranghöchsten Offizier in Eisenach. Der Regimentskommandeur erläuterte uns den Auftrag, ausgehend von der Bedrohung durch den Klassenfeind, die sozialistischen Errungenschaften zu schützen. Was er vom Vaterland, von der Waffenbrüderschaft mit der Sowjetarmee und den Bruderarmeen, vom politisch bewussten Soldaten, von Befehl und Gehorsam, von der sozialistischen Soldatenkameradschaft und vom Ansehen der Grenztruppen erzählte, war mir nicht neu, doch irgendwann hing einem das langweilige Gesülze zum Halse raus. Mir wurde langsam kalt und müde war ich auch, aber das Zeremoniell schien kein Ende zu nehmen. Zu guter Letzt erfolgte eine zentrale Anwesenheitskontrolle, bei der jedem einzelnen Rekruten eine Nummer zugeordnet wurde, die der künftigen Kompaniezugehörigkeit entsprach. Die Wege von Jörg und mir trennten sich. Auch den bekannten Fußballer verlor ich vorläufig aus meinen Augen.

Auf der Kompanie sahen alle Stuben gleich aus. Trotzdem durfte man sich keine aussuchen, denn die Zimmerbelegung stand vorher fest. Sogar die Betten hatte man mit kleinen Namensschildern versehen. Ich lag unten rechts, gleich neben der Tür und musste fortan immer das Licht an- und ausknipsen. Die neuen Kameraden, die alle älter waren als ich, kamen aus der Hauptstadt, aus Sachsen-Anhalt und dem Spreewald. Auf einer Stube wohnten sechs Mann, die eine Gruppe bildeten. Ein Zug bestand aus zwei Gruppen. Am ersten Abend blieb wenig Zeit zum gegenseitigen Kennenlernen, weil der Unteroffizier vom Dienst (UvD) ständig ins Zimmer platzte, um verschiedene Anzugsordnungen zu befehlen. Die Anweisungen änderten sich im Viertelstundentakt, obwohl wir noch keine Uniformen hatten. Offensichtlich fehlte dem Vorgesetzten der militärische Durchblick und mir das nötige Verständnis für eine eventuelle Dialektik in seinen Überlegungen.

Schließlich marschierten wir in Zivilklamotten zum Speisesaal, der am Ankunftstag ausnahmsweise bis 22.00 Uhr geöffnet hatte. Die Schlange vor der Küchenluke war übersichtlich, denn viele Kameraden verzehrten den von daheim mitgebrachten Proviant. Ich zog das hiesige Abendbrot vor und bemerkte auf den ersten Blick, dass die Zusammensetzung der Mahlzeit dem Abiturlehrstoff in Biologie entsprach. Eine ausgewogene Mahlzeit sollte alle Nährstoffgruppen enthalten. Es gab Kohlenhydrate in Form von hellem Mischbrot. Das Fett stammte aus der Butter und ein Schmelzkäseriegel, umhüllt von goldenem Stanniolpapier, lieferte das Eiweiß. Dabei hätte die warme Milch ausgereicht, um uns mit den notwendigen Nährstoffen zu versorgen. Nach einer Katzenwäsche fiel ich müde ins Bett. Für Leute mit langen Haaren wurde es weit nach Mitternacht, weil beim

Friseur ein Riesenandrang herrschte. Manche Rekruten rannten mehrmals zum Nachschneiden dorthin, da den Vorgesetzten die Schnittlänge missfiel. Meine Frisur war für die Ausbildung praktisch und pflegeleicht. Nur bei der Geburt hatte ich kürzere Haare.

Die offizielle Einkleidung fand am nächsten Morgen nach dem Frühstück statt. Übereifrige Offiziere trieben uns in ein undurchsichtiges Labyrinth, das sich Zentrale Bekleidungs- und Ausrüstungskammer nannte. Dort erhielten wir zuerst eine große Zeltplane, die alle Utensilien aufnehmen sollte. Die verantwortlichen Unteroffiziere wurden bei der Ausgabe von Soldaten unterstützt, die zu rotieren begannen, nachdem uns die Vorgesetzten mit bloßen Augen vermessen hatten. Für meine tatsächliche Konfektionsgröße interessierte sich niemand. Schuhe, Stiefel, Koppel und Stahlhelm flogen in hohem Bogen auf die Zeltbahn. Die Stiefelpaare waren der Ordnung halber mit derbem Bindfaden aneinander gebunden. Beim Anprobieren musste man höllisch aufpassen, um nicht zu stolpern. Ich kam sowieso nur schleppend voran, weil der drängelnde Kollege hinter mir ständig auf meiner Plane stand. Ein weißer Kreidestrich am Boden wies uns den Weg von einer zur nächsten Station. Überall roch es mehr oder weniger nach Waschpulver. Wahrscheinlich kam ein Teil der Klamotten direkt aus der chemischen Reinigung. Auf Grund der künstlich erzeugten Hektik fiel es mir schwer, überall das passende Wäschestück zu ergattern. Die Vorgesetzten achteten mehr auf die Vollzähligkeit der Klamotten. Eine Dienstuniform, eine Ausgangs- bzw. Paradeuniform und zwei Felddienstuniformen für Sommer und Winter nannte ich nun mein eigen. Um die alte Winter-Felddienst während der Ausbildung zu schonen, bekamen wir eine steingraue Watteuniform, die offiziell bereits ausrangiert war.

Auf unserem Zimmer herrschte ein heilloses Durcheinander, in dem sechs Leute ihre gefüllten Seesäcke vor dem Spind einfach fallen ließen. Dabei purzelten die Sachen kreuz und quer durch die Stube, dass niemand mehr wusste, welches Kleidungsstück einem gehörte. Um die Bezeichnungen der militärischen Ausrüstung zu trainieren, befahlen die Vorgesetzten verschiedene Anzugsordnungen und wir begannen mit der Modenschau. Raus aus den Klamotten, rein in die Klamotten. Auf diese Weise überprüften die Unteroffiziere nicht den Sitz, sondern die Vollständigkeit der Ausrüstung. Kleidung, die uns nicht passte, durfte innerhalb einer Woche umgetauscht werden. Es dauerte den ganzen Vormittag, die einzelnen Uniformteile zusammenzubasteln. Mit einem scharfen Taschenmesser wurden widerspenstige Knopflöcher vergrößert. Die Lederriemen der Hosenträger schmierte man mit Melkfett ein, um sie geschmeidig zu machen. Beim Anknüpfen der Schulterstücke half mir ein freundlicher Ausbilder, weil ich in die Rolle des begriffsstutzigen Rekruten schlüpfte. Ich stellte mich ungeschickt an, dass er an mir ein Exempel statuieren konnte. Das Dummstellen brachte durchaus Vorteile mit sich, man durfte es nur nicht übertreiben.

Während der Modenschau demonstrierte der Gehilfe des Unteroffiziers vom Dienst (GUvD) das ordnungsgemäße Einräumen der Schränke. Sportzeug, Pullover, Hemden, Unterwäsche und Kragenbinden gehörten auf Kante, Geldbörse und Wehrdienstausweis ins abschließbare Wertfach, Essbesteck und brauner Plastikbecher ins Lebensmittelfach mit dem Lüftungsschlitz auf der Rückseite, Schuhe und Stiefel ins Fach links unten, alle Uniformen auf Kleiderbügel sowie Teil 1 und 2 mit Schutzanzug, Gasmaske und Stahlhelm auf den Spind. Der UvD kontrollierte die Ordnung, indem er die Schränke so weit nach vorn kippte bis alle Klamotten heraus fielen. Dann zwangen wir uns in die normale Winterdienstuniform und marschierten zum ersten Mittagessen in Eisenach. Es gab langen Kohl, kurz gekocht, mit viel Kümmel.

Am Nachmittag ging es in Ausgangsuniform zum Regimentsfotografen, da man für den Wehrdienstausweis ein Passbild in Uniform brauchte. Der Gleichschritt hin und zurück erinnerte mich an die gemeinsame Abschiedsparty mit Jörg in unserer Bahnhofsgaststätte. Im Grenzausbildungsregiment Eisenach musste man ein Bein stramm durchdrücken und das andere mindestens 30 Zentimeter über den Erdboden anheben. Das nannte man marschieren.

Auf der Kompanie wurde die Modenschau fortgesetzt. Wir streiften die braunen Trainingsanzüge über und liefen zum Med-Punkt, wo uns Doktor Schnelltod die fällige Tetanusspritze verabreichte. Im Lazarett trafen wir zahlreiche Innendienstkranke, die ungeniert mit erschlichenen Attesten prahlten und uns demonstrativ auslachten. Ich wäre mir in der Rolle dieser Simulanten blöd vorgekommen.

Nach dem Abendbrot verabschiedeten wir uns endgültig vom Zivilleben. Jeder Soldat erhielt einen Karton, um seine Privatklamotten nach Hause zu schicken. Nun sahen nicht nur die Stuben gleich aus, sondern auch wir Rekruten in den neuen Uniformen. Am Ende dieses hektischen Tages hatte ich nur noch das Bedürfnis, schnell ins Bett zu kommen. Trotzdem nervte uns der UvD mit einem wissenschaftlich erprobten, minutiös geplanten Tagesdienstablaufplan, der ab dem nächsten Morgen praktiziert wurde. Ich lag auf der Pritsche, verfluchte den Kerl mit der roten Armbinde und fragte mich, welche Gründe er wohl gehabt hatte, die Unteroffizierslaufbahn einzuschlagen? War er ein Mensch, der aus politischer Notwendigkeit drei Jahre zur Fahne ging oder ein Intellektueller, bei dem ein zukünftiger Studienplatz als intensives Druckmittel eingesetzt wurde? Da der Mann weder überzeugt noch schlau wirkte, konnte es nur das Geld gewesen sein, das ihn zur Fahne brachte. Die vierte Möglichkeit, als Unteroffizier herauszufinden, was er im späteren Leben machen wollte, konnte ich an diesem Abend nicht mehr abwägen, denn der Schlaf übermannte mich.

Am Tag, nachdem uns der UvD mit dem Tagesdienstablaufplan eingeschüchtert hatte, machten die Vorgesetzten ernst. Bereits morgens um 6.00 Uhr ertönte der erste Pfiff aus einer Trillerpfeife auf dem Flur. Das nervige Weckkommando konnte man nicht verschlafen. Ich sprang unverzüglich aus dem Bett, knipste das grelle Licht im Zimmer an, warf die Zudecke zum Auslüften über den vorderen Bettgiebel und streifte das Sportzeug, bestehend aus der knallroten Turnhose mit aufgenähter Tasche, dem gelben, gerippten Turnhemd, dem braunen Trainingsanzug und den schwarzen Lederturnschuhen, über. Wer beim Aufstehen trödelte, handelte sich unnötige Strafrunden beim Frühsport ein, was nicht sein musste. Während sich die selbstbewussten Berliner noch mal im Bett umdrehten, rannte ich aufs Klo, weil ich statt „Kompanie raustreten zum Frühsport!" fälschlicher Weise „Kompanie austreten zum Frühsport!" verstanden hatte. Der Andrang auf der Toilette bestätigte mir, dass ich nicht der einzige Rekrut war, der diesem Irrtum unterlag. An der Morgengymnastik nahmen alle gesunden Soldaten teil, Innendienstkranke durften in dieser Zeit spazieren gehen. Die Invaliden standen in dunklen Ecken und rauchten. Im Vergleich zur militärischen Körperertüchtigung bei den Streitkräften der Union der Sozialistischen Sowjetrepubliken (UdSSR) empfand ich die Morgengymnastik in Eisenach human. Die Angehörigen der ruhmreichen Sowjetarmee traf ich daheim oft kilometerweit von ihrer Kaserne entfernt, wo sie in Stiefeln, mit Uniformhose und freiem Oberkörper durch die Wälder rannten. Bei den Grenztruppen begnügte man sich mit gemütlichen Dauerläufen und gymnastischen Verrenkungen, die selbst Schwangere am Tag vor der Entbindung hinbekommen hätten. Im Anschluss an den Frühsport war eine Viertelstunde für den Toilettengang, die Körperpflege und das Anziehen der Uniform eingeplant. Jeder Armeeangehörige hatte sein Bett zu bauen und die Schrankordnung herzustellen. Danach folgte das so genannte Stuben- und Revierreinigen. Dazu ist das Kasernengelände in Außen- und Innenreviere aufgeteilt worden. Am frühen Morgen nach draußen zu gehen, die Straße zu fegen und den Müll aufzusammeln, kostete Überwindung. Trotzdem entschied ich mich immer fürs Außenrevier, wenn ich wählen durfte.

Um 7.10 Uhr marschierten wir unter „Spaniens Himmel" zum Frühstück, wobei unsere Stiefel im Takt auf den Boden knallten. Das Echo, das von den Häuserwänden zurückhallte, brachte den einen oder anderen wieder aus dem Rhythmus. Wenn unser Gleichschritt misslang oder der Gesang nicht laut genug klang, drehten wir Ehrenrunden auf dem Appellplatz. Die Zeit für den Umweg fehlte beim Essen. Das Frühstück durfte zehn Minuten dauern, woraus locker mal fünf Minuten wurden, wenn wir zu lange vor der Ausgabe standen. Die Qualität des Essens war einfach und gut. Den Grenztruppen gewährte man den höchsten Verpflegungssatz innerhalb der militärischen Einheiten der DDR, um auf diese Weise die Moral in der Truppe aufrecht zu halten. Also hätte es täglich qualitativ hochwertige Mahlzeiten geben können, wären nicht ständig Lebensmittel aus den Lagerräumen in Eisenach verschwunden. Angeblich sind diese gegen Alkohol getauscht worden. Es reichte aber für Weißbrot, Butter, Marmelade und Schmelzkäse zum Frühstück. An Sonn- und Feiertagen lag sogar ein Stück Kuchen vom Vortag auf dem Teller. Der Muckefuck, ein lauwarmer Malzkaffee, ersetzte den gewohnten Bohnenkaffee. Wir mussten uns zwar einschränken, aber verhungert ist keiner in Eisenach.

Bis zum Morgenappell wurde das Stuben- und Revierreinigen abgeschlossen, bei dem die Wasch- und Sanitärräume den Schwerpunkt bildeten. Die Nahrungsaufnahme hatte die Verdauung der Rekruten in Gang gebracht, so dass der Revierdienst nur mit Schutzmaske aufs Klo konnte. Deshalb bemühte ich mich, bei der Einteilung ein Außenrevier zu erwischen. Beim Organisieren von Toilettenpapier erfuhr ich, dass jedem Soldaten laut Dienstvorschrift täglich genau 60 Zentimeter graues, raues Klopapier zustanden, die auch den letzten Hintern rot kriegen sollten. Aus diesem Grunde klappte der Nachschub reibungslos.

Pünktlich um 8.00 Uhr fand vorm Kompaniegebäude der Morgenappell statt, auf dem zuerst die Anzugsordnung überprüft wurde. Auffällige Soldaten mussten wegtreten, um die oberflächliche Rasur, die fehlende Sauberkeit der Kragenbinde oder den mangelhaften Stiefelputz zu verbessern. Selbst wenn das Äußere aller Rekruten der Dienstvorschrift entsprach, pickten die Vorgesetzten ein Opfer heraus, das vor der versammelten Kompanie gemaßregelt wurde. Dann verkündete der Offizier vom Dienst (OvD) den Tagesplan, der sich aus Gefechtsausbildung, Grenzausbildung und dem Politunterricht zusammensetzte. Grundlagen des Gefechts waren Taktik-, Schieß-, Schutz-, Exerzier- und Sanitätsausbildung sowie militärische Körpererziehung und Topografie. Für Kraftfahrer gab es eine Spezialisierung zum Militärkraftfahrer. Ich hatte mich für einen Hundeführerlehrgang eingetragen, der jedoch erst nach der Grundausbildung in Hildburghausen stattfinden sollte.

Die Sturmbahn, eine Anlage mit genormten Hindernissen aus Kriechstrecke, Sprunggraben, Klettertau, Eskaladierwand, Tunnel und Giebelwandfenster, bereitete mir nicht nur Schwierigkeiten wegen der Wasserpfützen. Mich beschlich ein beklemmendes Gefühl, wenn ich durch die engen Betonröhren des dunklen Tunnels kroch, in denen immer Regenwasser stand. Einmal rutschte ich versehentlich aus, knickte um und zog mir eine schmerzhafte Mittelfußprellung zu. Der Militärarzt, der berufsbedingt jeden Soldaten in Eisenach für einen vorsätzlichen Simulanten hielt, sprach von einer Glanzleistung. Trotzdem brauchte ich drei Tage lang nicht mehr auf die gehasste Sturmbahn.

Die langweilige Innenausbildung empfand ich wie Unterrichtsfächer, die mir nicht lagen. Da die Schulungsräume überheizt waren und die Fenster geschlossen blieben, zog ich in einer der ersten Politstunden meine Uniformjacke aus und hängte sie über die Stuhllehne. Als der Oberleutnant hinterm Pult aufstand, um seinen Argumenten durch körperliche Präsenz Nachdruck zu verleihen, bekam er einen Tobsuchtsanfall. Anfängliches Erstaunen wich blankem Entsetzen. Jeder Rekrut sah, wie sich das Gesicht des Vorgesetzten zur Faust ballte. Auf dem Gipfel seiner Entrüstung fragte er, ob ich mir eine Erkältung wünschte. Aber genau die wollte ich unbedingt vermeiden. Nachdem sich der Offizier wieder hingesetzt hatte, glaubte ich schon, dass er sein Pulver an Temperament verschossen hätte, doch weit gefehlt. Der Oberleutnant holte tief Luft und startete neue Hasstiraden gegen meine Person. Ich musste mir die Jacke anziehen und durfte den Rest der Stunde stehen, um meinen Kameraden als abschreckendes Beispiel zu dienen. Für das unerlaubte Ablegen von Uniformteilen in Tateinheit mit Wehrkraftzersetzung erhielt ich zwei Wochen Urlaubs- und Ausgangssperre. Diese Strafe hätten sich die Vorgesetzten allerdings sparen können, weil wir Rekruten bis zur Vereidigung sowieso nicht aus der Kaserne durften.

Das Mittagessen unterbrach den Ausbildungstag. Während der Außenausbildung auf dem Wartenberg wurde in der Feldküche gekocht. Ich suchte mir ein warmes Plätzchen an der Gulaschkanone und dachte beim Essen an die frisch zubereiteten Eintöpfe daheim. Die Suppen meiner Mutter schmeckten lecker, weil alles drin war, was wir im Garten ernteten. In Eisenach musste ich deutliche Abstriche machen. Meistens schwamm nur wenig Gemüse im Henkeltopf, weil der Rest verkocht war. Die Gerüchte von überschrittenen Mindesthaltbarkeitsdaten beim Dosenfutter ignorierte ich. Daneben mochte ich jede Form von Eierteigwaren. Ich fand die Nudeln mit Gulasch und Rot- oder Weißkohl durchaus schmackhaft. Da nicht alle Rekruten so dachten, herrschte kein Andrang, wenn ich Nachschlag verlangte. Eine zusätzliche Portion verlängerte automatisch die Mittagspause. Leider mangelte es an frischem Obst und Gemüse. Nur grüne Äpfel standen kistenweise herum, an denen ich mich reichlich bediente.

Der Übungsplatz auf dem Wartenberg wurde rund um die Uhr bewacht, weil dort immer etwas los war. Mir fallen spontan einige ausrangierte Panzer ein, an denen wir die Nahbekämpfung trainierten. Nachdem uns die rostigen Wracks überrollt hatten, sprangen wir beim Fahren von hinten auf und machten sie mit Übungshandgranaten unschädlich. Die Auseinandersetzungen mit den unverwüstlichen Eisenschweinen bildeten nicht den Hauptgrund für die oft mühseligen Märsche zum Wartenberg. Meistens praktizierten wir Grenzausbildung, um das taktisch richtige Verhalten im Grenzdienst zu schulen. Dabei lernten wir den Aufbau der Grenzsicherungsanlagen anhand einer Übungsgrenze kennen. Die Lehrgrenze auf dem Wartenberg war natürlich kein originalgetreuer Nachbau der echten Grenze, denn man konnte auf den ersten Blick erkennen, dass die teils maroden Hindernisse einen Anfang und ein Ende besaßen. Es war offensichtlich, dass die Sperranlagen so angelegt wurden, dass eine Flucht von Osten nach Westen verhindert werden sollte. Das stand in krassem Gegensatz zur Argumentation der Offiziere, die von der ständigen Bedrohung durch die BRD sprachen. Der Hauptfeldwebel, auch Spieß genannt, beendete mit dem Abendappell um 17.00 Uhr den Ausbildungstag. Die „Mutter der Kompanie" kümmerte sich um Ausrüstung, Bekleidung, Essen, Post und Urlaub. Ihm unterstanden der UvD, der GUvD als Laufburschen sowie der Schreiber als eine Art Sekretär. Unser Spieß war Fähnrich und gleichzeitig Parteisekretär der Kompanie.

Im Anschluss an den Appell verteilte der Schreiber die Post. Das ununterbrochene Zusammensein mit meinen Leidensgenossen erzeugte in mir den Wunsch, dieser ständigen Zwangsgemeinschaft wenigstens für kurze Zeit zu entfliehen. Deshalb las ich die Briefe, die einen für wenige Augenblicke ins zivile Leben versetzten, meistens draußen unter freiem Himmel. Trostlos empfand ich die Tage ohne Post. Zur Ablenkung las ich Corinnas alte Briefe und bildete mir dabei ein, dass es sich um aktuelle Grüße handelte.

Es folgte ein Waffenreinigen, das in meinen Augen eine reine Beschäftigungstherapie war. Sicher fuhren wir regelmäßig auf den Böller, um unsere Schießkünste zu trainieren. Aber wir putzten die Flinten auch an den Tagen, an denen wir sie nicht benutzten. Trotz meines Respekts vor Waffen lernte ich schnell, mit der Kalaschnikow umzugehen. Nach nur wenigen Übungen konnte ich die Flinte blind in alle Einzelteile zerlegen und wieder zusammensetzen. Diese Fertigkeit machte aus mir keinesfalls einen Waffennarr. Ganz im Gegenteil.

Um 18.00 Uhr ging es mit „Auf, auf zum Kampf" in den Speisesaal. Beim Abendessen wurde der Malzkaffee gegen geschmacklosen Hängolintee getauscht, der angeblich mit Potenz hemmenden Substanzen versetzt war. Trotz des übersichtlichen Angebotes von Brot, Wurst und Käse konnte man sich satt essen, denn helles Mischbrot, fette Jagdwurst und Schmelzkäse gab es im Überfluss. Berufsunteroffiziere, Fähnriche und Offiziere speisten in der benachbarten Kantine, wo uns der Zutritt verwehrt war, weil wir nicht sehen durften, was auf den Tellern der Vorgesetzten lag.

Nach dem Abendbrot erfolgte ein weiteres Stuben- und Revierreinigen. Während sich meine Kollegen um die Innenreviere stritten, versuchte ich, auch bei dieser Übung nach draußen zu kommen. Beim Säubern der Regimentstraße entgegen der Windrichtung hatte man wenigstens seine Ruhe. Außerdem tat mir die frische Luft gut. Pfiff der Wind von Osten nach Westen, fegte ich befehlsgemäß von West nach Ost. Das Laub flog zurück und man wiederholte die Übung. Anfangs ärgerte ich mich maßlos über solche Schikanen, doch später entdeckte ich einen durchaus positiven Aspekt: Die Zeit verging und allein das zählte in meinen Augen.

Um 19.30 Uhr trieb uns der UvD zur Pflichtsendung „Aktuelle Kamera" in den Fernsehraum. Personenkult und Planübererfüllung standen im Mittelpunkt der Tagesschau des Ostens. Meistens nickte ich zwischendurch ein, was nicht nur an den langweiligen, täglich wiederkehrenden Phrasen lag. Wer sich minutenlang das Verlesen aller Ämter und Funktionen unserer Staats- und Parteigrößen anhören musste, den überfiel zwangsläufig die Müdigkeit. Hinzu kam, dass Abkürzungen wie UdSSR, DDR, NVA und SED grundsätzlich ausgesprochen wurden. Wenn der Sportteil lief, hatte ich bereits die Augen zu.

Ab 20.00 Uhr begann die Putz- und Flickstunde mit dem Zweck, die lädierten Uniformen aufzupeppen. Den Umgang mit Nadel und Faden lernte ich bei meiner Mutter. Ich konnte Löcher stopfen und flicken, Knöpfe annähen und Nähte schließen.

Gemäß Tagesdienstablaufplan wurde sogar die Freizeit befohlen. Von 20.30 Uhr bis 21.30 Uhr durften wir uns gesellschaftlich, kulturell und sportlich betätigen sowie persönlich weiterbilden. In der knappen Stunde beantwortete ich meine Post, wobei es mir selten gelang, das Positive überwiegen zu lassen. Der militärische Drill überforderte mich, so dass meine Briefe mit dem Frust endeten, der sich im Laufe des Ausbildungstages angesammelt hatte.

Um 21.30 Uhr standen wir vor den geöffneten Spinden und erwarteten einen Stubendurchgang, der unangenehme Folgen haben konnte. Die Schrankordnung und die Laune des kontrollierenden Offiziers entschieden über den Beginn der Nachtruhe. Jedes Wäschestück musste im dafür vorgesehenen Fach liegen. Um die Fächer sauber zu halten, wurden sie mit einzelnen Blättern der Tageszeitung „Junge Welt", dem Zentralorgan der Freien Deutschen Jugend (FDJ), ausgelegt, weil die Breite von 30 Zentimetern genau den Abmessungen im Soldatenspind entsprach. Die Fächer für Lebensmittel und Schuhe wurden mindestens einmal die Woche feucht ausgewischt. Nägel oder Haken durften nicht eingeschlagen werden. Jeder

Schrank wurde mit dem Namensschild und einem Vorhängeschloss versehen. Wenn alles seine militärische Ordnung hatte, durften wir ins Bett. Punkt 22.00 Uhr pfiff der UvD auf dem Flur zur Nachtruhe.

Wem diese Schilderung langweilig vorkam, dem versichere ich, dass jeder Ausbildungstag in Eisenach so eintönig verlief.

Vorgesetzte

Bereits vor dem Grundwehrdienst traf ich Personen, die sich durch Lebenserfahrung, persönliche Reife oder spezielle Ausbildung und Qualifikation auszeichneten. Das begann im Elternhaus, setzte sich über Kindergarten, Schule, Sportverein bis zum beginnenden Berufsalltag fort. Meine Eltern, Erzieher, Lehrer, Trainer und Führungskräfte gewöhnten mich in jahrelanger Kleinarbeit an die kontrollierte Normalität im Lande. Obwohl alle DDR-Bürger verpflichtet waren, sozialistische Persönlichkeiten zu erziehen, haben es meine Eltern damit nicht übertrieben.

Als einziges gemeinsames Kind genoss ich die zahlreichen Vorteile, die das süße Leben eines Nachzüglers kennzeichnete. Meine Mutter brachte einen Sohn und mein Vater zwei Töchter mit in die Ehe. Alle Geschwister sind wesentlich älter als ich. Bis auf wenige Ausnahmen blieb ich von schwerer körperlicher Arbeit in der Landwirtschaft verschont. Zu meinen Lieblingsbeschäftigungen zählte der tägliche Einkauf im Dorfkonsum, weil immer etwas für mich abfiel. Ich verfügte über eine Menge Freizeit. Dafür brauchten sich weder Mutter noch Vater um die Erledigung meiner Hausaufgaben zu kümmern. Der Aufwand fürs Lernen hielt sich in Grenzen, denn mir flog der Lehrstoff einfach zu. Jedenfalls bis zum Abitur, wo die Anforderungen rasant stiegen. Ich verdanke meinen Eltern alles, weil sie mir die nötigen Voraussetzungen für ein sorgenfreies Leben schufen. Neben Bescheidenheit, Ehrgeiz, Fleiß und Hilfsbereitschaft vermittelten sie mir Zufriedenheit und Lebensfreude. Durch ihre menschliche Wärme, persönliche Reife und große Lebenserfahrung erlangten sie eine Vorbildfunktion für mich, die kein anderer Vorgesetzter je erreichte.

Im Kindergarten fiel der Startschuss auf dem Weg zur entwickelten sozialistischen Gesellschaft. Wir lernten die Gesichter unserer Partei- und Staatsführung kennen, was insofern eine leichte Aufgabe war, weil die Köpfe in der Regierung selten wechselten. Noch heute sehe ich in dieser Übung keinen Nachteil für meine Allgemeinbildung. Ich wurde systematisch zum Mitglied einer Gruppe erzogen, ordnete mich ein und unter. Es zählte nicht das einzelne Kind, sondern das ganze Kollektiv. Ich durchlief die kleine, die mittlere und die große Gruppe und landete in der Schule, wo der eingeschlagene Weg seine konsequente Fortsetzung fand.

Im ersten Schuljahr wurde ich Jungpionier wie fast alle Schüler der Klasse. Wir bekamen ein Pionierhemd, ein blaues Halstuch und einen Ausweis, in dem ich unterschreiben musste. Mit meiner Unterschrift versprach ich, „ein guter Jungpionier zu sein und nach den Geboten der Jungpioniere zu handeln. Diese beinhalteten die Liebe zur Deutschen Demokratischen Republik, zu den Eltern und zum Frieden. Wir wurden zur Freundschaft mit den Kindern der Sowjetunion und allen Ländern erzogen, sollten fleißig lernen sowie ordentlich und diszipliniert sein. Wir hatten alle arbeitenden Menschen zu achten und überall tüchtig mitzuhelfen.

Die Jungpioniere sollten gute Freunde sein und einander helfen. Sie singen und tanzen, spielen und basteln gern, treiben Sport und halten ihren Körper sauber und gesund. Jungpioniere tragen mit Stolz das blaue Halstuch und bereiten sich darauf vor, ab der vierten Klasse gute Thälmann-Pioniere zu werden." Die großen Pioniere bekamen ein rotes Halstuch, das einen Teil der Arbeiterfahne symbolisierte. Die drei Ecken des Halstuches drückten die enge Verbindung zwischen Schule, Elternhaus und Pionierorganisation aus. Später wurde ich Mitglied der Freien Deutschen Jugend und trug das blaue Hemd mit der aufgehenden Sonne am Ärmel. Als Gruppenratsvorsitzender bzw. FDJ-Sekretär übernahm ich Verantwortung für meine Mitschüler. Da ich bereits im Kindergarten gern den Anführer spielte, machte es mir nichts aus, diesen Posten auch in der Schule auszuüben. Außerdem wollte sich kein Junge unserer Klasse von einem Mädchen herumkommandieren lassen. Mein Weg zur sozialistischen Persönlichkeit schien vorgezeichnet, denn in der FDJ wurden die Weichen für eine Parteimitgliedschaft gestellt. Ich erwog ein taktisches Verhältnis zur SED, weil ein Leitungskader sein Geld leichter verdienen konnte als meine Eltern, die in der LPG schufteten wie im frühen Mittelalter.

In Eisenach durchkreuzten militärische Vorgesetzte meinen Lebenslauf, die bestimmten, was ich zu tun und zu unterlassen hatte. Während im Elternhaus alles mehr oder weniger freiwillig passierte, besaßen die Antreiber bei den Grenztruppen ein entscheidendes

Instrument, den Befehl. Damit meine ich die keinen Widerspruch duldenden Kommandos, nach denen wir unsere Aufgaben zu erfüllen hatten. Mir war klar, dass keine Armee der Welt ohne Gehorsam funktionierte. Notgedrungen unterwarf ich mich dieser Richtlinie im Umgang zwischen den Vorgesetzten und ihren Untergebenen. Andererseits merkte ich schnell, dass einige Vorgesetzte mit dem Machtinstrument Befehl versuchten, ihre eigenen Defizite auszugleichen.

Im Grenzausbildungsregiment befahlen junge Offiziere, die kaum älter waren als ich. Woher sollten diese Grünschnäbel Persönlichkeit, Lebenserfahrung oder menschliche Reife nehmen? In kurzer Zeit oberflächlich geschult, versuchten sie, ihr geballtes Grundwissen den Soldaten einzuimpfen. Anstatt sich dabei auf das Wesentliche zu konzentrieren, stopften sie uns mit überflüssigem Lehrstoff voll, den keiner im späteren Grenzdienst brauchte. An der Grenze herrschte oft eine Orientierungslosigkeit, weil niemand in der Ausbildung sagte, was draußen wichtig war. Nur wenige Offiziere in Eisenach kannten die Praxis an der Grenze. Das ist meines Erachtens das große Manko während der Grundausbildung gewesen. Es hätte sich zumindest gehört, dass die Vorgesetzten uns von ihrer Unkenntnis wissen ließen. Oder gibt man nicht ehrlich zu, wenn man von bestimmten Sachverhalten keine Ahnung hat? Zeugt es von menschlicher Schwäche, wenn ich eingestehe, dass ich etwas nicht weiß? Ich finde nicht, denn ich lasse mir die Möglichkeit offen, mich zu informieren, um mein Wissen anschließend weiterzugeben. Während der Ausbildung sind meine Vorgesetzten dieser Problematik bewusst aus dem Wege gegangen, indem sie fragwürdige Grenzverletzungen verallgemeinerten, die sie während der eigenen Ausbildung aufschnappten, aber niemals persönlich erlebt hatten. Wenn du nicht überzeugen kannst, dann verwirre wenigstens, lautete das Motto vieler Unteroffiziere, Fähnriche und Offiziere. Dadurch verloren sie verständlicher Weise an Glaubwürdigkeit und büßten einen Teil ihrer Autorität ein.

Beim Start in Eisenach hatte ich noch Respekt vor meinen Antreibern, den ich im Laufe der Ausbildung immer mehr ablegte. Unteroffiziere wurden im täglichen Sprachgebrauch Uffze genannt. Diese Verkürzung war nicht nur reine Zeitersparnis, sondern widerspiegelte den Verlust an Achtung vor den militärischen Vorgesetzten. Dabei sollten die Unteroffiziere laut Handbuch Militärisches Grundwissen „…viel Zeit und Einfühlungsvermögen aufbringen, dass sich die Soldaten schnell an den militärischen Alltag gewöhnten. Die Anstrengungen galten jenen Problemen, die erfahrungsgemäß große Schwierigkeiten bereiteten, wie die militärische Ordnung, die ungewohnten psychischen und physischen Anforderungen, die neuen zwischenmenschlichen Beziehungen im militärischen Kollektiv, die oft erstmalige Trennung von den Eltern, der Freundin oder Ehefrau sowie die knapp bemessene Freizeit." Um diese Aufgaben zu meistern, hätte ein Vorgesetzter viele Jahre studiert oder wenigstens Erfahrungen im Umgang mit Untergebenen haben müssen. In Eisenach regierte man mit Zuckerbrot und Peitsche, was sich in beiden Fällen problematisch erwies. Einige Unteroffiziere wollten die Nähe zu uns Rekruten demonstrieren, indem sie die Meinung vertraten, dass wir alle in einem Boot säßen. Dabei lagen Welten zwischen Soldaten und Vorgesetzten. Unteroffiziere erhielten Druck von den Rekruten unten und bekamen Druck von den Fähnrichen und Offizieren oben. Sie wandelten auf einem schmalen Grat. Diese unangenehme Situation hatten sie sich jedoch selbst ausgesucht. Viele Berufssoldaten entschieden sich freiwillig für eine militärische Karriere, weil sie im zivilen Leben nie etwas erreicht hätten. Ich wollte einfach nicht akzeptieren, dass Pickelträger mehr zu sagen hatten als ich. Deshalb gebe ich zu, dass ich oft vorschnell aus dem Auftreten eines Vorgesetzten auf dessen Intelligenz geschlossen habe. Als junger Rekrut war ich noch nicht erfahren genug, das Unterstellungssystem einerseits zu akzeptieren und andererseits an mir abtropfen zu lassen. Ich ging auf Konfrontationskurs zu den direkten Vorgesetzten, stellte mich stur und grüßte nicht vorschriftsmäßig. Diese Naivität nutzte wenig, denn die Vorgesetzten kannten auch die Peitsche als Erziehungsmittel. Um unseren Widerstand zu brechen oder einer Forderung Nachdruck zu verleihen, brüllten die Unteroffiziere lauthals über den Kasernenhof: „Das ist ein Befehl, Genosse Soldat!". Mit diesem Satz wurde die volle Schärfe der Konfliktstellung und bei fortgesetzter Ablehnung unsererseits der Strafbestand einer Befehlsverweigerung angekündigt. Die Vorgesetzten wussten sich nicht anders zu helfen. Fast hilflos klang die lang gezogene Aussprache von Befehlen in der Kommandosprache. So konnte aus einem kurzen „Richt euch!" schnell ein „Riecht euch!" werden, was zur allgemeinen Belustigung der zahlreichen Appellstunden beitrug.

Phantasievoll zeigten sich unsere Unteroffiziere nur, wenn es um erzieherische Maßnahmen ging. Strafrunden beim Frühsport und auf dem Weg zur Essensausgabe sowie das Fegen der Regimentsstraße entgegen der Windrichtung erwähnte ich bereits. Lag im Winter Schnee, trugen wir weiße Schneehemden zur besseren Tarnung im Gelände. Um perfekt zu wirken, mussten wir freie Körperstellen wie Gesicht, Hals und Hände am Lagerfeuer mit der Asche verbrannter Zeitungen schwärzen. In dieser Verkleidung ähnelten wir den schwarzbunten Milchrindern unseres Landes. Die geniale Idee stammte von einem Gruppenführer, der sich wie viele seiner Kollegen während der Ausbildung in Eisenach profilieren wollte, weil er daheim unterm Pantoffel stand. Zum Glück erahnte unser Zugführer den Schildbürgerstreich und befahl dem verantwortlichen Unteroffizier, sich genauso wie wir zu tarnen. Ansonsten hätte die ganze Verkleidung keinen Zweck gehabt. Wenn sich ein höherer Vorgesetzter in die Angelegenheit eines niederen einmischte, war das für den niederen Vorgesetzten meistens ein zweifelhaftes Vergnügen. Änderte ein Offizier den Befehl eines Unteroffiziers, stand dieser da wie der letzte Trottel, der sich verpflichtet fühlte, Selbstkritik zu üben und den

Offizier anzuhimmeln oder zu verdammen. Unsere innere Genugtuung bemerkten die konkurrierenden Vorgesetzten nicht. Diese Episode verdeutlichte nicht nur die Sinnlosigkeit der Tarnungsmaßnahme, sondern zeugte genauso von der Uneinigkeit der Vorgesetzten. Einig war man sich nur, wenn es um die Außendarstellung der Grenztruppen ging. Regelmäßig besuchten wir unsere Patenklasse in einer benachbarten Schule, um militärischen Nachwuchs zu gewinnen. Während der Vorgesetzte mit der Klassenlehrerin plauderte, bastelten wir mit den Schülern richtige Grenzsoldaten aus Knete, die wir zur Erinnerung behalten durften. Mein Patenkind Henry formte sogar ein Gewehr, das ziemlich echt aussah. Als ich ihn nach dem Zweck der Waffe fragte, kam „Verbrecher abknallen, die abhauen wollen" wie aus der Pistole geschossen. Die Antwort des Erstklässlers bestätigte mir, dass die gemeinsamen Pioniernachmittage mit Mal- und Lesestunden sowie Filmvorführungen über unseren Dienst an der Staatsgrenze ihre Wirkung nicht verfehlten. In Propagandafilmen versprach man den Jungpionieren, mit der Grenzsicherung dafür zu sorgen, dass sie im Frieden lernen und spielen könnten. Da wir Rekruten direkt neben den Schülern saßen, kam dieses Versprechen so glaubhaft rüber, dass am Ende der Veranstaltung jeder Junge ein Grenzsoldat werden wollte. Zur Belohnung durfte unser Zug am selben Abend zur Patenbrigade ins Grenzgebiet fahren. Im örtlichen Kulturhaus war die weibliche Belegschaft des Volkseigenen Betriebes (VEB) Strick- und Strumpfmoden versammelt. Auffällig geschminkte Frauen saßen wie Hühner auf der Stange und warteten sehnsüchtig darauf, mit uns in den Innenfight zu kommen. Bei reichlich Alkohol dauerte es nicht lange, bis die Mädels locker wurden. Unsere Unteroffiziere füllten die Frauen ab und schleppten sie trotz der eisigen Kälte nach draußen. Der Schallplattenunterhalter hatte große Mühe, die Flüchtenden auf der Tanzfläche zu halten. Selbst sein Lieblingslied „Jenseits von Eden", das dreimal am Abend erklang, machte da keine Ausnahme. Vorm Saal rieben sich die Unteroffiziere nicht nur die Nasen an den Frauen. Es ging den Mädels nicht darum, den Verkauf von Feinstrumpfhosen anzukurbeln, die im Eifer des Gefechts kaputt gingen. Ich denke, dass die Damen auf unsere Vorgesetzten angewiesen waren, weil sich unter normalen Umständen kein Zivilist zu ihnen ins Grenzgebiet verirrte. Beim heißen Treiben jagte eine Laufmasche die andere. Wir hatten Mühe, die Vorgesetzten zur Heimfahrt zu bewegen. Obwohl ich die Liebe unter freiem Himmel aus eigener Erfahrung kannte, staunte ich über die menschlichen Züge der Antreiber. Am nächsten Tag war der Ausflug Gesprächsthema Nummer eins auf der Kompanie. Wer von uns dachte, die Unteroffiziere würden sich durch irgendwelche Anspielungen aus der Reserve locken lassen, irrte sich gewaltig. Der Ausbildungstrott ging mit Peitschenhieben weiter. Die Vorgesetzten verstanden es, überall künstliche Hektik zu verbreiten und unnötigen Druck aufzubauen. Viele Maßnahmen in Eisenach wären erfolgreicher gewesen, wenn uns mehr

Zeit zur Verfügung gestanden hätte. Am meisten missfiel mir die Hetze beim Essen. Während die ersten Soldaten noch in Ruhe ihre Mahlzeit einnahmen, stopften die Rekruten, die später in die Kantine einrückten, alles in sich hinein. Sie schlangen und würgten in Rekordzeit. Vom Zerkleinern der Nahrung konnte keine Rede sein. In der kurzen Zeit registrierte unser Gehirn nicht einmal, dass wir überhaupt etwas gegessen hatten. Oft blieb nur die Möglichkeit, sich die Lebensmittel in die Taschen zu stecken. Als Angehöriger der siebten Kompanie durfte ich erst zum Schluss in den Essensaal und musste mir die Taschen voll stopfen. In der Folge verformten sich einige Würfel Schmelzkäse in meiner Jackentasche, was ich erst am nächsten Tag bemerkte. Einmal wurde ein Unteroffizier auf meine illegale Vorratshaltung aufmerksam. Zur Strafe musste ich beim nächsten Abendbrot den vom Vorgesetzten gefundenen Käseriegel vor versammelter Mannschaft essen. Mit Messer und Gabel verspeiste ich genüsslich den Schmelzkäse, während mir meine Kameraden im Stehen zusahen. Ich zelebrierte die Mahlzeit derart hingebungsvoll, dass der Unteroffizier innerlich kochte. Wütend befahl er mir, ebenfalls aufzustehen und der beliebte Laurentzia-Reigen begann für die gesamte Kompanie. Da mich das Lied mit dem ständigen Auf und Ab schon im Kindergarten nicht begeistern konnte, hing mir die Übung im Speisesaal von Eisenach vollkommen zum Halse raus. Wir Rekruten durften uns erst hinsetzen, wenn der Vorgesetzte „Kompanie, setzen!" brüllte.

Erfolgte dieses Manöver nicht synchron, wiederholten wir es bis zur Perfektion. Die allgemeine Hektik setzte sich in der Ausbildung fort, wo spezielle x-Zeiten zur Normerfüllung festgelegt wurden. Sogar für das Antreten auf dem Kompanieflur existierten Vorgaben. Einmal schaffte es unsere Gruppe nicht rechtzeitig auf den Flur und sofort spielte der UvD Puppenstube mit uns. Er befahl seinem GUvD die Zimmertür auszuhängen, um ein schnelleres Antreten zu gewährleisten. Diese Maßnahme ermöglichte dem Rest der Kompanie einen direkten Blick in unsere Stube, was uns nicht im Geringsten störte. Wir zogen uns aus, traten nackt vor die Spinde und warteten auf die Reaktion unseres Vorgesetzten. Das zahlreich erschienene Publikum auf dem Flur amüsierte sich über die Peepshow. Beifall und Pfiffe begleiteten das Gerangel. Jeder Soldat wollte sehen, was wir in der öffentlichen Puppenstube trieben. Der UvD konnte nicht mehr ins Zimmer schauen, weil ihm die Menschenmenge den Blick versperrte. Da das Gejohle kein Ende nahm, verscheuchte er die Massen brüllend vom Flur. Wir mussten uns unverzüglich anziehen und die Tür wieder einhängen. Zur Strafe drehten wir endlose Runden auf dem Appellplatz, die von einem Vorgesetzten beaufsichtigt wurden, der mich in seinem Auftreten an Napoleon erinnerte. Später stellte sich heraus, dass es sich um den Sektionsleiter von Vorwärts Eisenach handelte. Der Major mit dem Glasauge soll ursprünglich von den Landstreitkräften nach Eisenach gekommen sein, wo er immer mit einer total verformten Schirmmütze umher rannte. Schlimmer benahmen sich die jungen Nachwuchskader, die von der Offiziersschule ins kalte Wasser eines Ausbildungsregimentes geworfen wurden. Die Kenntnisse über militärische Menschenführung, die diese überheblichen Offiziere mitbrachten, hatten es in sich. Man verbot uns Rekruten das eigene Denken, weil angeblich alle Befehle total durchdacht waren. Diese Aufforderung sollte uns in den Glauben versetzen, sämtliche Möglichkeiten der Selbstverwirklichung seien nun dahin. Tatsächlich bestanden sie weiterhin darin, was ein Rekrut aus seinem Leben machte. Auch an der Grenze hätte man zu menschlicher Größe finden können, wenn man eben nicht geschossen hätte.

Während sich die alteingesessenen Vorgesetzten irgendwann dem normalen Trott in Eisenach anpassten und ein überschaubares Ausbildungspensum von uns forderten, entwickelten die neuen Antreiber einen krankhaften Ehrgeiz, sich für die nächste Beförderung anzubiedern. Im Umgang mit niederen Dienstgraden schreckten sie vor nichts zurück. Pickelgeile Offiziere drohten ständig damit, uns für irgendwelche Lappalien in den Armeeknast zu stecken. „Dafür bringe ich sie nach Schwedt", lautete ein gefürchteter Satz, denn der Name dieser Stadt an der Oder verbreitete Angst und Schrecken unter uns Rekruten. Wer einmal dort war, der schwieg für immer.

Freizeit

Da mir jede Minute auf einem Fußballplatz sinnvoller als in der Kaserne erschien, schrieb ich mich in die Bewerberliste von Vorwärts Eisenach ein. Die neue Saison hatte begonnen und die Verantwortlichen des Vereins suchten gezielt nach Verstärkungen. Also wurde für den ersten Samstag nach unserer Ankunft in Eisenach ein Übungsspiel anberaumt. 22 Rekruten traten morgens um 9.00 Uhr auf dem Appellplatz des Grenzausbildungsregimentes zum Kräftemessen an. Wegen der Kälte trugen alle Soldaten ihre braunen Trainingsanzüge. Ich erwartete einen harten Konkurrenzkampf, weil die Hälfte der Bewerber garantiert durchfallen würde. Der Wettkampf stand unter der Schirmherrschaft des Sektionsleiters Fußball von Vorwärts Eisenach, den ich bereits von den Apportierübungen der ersten Ausbildungswoche kannte. Wenn ich bei den Strafrunden die Identität dieses Offiziers erahnt hätte, wäre meine Antipathie ihm gegenüber deutlich geringer ausgefallen.

Der Major mit dem Glasauge stellte den Trainer von Vorwärts Eisenach vor, einen schnauzbärtigen Zivilisten, der uns in zwei Mannschaften einteilte. Zur besseren Unterscheidung mussten sich die Jungs meines Teams die gelben Turnhemden über die Trainingsanzüge ziehen. Wir spielten auf grauer Schlacke, die ich im Tor wie die Pest hasste. Glanzparaden auf diesem harten Untergrund würden mich einige Überwindung kosten, denn der oberflächlich gefrorene Boden war mit Eispfützen übersät. Es dauerte eine Weile bis sich die Sonne einen Weg durch den Morgennebel bahnte. Dichte Schwaden zogen über den Appellplatz. Sie beeinträchtigten meine Sicht so sehr, dass ich kaum das gegenüberliegende Tor sehen konnte. Für die widrigen äußeren Verhältnisse spielten wir einen ordentlichen Ball. Seit der Abiturzeit kickte ich bei den Junioren in der Bezirksliga. Technik und Taktik beherrschte ich einigermaßen, nur mit dem Laufen haperte es. Deshalb stellte ich mich frühzeitig ins Tor, wo der Aktionsradius begrenzt war.

Gleich nach dem Anstoß ging es anständig zur Sache. Die Qualifikanten zupften, hielten und grätschten was das Zeug hielt. Nach den ersten Aktionen war mir klar, dass dieser Test kein lockeres Freundschaftsspiel werden würde, denn jeder wollte zeigen, was er auf dem Kasten hatte. Verbissen kämpften die Kameraden um den Ball. Vom Tor aus erkannte ich rasch, dass sich einige von ihrem Spielvermögen her deutlich vom Durchschnitt abhoben. Die auffälligen Spieler waren antrittsschneller, ballsicherer und dadurch den anderen immer einen Schritt voraus. An gefährlichen Zweikämpfen beteiligten sie sich wegen der Verletzungsgefahr nicht. Im Laufe des Spiels sickerte durch, dass die Jungs bereits Erfahrungen in der DDR-Liga gesammelt hatten. „Kiek ma, det is doch der Neumann aus Eisenhüttenstadt!", verbreitete sich die Nachricht wie ein Lauffeuer. Solche angehenden Halbprofis berief der Major extra zum Fußballspielen nach Eisenach, während der Grundwehrdienst an zweiter Stelle stand.

Von vornherein existierte ein elitärer Stamm, um den der Kader punktuell verstärkt werden sollte. Für die bevorzugten Soldaten war der normale Grenzdienst tabu. Wenn die Leute überhaupt nach draußen kamen, dann an den Grenzübergang Wartha, wo man sich nicht schmutzig machte. Egal ob sie König, Kaiser oder Graf hießen, sie schafften auf Anhieb den Sprung in die Mannschaft. Diese Praxis im Grenzausbildungsregiment, das als Kaderschmiede von Vorwärts Eisenach fungierte, erinnerte an Zwangsdelegierungen von Spielern, Trainern und ganzen Vereinen in unserem Lande.

Fachsimpelnd verfolgten Sektionsleiter und Trainer das ungleiche Aufeinandertreffen von Halbprofis und Amateuren. Der Coach schrieb seine Erkenntnisse in ein kleines Notizbuch. Obwohl ich meinen Vorderleuten eine Menge Arbeit abnahm, konnte ich einen Treffer leider nicht verhindern. Natürlich belastete mich das Gegentor. Ich machte mir Vorwürfe, weil ich unbedingt die Null halten wollte. Das Sichtungsspiel endete 1:1.

Abgekämpft marschierten wir zur Spielauswertung ins Stabsgebäude, wo jeder seinen Leistungsnachweis erhielt. Das Unentschieden beider Mannschaften hatte keinen Einfluss auf die Auswahl der Elitekicker, die für die Verantwortlichen längst feststand. Scheinheilig stellte der Trainer den Stammkader vor, als hätte der sich soeben erst qualifiziert. Meine Enttäuschung war groß, weil ich von Anfang an keine Chance auf einen Platz im Team hatte. Dass es anderen Mitstreitern ebenso erging, tröstete mich keineswegs. Dann wählte der Coach weitere Spieler aus, die ihren Namen nennen mussten, nachdem sie aufgestanden waren. Die Leute hatten das Zweigestirn durch ihren Einsatz im Sichtungsspiel überzeugt.

Zum Schluss zeigte der Trainer mit seinem Finger direkt auf mich. Warum ausgerechnet ich? Diese Frage und jede Form der äußeren Freude verkniff ich mir vor den beiden Halbgöttern. Die innere Genugtuung über meine Nominierung konnten sie mir jedoch nicht nehmen. Vielleicht bin ich für die Verantwortlichen nur der Notnagel gewesen. Egal, selbst mit dem Platz auf der Reservebank hätte ich in diesem Moment Vorlieb genommen. Überglücklich bat ich Corinna am gleichen Tag, mir meine Fußballschuhe und die komplette Torwartausrüstung zu schicken.

Ab sofort trainierten wir dienstags und donnerstags nach Dienstschluss auf dem Sportplatz von Vorwärts Eisenach hinter einem hohen Bretterzaun. Auf Grund meiner ordentlichen Trainingsleistungen machte ich mir sogar Hoffnung auf den Platz im Tor. Doch nach jedem Abschlusstraining musste ich schmerzhaft erfahren, dass ich meilenweit von einer Nominierung entfernt war. In der Strafraumbeherrschung lag ich Lichtjahre hinter unserem Stammtorhüter. Auf der Linie konnte ich ihm annähernd Paroli bieten, aber der Trainer experimentierte ungern. So durfte ich nur zuschauen, wenn die erste Mannschaft samstags um Punkte spielte. Den Stammplatz im Tor hatte ein Gefreiter inne, ich saß von Anfang an als Keeper Nummer zwei auf der Auswechselbank. Wenn ich am Samstag nicht eingesetzt wurde, durfte ich sonntags mit zum Spiel der zweiten Mannschaft fahren. Ich spielte fast nie, weil auch der Platz im Tor der Reserve vergeben war. Der Fliegenfänger im Kasten war Leutnant und an einem Offizier kam kein Soldat vorbei. Es ergab sich keine Gelegenheit, mein Können im Wettkampf unter Beweis zu stellen. Obwohl mich dieser Druck belastete, tingelte ich an den Wochenenden über die Sportplätze des Bezirkes Erfurt und entfloh auf diese Weise dem Kasernenalltag.

Diese Ausflüge endeten immer im Vereinslokal, wo Thüringer Spezialitäten auf der Speisekarte standen. Bei Rostbratwurst, Rostbrätl und deftigem Wellfleisch sowie einem Bier ließ ich die arroganten Lobhudeleien der Möchtegern-Profis über mich ergehen. Ein Sieg wurde genauso begossen wie ein Unentschieden oder eine Niederlage. Meistens dauerte es nicht lange bis der erste Offizier besoffen unterm Tisch lag. In Gedanken habe ich mir manchmal gewünscht, dass sich der Leutnant bei seinen Abstürzen verletzen würde, um wenigstens den Platz im Tor der Reserve einzunehmen. Aus Mitleid half ich den Betrunkenen beim Aufstehen. Der Anblick dieser Hilflosigkeit gab mir Rätsel auf, was den betroffenen Vorgesetzten sichtlich irritierte. Ich hätte mir die Augen aus dem Kopf geschämt, wenn ich so betrunken unterm Tisch gelandet wäre. Das Komasaufen beendete der Major mit dem Glasauge, indem er die Offiziere mit einem Armeeauto sicher nach Hause chauffieren ließ. Er war der einzige

Vorgesetzte, der bei den ausufernden Saufgelagen den Überblick behielt.

Der Stamm der ersten Mannschaft verbrachte die gesamte Dienstzeit in Eisenach, was auch mir vorschwebte. Doch wie sollte ich Leistung zeigen, wenn mich der Trainer nicht aufstellte? Es war einfach wie verhext. Die Marionette des Sektionsleiters hielt sich konsequent an dessen Vorgaben, während der Major mit dem Glasauge im Hintergrund die Fäden zog und bestimmte, wer in seiner Mannschaft mitspielen durfte. Ich habe den Coach dafür gehasst, dass er mich auf der Reservebank schmoren ließ. Beim Trainer kamen zuerst die Offiziere, mit reichlichem Abstand ein paar Zivilisten und zum Schluss der Soldat aus dem kleinen Dorfverein an der Oder. Dass ich Kreisspartakiadesieger im Fußball bei den Jugendlichen war und während der Juniorenzeit in der Bezirksliga kickte, interessierte den Mann nicht im Geringsten. Aktuelle Trainingsleistungen fanden keinerlei Berücksichtigung.

Unser Übungsleiter war ein komischer Kauz, den man nie richtig einschätzen konnte. Wenn die Mannschaft gewonnen hatte, tanzte er ausgelassen auf den Tischen und ließ sich als Vater des Sieges anständig feiern. Bei einem Unentschieden trat er zurückhaltender auf, um nach dem Abendessen schnell nach Hause zu verschwinden. Wenn wir verloren hatten, ließ er sich erst gar nicht im Vereinslokal blicken. Der Trainer trug den Spitznamen Attacke, weil er oft flinke Hufe machen musste, um Angriffen enttäuschter Fans zu entgehen. Mit solchen Informationen würzte die freundliche Wirtin ihre leckeren Gerichte. Ich durfte nur spielen, wenn die Offiziere im Urlaub oder verhindert waren, z. B. ab einer Schneehöhe von zehn Zentimetern. Für solche extremen Platzverhältnisse sind sich die Vorgesetzten offensichtlich zu schade gewesen. Ein Auswärtsspiel mitten im Winter soll diese These bestätigen.

Obwohl es ununterbrochen schneite, mussten wir unbedingt antreten, weil unsere Mannschaft ansonsten die Punkte verloren hätte. Die Reise führte in ein kleines Dorf direkt an der Werra. Der Major mit dem Glasauge, der die widrigen Umstände auf dem Lande erahnte, war nicht mit von der Partie. An seiner Stelle fuhr ein junger Offizier mit, der auf uns aufpasste. Bei Vorwärts Eisenach existierte ein strenger Katalog für das Verhalten in der Öffentlichkeit. Wir reisten grundsätzlich in Ausgangsuniform und statt bunter Taschen der beiden bundesdeutschen Sportartikelgiganten waren graue oder schwarze Teile von einheimischen Produzenten vorgeschrieben. Das Auftreten außerhalb der Kaserne entsprach den Anforderungen im Ausgang. Wer dagegen verstieß, blieb in der Kaserne. Wenn der Major mit dem Glasauge mitfuhr, setzte der Kraftverkehr Eisenach stets den neuesten Bustyp ein, der im Fuhrpark stand. Da mit dem Sektionsleiter die wichtigste Persönlichkeit fehlte, fuhren wir in einem alten, klapprigen Ikarus 66. Ich fand diesen Bustyp mit dem Heckmotor gemütlich, weil einige Sitzbänke gegenüberliegend angeordnet waren. An den Tischen dazwischen konnte man bequem lesen, Skat spielen oder die eine oder andere Flasche Bier leeren, die der Busfahrer heimlich für uns organisierte. Kalle war unser Mädchen für alles. Er lenkte unseren Bus, trug den Mannschaftskoffer und sorgte für Imbiss und Getränke. Sein Angebot reichte von überreifen Bananen, saftigem Marmorkuchen und echtem Bohnenkaffee vorm Spiel bis hin zu knackigen Bockwürsten als Grundlage für die dritte Halbzeit. Hinter dem Rücken der Verantwortlichen verkaufte er tschechisches Exportbier, denn Alkohol im Bus war genauso verboten wie auf dem Sportplatz. Wir durften nur in geschlossenen Räumen trinken, wo uns die Vorgesetzten unter Kontrolle hatten. In Abwesenheit der Vereinsführung gab es an diesem Sonntag heißen Glühwein, den der Busfahrer mit einem üppigen Schluck Rum verlängert hatte. Die Hinfahrt glich einer Odyssee, weil sich Kalle im dichten Flockentreiben mehrmals verirrte. Ich habe den Fahrer nicht für seine schwierige Aufgabe und die hohe Verantwortung beneidet, sondern für seine eiserne Geduld bewundert, die Schneewehen weiträumig zu umkurven. Mit einer Stunde Verspätung erreichten wir mittags den Sportplatz, auf dem gut und gerne 20 Zentimeter Neuschnee lagen. Ein Fußballspiel auf diesem Untergrund erschien mir vollkommen unmöglich. Hier hätte man bestenfalls Wintersport betreiben können. Der Heimverein verfügte über kein Sozialgebäude mit Umkleidekabinen, deshalb zogen wir uns im Bus um. Diesen Zustand kannte ich von Verspätungen aus der heimatlichen Kreisliga. Da Attacke mit Fieber im Bett lag, stellte sich die Mannschaft praktisch allein auf. Eigentlich sollte Kalle mitspielen, da wir wegen der Witterung nur zehn Mann im Kader hatten. Aber kein Passbild in unseren Spielerpässen ähnelte dem Aussehen des Busfahrers, dessen Einsatz somit ausfiel. Im Laufe des Vormittags hatten die Gastgeber das Schneeschieben auf dem Platz abgebrochen, weil niemand mit unserer Ankunft rechnete. Das Spiel wurde mit reichlicher Verspätung und trotz fehlender Spielfeldmarkierungen angepfiffen. Man konnte nur die grauen Torpfosten und die Netze sehen, die wie weiße Tarnzelte von der Truppe aussahen. Bei jedem Zuspiel blieb der rote Ball im Schnee stecken. Ich tobte durch kniehohe Schneewehen und hielt zwei Elfmeter, bei denen die flach geschossenen Bälle gar nicht bis zum Tor rollten. Sobald ich nach der Kugel hechtete und auf dem Boden landete, flog der Schnee nach allen Seiten. Ich wollte meinen Kasten unbedingt sauber halten. Daheim musste ich den Ball immer aus dem Netz fischen, wenn Corinna am Sportplatz aufkreuzte. Das konnte mir hier nicht passieren. Durch die Anwesenheit des neuen Aufpassers erhoffte ich mir eine faire Einsatzchance beim nächsten Heimspiel. Ich wünschte mir, dass der Hauptmann ein gutes Wort für mich einlegen würde und den Sektionsleiter von meinem Talent überzeugen könnte. Doch der junge Offizier blieb gelangweilt im Bus sitzen, wo er sich am hochprozentigen Glühwein wärmte und nicht ein einziges Mal aus dem Fenster schaute. Das Spiel schien ihn überhaupt nicht zu interessieren. Irgendwann nickte er sogar ein und verschlief unseren Sieg auf winterlichem Geläuf. Wir gewannen trotz Unterzahl standesgemäß mit vier Toren Vorsprung. Nach einer Katzenwäsche auf dem Klo der Dorfgaststätte setzte ich mich neben den angetrunkenen Offizier an die Theke. Erwartungsvoll diktierte ich dem Hauptmann meine Glanzparaden in übertriebenen Superlativen, die jeder aus Presse, Funk und Fernsehen kannte, in die Feder. Aus Angst vor einer Fehlinterpretation duldete ich keine Widerrede und ließ den Vorgesetzten nicht zu Wort kommen. Sein hilfloser Silberblick bestätigte das fehlende Verständnis für mein Anliegen. Er war nicht mehr in der Lage, meinem Spielbericht zu folgen, geschweige denn, ihn zu protokollieren. Zuerst wurde seine Zunge schwer, dann sein Kopf und schließlich landete sein Oberkörper auf dem Tresen. Da niemand das Gekritzel des Vorgesetzten lesen konnte, schrieb ich den Bericht selbst. In der Kaserne übergab ich das Papier dem OvD, der es später vom Stabsschreiber abtippen ließ.

Auf diesem Weg landete das ominöse Schriftstück mit der Unterschrift des Hauptmannes am schwarzen Brett vor dem Speisesaal. Viele Soldaten bestaunten meine gehaltenen Elfmeter. Sogar der Major mit dem Glasauge klopfte mir anerkennend auf die Schulter. Ich war mir jedoch nicht sicher, ob diese Geste ausreichte, meine Rolle als Bankdrücker zu beenden.

Ich schwöre, ...

„Schade, dass wir bei der Vorstellung am Samstag nicht dabei sein können", witzelten die Kiebitze einer Trainingseinheit auf dem Sportplatz. Ich hörte zwar jedes Wort, verstand aber nur Bahnhof. Würden die Fans etwa unsere Heimpremiere am Samstag verpassen? Von wegen, ein Geisterspiel konnte nicht gemeint sein. Stattdessen spotteten die Leute über die bevorstehende Vereidigung der neuen Rekruten auf dem Marktplatz von Eisenach, die offiziell den Beginn des Wehrdienstes darstellte. Während wir Rekruten täglich den Stechschritt in der Kaserne probten, fieberten die Einheimischen unserem Treueschwur auf die Fahne freudig entgegen. Viele Einwohner Eisenachs hatten Spaß beim Anblick der letzten Abteilung, denn hinten humpelten die Fußkranken, Soldaten mit militärärztlicher Stiefelbefreiung. In ihren Hochwasserhosen und den schwarzen Turnschuhen verpassten die hinkenden Rekruten der angestrebten preußischen Exaktheit ein urkomisches Antlitz.

Auf Grund ihrer Bedeutung in der deutschen Geschichte präsentierte sich Eisenach in einem für DDR-Verhältnisse erstaunlich gepflegten Zustand. Unsere Staatsführung verwendete erhebliche finanzielle Mittel, dass nicht nur die Wartburg für Touristen vorzeigbar war. Besucher aus dem Westen konnten bedenkenlos Kirchen, Museen und Fachwerkhäuser der Stadt besichtigen. Ausgerechnet zum Zeitpunkt der feierlichen Vereidigung, Samstag 14.00 Uhr, wurde ein Punktspiel unserer Mannschaft in Eisenach angesetzt. Um für den Wettkampf eine schlagkräftige Truppe aufstellen zu können, organisierte der Sektionsleiter eine separate Sportlervereidigung im Dienstzimmer des Regimentskommandeurs. Diese Ausnahmeregelung verdeutlichte einmal mehr den Stellenwert des Fußballs während der Ausbildung und bestätigte mir, dass es sich lohnte, bei Vorwärts Eisenach zu kicken. Die vorgezogene Vereidigung fand am Abend vor dem Spieltag statt. Es dunkelte bereits, als der komplette Kader auf dem Appellplatz antrat, um den genauen Ablauf zu proben. Ein Unteroffizier, den ich als Laufburschen vom Major mit dem Glasauge wahrnahm, kontrollierte penibel alle Details unserer Paradeuniformen, die aus Ausgangsuniform, Wintermantel, Stahlhelm und Stiefeln bestand. Der Unteroffizier befahl mir vorzutreten, weil man sich in meinen blank geputzten Lederstiefeln spiegeln konnte. Bereits daheim gehörte der Schuhputz zu meinen Hobbys. Es machte mir Spaß, die Treter der ganzen Familie zu polieren. Ein Rekrut neben mir wurde zurück auf seine Stube geschickt, um die oberflächliche Rasur im Bereich seiner Pickel zu verbessern. Es dauerte keine Viertelstunde bis er wieder in der Reihe stand. Der arme Kerl blutete wie ein Schwein, weil er sämtliche Mitesser abrasierte, um nicht erneut aufzufallen. Nach einigen ungelenken Exerziermanövern, die nicht gerade synchron wirkten, übernahm der Sektionsleiter das Team. Der Major mit dem Glasauge verkündete einen speziellen Verhaltenskodex für den Abend der vorgezogenen Vereidigung.

Sein Vortrag begann und endete mit der Forderung nach absoluter Ruhe und militärischer Exaktheit. Von unserem Auftreten beim Treueschwur hing angeblich das Ansehen von Vorwärts Eisenach in der Regimentsführung ab. Der strenge Sektionsleiter drohte damit, Spaßvögel und Störenfriede nach der Vereidigung aus der Mannschaft zu werfen und sofort an die Grenze zu versetzen. Das in Aussicht gestellte Strafmaß verunsicherte mich noch mehr. Konnte eine Veranstaltung wirklich so wichtig sein? Militärisch eingeschüchtert betraten wir im Gänsemarsch das graue Stabsgebäude. Obwohl jeder Rekrut versuchte, keinen Krach zu machen, war das Getrampel im ganzen Bau zu hören. Von militärischem Gleichklang konnte keine Rede sein. Die Wachposten musterten uns abwertend und neidisch, weil man die privilegierten Fußballer im Regiment nicht mochte. Ein Gefreiter stellte mir demonstrativ ein Bein, so dass ich ins Stolpern geriet. Beinahe wäre mein Stahlhelm auf den Steinfußboden gefallen. In meinem Dusel konnte ich das Teil gerade noch auffangen. Der Major schüttelte den Kopf und zog mich am Ärmel nach oben. Dabei konnte ich gar nichts für dieses Störmanöver.

Der Unteroffizier klopfte vorsichtig gegen die nur leicht angelehnte Tür des Kommandeurzimmers, aber niemand antwortete. Ein weiterer Klopfversuch verlief ebenfalls erfolglos. Als der junge Vorgesetzte die Tür komplett öffnete, schlug ein Fenster zu, das auf diese Weise die Raumtemperatur regulierte. Die Gardinen wehten in grauem Gelb, was vermuten ließ, dass in diesem Zimmer geraucht wurde. Tatsächlich lagen winzige Aschehäufchen auf der trockenen Erde eines Gummibaumkübels. Daneben stand eine Plastikgießkanne, deren Tülle dem Schnabel eines Pelikans glich. Das Büro des Regimentskommandeurs war zwar spartanisch eingerichtet, aber schwarze Telefone gab es reichlich auf dem Schreibtisch. Zwischen einem vollen Aschenbecher und einer halbvollen Zigarettenschachtel stand eine dicke Matrjoschka-Puppe mit rotem Kopftuch, die bestimmt zahlreiche Kinder in ihrem Bauch verbarg. Das Foto der Ehefrau kam hinter einer gusseisernen Vase mit Plastikblumen vom Rummel kaum zur Geltung. Der Schnappschuss eines gestreiften Bikinis inmitten karger Dünen stammte sicher von der Ostseeküste. Der mächtigste Mann im Staate lächelte gezwungen von der kahlen Wand. Das hinter Glas gerahmte Konterfei des Generalsekretärs gehörte zu den Bildern, die mir seit dem Kindergarten regelmäßig begegneten. Davon konnte es bei uns einfach nicht genug geben. Daneben hing der Fahneneid, der von weitem einer Buchstabentafel beim Augenarzt ähnelte. Der Kommandeur von Eisenach schien ein wenig überrascht von unserem pünktlichen Eintreffen. Hatte er den Termin etwa vergessen und fühlte sich ertappt? Hastig ordnete er seine Utensilien auf dem Schreibtisch. Feuerzeug, Zigaretten und eine lange Nagelfeile verschwanden klimpernd in der Schublade. Beim Zuschieben klemmte er sich fast die Finger ein. Nachdem die Grundordnung hergestellt war, begrüßte das Militäroberhaupt die einzelnen Spieler mit einem lauwarmen Handschlag. Soviel Wertschätzung konnte nur gespielt sein. Der Regimentskommandeur spann einen wirren Bogen von unseren Fußballergebnissen, die den Grenztruppen das nötige Ansehen in der Bevölkerung Eisenachs verschaffen sollten, bis hin zur Daseinsberechtigung der Staatsgrenze. Als Repräsentanten des Grenzausbildungsregimentes würden wir mit guten sportlichen Leistungen zum Sieg über den Kapitalismus beitragen. Da fehlte jegliche Logik.

Umso logischer erschien mir die Vermutung, dass unser Kommandeur den Fahneneid auswendig kannte. Allein der Bedeutung wegen rechnete ich damit, denn schließlich existierte das Gelöbnis seit 1962. Doch ich sollte mich geirrt haben. Behutsam nahm er den Fahneneid von der Wand, entstaubte die Glasscheibe mit einem gebügelten Stofftaschentuch und begann, Wort für Wort vom Bild abzulesen. Eine derart peinliche Vorstellung hatte ich nicht erwartet. Der ranghöchste Offizier Eisenachs versuchte, seine Hilflosigkeit zu überspielen, indem er einzelne Wörter besonders betonte. Da ihm auch das Ablesen Schwierigkeiten bereitete, hörte sich der Fahneneid wie der Fibeltext eines unsicheren ABC-Schützen an. Während die Augen des Kommandanten den Zeilen folgten, bewegte sich sein Haupt im Schneckentempo nach rechts. Am Ende einer Zeile angekommen, warf er seinen Kopf mit Schwung nach links zum Anfang der nächsten. Der Vorgang erinnerte mich an Corinnas Schreibmaschine, die genauso hart anschlug. Der Regimentskommandeur schaute in die Runde, nahm die Brille von der

Nase und geriet im selben Moment ins Stocken. Hilfesuchend blickte er sich um und erwartete unseren Chor. Wir schworen mit vereinter Stimme, „unserem Vaterland allzeit treu zu dienen und es auf Befehl der Arbeiter- und Bauernregierung gegen jeden Feind zu schützen. An der Seite der Sowjetarmee und der Armeen der mit uns verbündeten sozialistischen Länder als Soldaten jederzeit bereit zu sein, den Sozialismus gegen alle Feinde zu verteidigen und unser Leben zur Erringung des Sieges einzusetzen. Ehrliche, tapfere, disziplinierte und wachsame Soldaten zu sein, den militärischen Vorgesetzten unbedingten Gehorsam zu leisten, die Befehle mit aller Entschlossenheit zu erfüllen und staatliche Geheimnisse stets streng zu wahren. Die militärischen Kenntnisse gewissenhaft zu erwerben, die militärischen Vorschriften zu erfüllen und immer und überall die Ehre unserer Republik zu wahren. Sollten wir jemals diesen feierlichen Fahneneid verletzen, so möge uns die Strafe der Gesetze unserer Republik und die Verachtung des werktätigen Volkes treffen."

Beim ersten Lesen des Gelöbnisses in Vorbereitung auf die Vereidigung war mir die Strafandrohung nicht weiter aufgefallen. Jetzt machte mir der letzte Satz Angst, weil ich keinen Menschen enttäuschen wollte, das werktätige Volk schon gar nicht. Der hochtrabend klingende Begriff vom Vaterland brachte mich ordentlich ins Grübeln, weil ich kein waschechter Deutscher war. Vielleicht hätte ich einen Unterschied zwischen Vater- und Mutterland machen müssen, da mein Vater in Deutschland geboren wurde und meine Mutter in Litauen. Trotz dieses Unterschiedes sehe ich die ehemalige DDR als meine Heimat, in der ich aufgewachsen bin. Unter Heimat verstehe ich allerdings nicht nur bestimmte Orte, sondern Menschen und Gefühle, die mir tief ins Herz wuchsen.

An dieser Heimat begann meine Mutter im Laufe der Zeit zu zerbrechen. Sie war eine starke Frau, hart gegen sich selbst, was ihre Arbeit betraf und hart gegen alle Widrigkeiten des Lebens. Sie stammte aus einer deutschen Bauernfamilie in Litauen. Die Wirren der Geschichte mit den schlimmen Folgen der beiden Weltkriege hatte sie am eigenen Leibe zu spüren bekommen. Nach der Schule und der Arbeit auf dem elterlichen Hof war sie als Magd bei einer Familie angestellt. Von frühester Jugend an lernte sie schwere körperliche Arbeit kennen, die ihr in Fleisch und Blut überging. Im Zweiten Weltkrieg verlor sie ihren Verlobten, mit dem sie ein Kind hatte. Für meinen Bruder musste sie fortan alleine sorgen. Auf der Flucht vor der Roten Armee folgte sie ihren Eltern weiter bis nach Ostpreußen, wo die Familie von der Front eingeholt wurde und zuerst unter russischer Besatzung und später unter polnischer Hoheit auf einem Gut arbeitete. Im Jahre 1959 durfte die Familie aus Polen ausreisen. Am Bahnhof unseres Dorfes begegnete sie meinem Vater, der für sie Arbeit in der Landwirtschaft beschaffte.

Am fremden Vaterland litt meine Mutter bis zuletzt, dessen bin ich mir heute sicher. In ihrem Herzen brannte die Sehnsucht nach der Heimat, die sie nicht ruhen ließ. Es war ihre größte Freude, dass sie Mitte der 80er Jahre die beiden Brüder in Litauen wieder fand. Die Geschwister, die sich 40 Jahre lang nicht gesehen hatten, besuchten sich mehrmals. Auf einer dieser Reisen nach Litauen im Jahre 1996 ist meine Mutter leider verstorben. Der Tod dieser herzensguten Frau riss eine riesige Lücke in unsere Familie und ich blieb hilflos zurück. Noch schlimmer erging es meinem Vater. Bestimmt wäre meine Mutter lieber in ihrer Heimat beerdigt worden, was die Verwandten in Litauen gern gesehen hätten.

Doch zurück zur Vereidigung, bei der jeder Rekrut Besuch von daheim bekam. Aber wer sollte wegen mir nach Eisenach kommen? Meine Eltern, die mit der neuen Liebschaft nicht einverstanden waren, arbeiteten jedes Wochenende in der LPG. Außerdem wollte ich nicht, dass sie die Strapazen der langen Reise auf sich nahmen. Dafür plante Corinna, zur Vereidigung zu fahren. Sie kannte sich in Eisenach bestens aus, weil sie vor einigen Jahren die Vereidigung ihres älteren Bruders miterlebte. Gemeinsam mit ihrer Schwägerin übernachtete sie in einem Privatquartier. Nun wäre die Schwägerin an der Reihe gewesen, Corinna nach Thüringen zu begleiten. Leider ergaben sich Probleme mit den Eltern und der Oma von Corinna. Beide Parteien weigerten sich hartnäckig, Meike während der Abwesenheit ihrer Mutter zu beherbergen. Damit stellten sie sich wie meine Eltern gegen unsere Beziehung, angeblich war ich ihnen zu jung und zu unerfahren. Überall hörte man die gleichen Argumente. Corinna ließ sich davon jedoch nicht beeindrucken und setzte ihren Dickschädel durch, was mir imponierte. Wenn ihr etwas in den Kopf kam, zog sie es ohne Rücksicht auf Verluste durch. Sie nahm alle Unannehmlichkeiten der Reise in Kauf, um mich zu sehen. Während Corinna gegen den Willen ihrer Eltern nach Eisenach fuhr, durfte Meike selbstverständlich bei der Oma schlafen.

Als Corinna am Samstag in Eisenach eintraf, war ich längst vereidigt. Sie ahnte allerdings nichts davon, weil die Vorvereidigung so kurzfristig anberaumt wurde, dass ich ihr nicht rechtzeitig schreiben konnte. Gemeinsam mit einer Bekannten, die meinen Kumpel Jörg besuchte, reiste Corinna mit dem Nachtzug an und wartete geduldig in der Kälte vorm Kasernentor. Nachdem man mich mittags über Corinnas Ankunft informiert hatte, rannte ich sofort ohne Mantel zum Kontrolldurchlass. Meine unvollständige Anzugsordnung, die nicht der kalten Jahreszeit entsprach, war mir völlig egal, denn ich konnte es kaum erwarten, meine Freundin zu umarmen. Von Weitem sah ich den Wachhabenden mit Corinna flirten. Der Unteroffizier bemerkte mich und prompt gefror sein fieses Lächeln zu Eis. Obwohl ich die Kaserne nicht verlassen durfte, fiel ich Corinna um den Hals. Der Wachhabende bemängelte den fehlenden Mantel und zerrte mich auf das Kasernengelände zurück. Gern hätte er mich das ganze Wochenende über in die Arrestzelle gesperrt. Ich lief zurück zur Kompanie, streifte die graue Pferdedecke über und griff meine Sporttasche. Kurze Zeit später rollte der Lkw mit den Fußballern von Vorwärts Eisenach vom Hof. An der Hauptstraße halfen mir meine Kameraden, Corinna auf die Ladefläche zu hieven, ohne die hintere Klappe zu öffnen. Wir sind spät dran gewesen. Die holprige Fahrt zum Fußballplatz dauerte länger als erwartet, weil Sand und Asche nicht ausreichten, alle Streckenabschnitte zu streuen. So kamen wir anständig ins Rutschen und wären beinahe im Straßengraben gelandet. Den Abgrund vor Augen, sah sich der Fahrer gezwungen, auf Allradantrieb umzuschalten. Der Sportplatz präsentierte sich in jungfräulichem Weiß. Das Spielfeld lag unter einer geschlossenen Schneedecke, nur die Markierungen hatte der Platzwart gefegt und mit Sägespänen gestreut. Es war sowieso die Frage, ob das Spiel auf diesem Untergrund überhaupt stattfinden würde. Aus dem schiefen Schornstein vom Sozialgebäude stieg heller Qualm. Ich kniff die Augen zu, um die Romantik der Sportanlage an diesem herrlichen Wintertag mitten im November in mich aufzusaugen. Wegen der eisigen Kälte nahm ich Corinna mit in den beheizten Kabinentrakt, wo es duftenden Zitronentee aus grünen Thermoskübeln gab. Das süße Zeug war so heiß, dass man sich die Finger am dünnen Plastikbecher verbrühte. Während draußen bereits das Warmmachen lief, zog ich als letzter Spieler die gelbrote Fußballkluft an und zwängte mich in die Uniform. Ich schlug den Kragen meines Wintermantels nach oben über den grauen Wollschal und schloss die Ohrenklappen der

Wintermütze unterm Kinn. So dick eingemummelt lief ich mit Corinna hinaus auf den Sportplatz.

Das Punktspiel entwickelte sich für uns zur erwarteten Nebensache. Mit dem Anpfiff begann die gemeinsame Zeit zum Reden und Küssen, wozu wir uns beide in die hinterste Ecke des Fußballplatzes verkrochen. Ein motivierter Ersatztorwart hätte zwar auf der Bank sitzen müssen, aber kein Trainer oder Betreuer fragte nach mir. Das Geschehen auf dem Platz war den Verantwortlichen wichtiger als die Auswechselbank oder ein Liebespaar hinter der Barriere.

Plötzlich flog der Ball in unsere Richtung und wir gerieten in den Fokus des Sektionsleiters, der seine Runden um das Spielfeld drehte. Misstrauisch musterte er Corinna und mich mit einem Auge. Ich grüßte den mürrisch dreinblickenden Zeitgenossen und stellte meine Freundin höflich vor. In diesem Moment bemerkte selbst der Major, dass das Spiel zweitrangig für uns war. Dennoch ließ er uns in Ruhe gewähren. Zum Glück verletzte sich der Stammtorwart nicht, so dass mein Einsatz ausblieb. Nach dem Schlusspfiff ging es unter die heißen Duschen. Da die Waschräume auf dem Flur gegenüber den Umkleidekabinen lagen, bekam Corinna viel nackte Haut zu sehen. Ich wärmte mich mit Glühwein.

Am frühen Abend fuhren wir ins Vereinslokal, wo es keine Punkte zu feiern gab. Die Stimmung unter den Verantwortlichen hielt sich in Grenzen. Ich kann nicht genau sagen, wie hoch wir verloren haben, weil mich das Ergebnis überhaupt nicht interessierte. Stattdessen genoss ich das Wiedersehen mit Corinna in vollen Zügen. Anstandshalber nahmen wir am Abendessen teil, bevor wir verschwanden, um uns ein bequemes Nachtquartier zu suchen. Leider vergaß ich im Vorfeld der Vereidigung, ein Zimmer zu reservieren. Naiv dachte ich, dass man einfach ins Hotel geht, um dort zu übernachten. Aber ganz Eisenach ist ausgebucht gewesen am Wochenende der Vereidigung, womit ich nicht gerechnet hatte. Insgeheim ärgerte ich mich über meine Einfältigkeit. Corinna tat mir leid. Unter freiem Himmel wären wir beide erfroren. Im dichten Schneetreiben irrten wir erfolglos von Pension zu Pension. Kurz vor Mitternacht bettelten wir zum wiederholten Male in der örtlichen Jugendherberge um Asyl und hatten das Glück, dass ein einziger Raum frei blieb, obwohl eine telefonische Reservierung vorlag. Gut, dass die Gäste an diesem stürmischen Winterabend nicht anreisten. Auf der möblierten Stube holten wir nach, was uns in den letzten beiden Wochen fehlte. Dazu mussten wir allerdings auf den Fußboden ausweichen, weil die ausgeleierten Bettgestelle im ganzen Haus quietschten. Der praktische Hinweis stammte vom freundlichen Herbergsvater, der nicht nur den Zustand des Inventars kannte, sondern einfach ruhig schlafen wollte. Corinna und ich trotzten der klirrenden Kälte auf den Dielen der Jugendherberge, wo wir eng umschlungen einschliefen. Gegen Morgen weckten uns vereinzelte Sonnenstrahlen, die nicht gegen die strengen Minusgrade ankamen, die durch die Fensterritzen drangen. Der Sonntag, an dem Corinna wegfuhr, war viel zu früh angebrochen. Traurig fragten wir uns, wie lange wir von der gemeinsamen Nacht zehren würden. Ich wusste nicht, wann ich meinen ersten Urlaub bekomme. Die Aussichten standen eher schlecht. Nach dem gemütlichen Frühstück in der Jugendherberge brachte ich Corinna zum Bahnhof, wo wir vor der Mitropa ihre Bekannte wieder trafen, die Jörg besucht hatte. Beide Frauen mussten früh abreisen, denn die Fahrt von Eisenach über Berlin nach Hause dauerte ohne Verspätung mindestens acht Stunden. Ich machte mir Sorgen, weil dieser frühe Winter wie alle Jahreszeiten zu den natürlichen Feinden unseres Landes gehörte. Lagen die ersten Schneeflocken auf den Gleisen, erlahmte der Schienenverkehr in der Republik. Bei Minusgraden froren regelmäßig die Weichen ein. In der Folge verspäteten sich Züge oder fielen sogar aus. Das wünschte ich den Frauen unter keinen Umständen, denn beide mussten am Montagmorgen pünktlich um 7.00 Uhr zur Arbeit in der LPG erscheinen.

Während Corinna noch im Zug saß, fuhr ich mit der zweiten Mannschaft zum Punktspiel nach Stregda. Dieser Ortsteil liegt etwa fünf Kilometer nördlich vom Stadtzentrum Eisenachs entfernt. Dort brauchte ich mich allerdings nicht anzustrengen, weil der Genosse Leutnant im Tor stand. Zum wiederholten Mal ist mir jemand vorgesetzt worden, was ich unfair empfand. Militärische Unterstellung rechtfertigte offensichtlich sportliche Bevorzugung. Aber Meuterei machte keinen Sinn, denn an Fußball konnte ich beim besten Willen nicht denken. In Gedanken war ich bei meiner Freundin und wenn ich im Tor gestanden hätte, wäre es mir schwer gefallen, mich auf das Spielgeschehen zu konzentrieren. Das Punktspiel endete mit einem klaren Sieg für die Reserve von Vorwärts Eisenach. Dieses Ergebnis wirkte sich positiv auf die Feier im Vereinslokal aus, wo der Alkohol in Strömen floss. Doch ein sinnloses Betrinken kam für mich an diesem Sonntag nicht in Frage. Das Wiedersehen mit Corinna am Wochenende war mir wichtiger, so dass ich den Abend mit einer Flasche Rosenthaler Kadarka ausklingen ließ. Dafür schmuggelte ich einige Flaschen Radeberger in meiner Sporttasche mit in die Kaserne, weil ich den Kameraden, die am Sonntag keinen Ausgang hatten, eine kleine Freude bereiten wollte. Da unser Lkw auf Befehl des Sektionsleiters am Kasernentor nicht kontrolliert wurde, bin ich nicht erwischt worden. Die schwere Tasche mit den eingeschleusten Bierflaschen deponierte ich hinter dem Kompaniegebäude, um sie nach Einbruch der Dunkelheit mit einem Seil nach oben durchs Fenster zu ziehen. Am helllichten Tage wäre die heimliche Aktion vom patrouillierenden Wachposten entdeckt worden. Nachdem die Flaschen geleert waren, wurden die Bieretiketten abgeweicht, um das Leergut ordnungsgemäß in der Militärhandelsorganisation (MHO) abzugeben, wo es alkoholfreie Getränke in Halbliterflaschen zu kaufen gab. Die MHO ist der einzige Versorgungsbetrieb gewesen, der die Verkaufsstellen in den Kasernen mit Lebensmitteln, Industrieartikeln und militärischen Ersatzteilen belieferte. Auch alle Klubgaststätten in militärischen Einrichtungen wurden von der MHO betrieben. Im Vergleich zu unserem Dorfkonsum war die kleine Verkaufsstelle in Eisenach ein richtiger Supermarkt. Alkoholfreie Getränke (AFG) wie Selters, Cola oder Brause standen immer und ausreichend zur Verfügung. In meinem Heimatort waren AFG in den warmen Sommermonaten zuerst ausverkauft, so dass ein heranwachsender Jugendlicher zwangsläufig das übrig gebliebene Bier trinken musste. Das reichhaltige Angebot in Eisenach wirkte so verlockend, dass meine Kameraden sogar Elektrogeräte einkauften, die sie später nach Hause schickten. Bügeleisen, Tauchsieder, Toaster, Kaffeemaschinen und Radios gingen per Post auf die Reise. Dafür war das Sortiment in der MHO zwar nicht bestimmt, aber welchem Rekruten wollte man ein solches Konsumverhalten verübeln? In der Provinz gehörten die aufgezählten Elektrogeräte zur Bückware, die unterm Ladentisch den Besitzer wechselte. Mir hat niemand in Eisenach etwas weggekauft. Ich bekam Pakete mit Wurst, Kuchen und anderen Leckereien aus der Heimat. Corinna kümmerte sich liebevoll um mein leibliches Wohl und sorgte dafür, dass es mir an nichts fehlte. Obwohl ich erst zwei Wochen in Eisenach diente, wünschte ich mir nichts sehnsüchtiger als Heimaturlaub. Es schien nur eine Frage der Zeit, wann dieser Wunsch in Erfüllung gehen würde.

Bewachte Weihnacht

Im Dezember trainierten wir intensiv Grenzdienst, weil wir an den Weihnachtsfeiertagen zur verstärkten Grenzsicherung hinaus an den Kanten mussten. Das Wort Kanten stand für Grenze. Andere Synonyme lauteten Grenzgebiet, einfach Gebiet, Grenzabschnitt oder Abschnitt. Die spezielle Ausbildung bestand aus intensiven Personenkontrollen, bei denen wir Verdächtige zuerst im Stehen und später im Liegen durchsuchten. Abwechselnd mimte jeder Rekrut einmal den Kontrolleur und einmal den zu kontrollierenden Grenzverletzer. Als Verdächtiger ohne Ausweispapiere lag man im Schnee und sah sich der Willkür des Kontrolleurs ausgesetzt. Sogar Fußtritte waren erlaubt, um den Widerstand Fluchtwilliger zu brechen. Zu diesem Zeitpunkt unterlag ich der irrigen Annahme, dass sich Grenzdienst aus reiner Kontrolltätigkeit zusammensetzte. Alle Maßnahmen dienten dem Zweck, Grenzverletzungen zu verhindern und die Stärke der Grenztruppen zu demonstrieren.

Unsere Vorgesetzten leiteten aus besinnlichen Weihnachten ab, dass sich eingesperrt fühlende Bürger während der Feiertage darauf besannen, ihrem Land den Rücken zu kehren. Diese Vermutung wurde in der Ausbildung durch keine Statistik bewiesen. Entweder konnte oder wollte man sich nicht in die Karten schauen lassen. Allein der fehlende Beweis hätte einen gebildeten Menschen stutzig machen müssen. Da mir die Behauptung dennoch einleuchtete, habe ich sie fälschlicher Weise für Wissen meiner Vorgesetzten gehalten und auch diesen Irrtum leichtgläubig hingenommen.

Über Weihnachten 1982 wurde der Tagesdienstablaufplan in Eisenach für die Rekruten, die raus an die Grenze fuhren, außer Kraft gesetzt. Der Frühsport fiel aus und das leidige Stuben- und Revierreinigen übernahmen Soldaten, die wegen Krankheit, Nachtblindheit oder Spezialaufgaben in der Kaserne blieben. Die Vorgesetzten behandelten uns sprichwörtlich wie rohe Eier. Wir aßen, duschten und schliefen, schliefen, duschten und aßen wieder. Mit ihrer Verwöhntaktik wollten die Offiziere verhindern, dass wir bei unserem ersten Einsatz mit Kalaschnikow und scharfer Munition durchdrehten.

Am Heiligabend fuhren wir mit einem Lkw in die Nähe von Lauchröden. Das Grenzdorf direkt an der Werra war mit einer geschlossenen Schneedecke überzogen, die dem körnigen Pulverzeug auf den Dächern meiner elektrischen Eisenbahn ähnelte. Der Schnee, der in großen, weichen Flocken fiel, blieb wie Zuckerwatte in den Bäumen hängen. Das Dorf hätte so idyllisch wirken können, wenn da nicht die grelle Lichtertrasse inmitten der beiden Zäune gewesen wäre.

Das Metall meiner Waffe war kalt. Dennoch zitterten mir die Knie mehr vor Aufregung als vor Kälte. Den Kameraden meiner Kompanie erging es ebenso, denn niemand sprach ein Wort. Jeder schien mit sich selbst beschäftigt. Wenn mein Blick den des gegenüber traf, schaute der sofort weg. Lag das am bevorstehenden

Grenzdienst oder an den Kalaschnikows zwischen unseren Beinen samt den 60 scharfen Patronen in der Magazintasche? In meiner Naivität erwartete ich regen Besucherverkehr, schließlich feierte man Weihnachten. Dabei verbrachte jeder normale Mensch den Abend daheim unterm geschmückten Tannenbaum. Wahrscheinlich würde auch Lauchröden diesbezüglich keine Ausnahme machen. In meinen Gedanken legte ich mir die Reihenfolge der offiziellen Fragen bereit, denn ich wollte mich unter keinen Umständen vor der hiesigen Zivilbevölkerung blamieren. Beim Absitzen vom Lkw verflogen alle militärischen Zwänge und sämtliche Grundlagen der Grenzausbildung von Eisenach. Mein Kopf wirkte leer und ich hoffte natürlich, dass in dieser Nacht nichts passieren würde.

In Lauchröden waren wir freundwärts eingesetzt, d. h. wir bewegten uns vor dem Grenzsignalzaun auf dem Hoheitsgebiet der DDR. Von 20.00 Uhr bis 4.00 Uhr sicherten wir ein Dreieck zwischen Dorfausgang, einem Waldstück und der Grenze. Solche zusätzlichen Einsätze wurden besonders idiotisches Wirken am Kanten, abgekürzt BiWaK, genannt. Postenpaare, die nicht zur normalen Grenzsicherung gehörten, kontrollierten an Feiertagen und Wochenenden das eigene Hinterland. Diese überflüssigen Aktionen begründete man mit der Tatsache, dass viele Bürger samstags, sonntags und feiertags nicht arbeiten mussten. So bemerkten die leitenden Verantwortlichen erst am Montag, wenn jemand am Wochenende abgehauen war. Oder am Tag nach dem Feiertag wurde festgestellt, dass einer in den Westen geflohen war. Die Praxis sah anders aus in Lauchröden, wo uns die Grenzer der dortigen Kompanie überhaupt nicht beachteten. Nur für die Offiziere stellten wir bei unserer Ankunft vollwertige Grenzer dar.

Ein beleibter Major befahl uns während der Vergatterung unter freiem Himmel, „Grenzdurchbrüche nicht zuzulassen, Grenzverletzer festzunehmen oder zu vernichten". Der Wortlaut schockierte, als ich ihn zum ersten Mal in Sichtweite der Grenze hörte. Infolge dessen nahm ich den Text nur im Unterbewusstsein wahr, weil ich überhaupt nicht begriff, was da von mir verlangt wurde. Im Zwielicht dieser Zweifel ließ man uns auf die Weihnachten feiernde Gemeinde Lauchröden los.

In Dreierposten eingeteilt, lagen wir am Waldrand und beobachteten eine schmale Lichtung. Eisige Kälte kroch durch Stiefel und Uniform langsam nach oben. Selbst die Gedanken an zu Hause vermochten nicht, mich zu wärmen. Das Warten wurde immer langweiliger, weil sich nichts tat und die frische Luft machte mich müde. Irgendwann fielen mir die Augen zu, was mein Vorgesetzter bemerkte und mich zur Rede stellte. Da es zu schneien begann, hatte ich eine passende Ausrede für die kurzzeitige Augenpflege gefunden. Ich wollte keinen Schnee in die Augen bekommen und kniff sie deshalb zu. Der Postenführer schüttelte ungläubig seinen Kopf. Ich war tatsächlich eingenickt, bemühte mich aber, die peinliche Situation vor dem Vorgesetzten einigermaßen zu überspielen. Dann passierte etwas Außergewöhnliches, mit dem niemand an diesem Abend gerecht hatte. Plötzlich und unerwartet sahen wir eine Person aus dem Wald kommen, die einen Handwagen hinter sich her zog. War das etwa der potentielle Grenzverletzer, der sich mit Sack und Pack aus dem Staube machte? Wenn ja, dann hatte der sich ziemlich blöd angestellt, um nicht erwischt zu werden. Nein, das konnte kein Grenzverletzer sein, denn die verdächtige Gestalt blieb immer auf dem Weg und lief direkt in unsere Arme. So verhielt sich doch kein Grenzverletzer.

Von meinem Postenbereich aus vermochte ich nicht zu erkennen, ob es sich um einen Mann oder eine Frau handelte. Aber der Buschfunk funktionierte bestens und wir erfuhren rasch, dass es eine alte Frau war, die gerade vom Holzholen aus dem Wald kam. Ich fand die späte Uhrzeit kurz nach 21.00 Uhr am Heiligabend schon etwas ungewöhnlich für diese Tätigkeit. Der hohe Schnee ließ die Rentnerin mit dem beladenen Gefährt nur langsam vorankommen. Man hätte ihr helfen können, vielleicht sogar müssen. Stattdessen wurde die Frau von einem benachbarten Postenpaar einer gründlichen Personenkontrolle unterzogen. Drei Grenzanfänger stürzten sich wie Hyänen auf die Rentnerin, die weder Personalausweis noch andere Dokumente bei sich trug. Deshalb musste sie sich bis zur Klärung des Sachverhaltes bäuchlings in den Schnee legen. Bei der Vorstellung dieser Schikane lief mir ein eiskalter Schauer den Rücken hinunter. Ich war froh darüber, dass die überraschte Frau keinen Widerstand leistete, was unangenehme Folgen für sie gehabt hätte. Trotzdem dauerte es Stunden, bevor der Rentnerin geholfen wurde. Ein ortskundiger Zugführer rannte in das benachbarte Dorf und holte den zuständigen Abschnittsbevollmächtigten (ABV) direkt von der Bescherung weg. Nachdem dieser von dem Vorfall hörte, schmunzelte er noch. Als der Dorfpolizist die alte Dame frierend auf dem kalten Schneeboden liegen sah, ist ihm das Lachen gründlich vergangen. Rasend vor Wut auf die drei Grenzanfänger identifizierte er die ihm bekannte Rentnerin im Beisein des Zugführers. Dann schnappte sich der ABV den beladenen Handwagen und verschwand mit der Bürgerin in Richtung Lauchröden. Auf der Rückfahrt nach Eisenach ging mir die alte Frau nicht aus dem Kopf, weil ich die Reaktion meiner Kollegen für total überzogen hielt. Musste sich ein Grenzer tatsächlich so unnachgiebig gegenüber Zivilisten verhalten? Die Rentnerin wollte einfach nur nach Hause. Ist sie deshalb eine Bedrohung für die Staatsgrenze geworden? Gab es in den Dienstvorschriften für Personenkontrollen keine Ermessensspielräume? Ich traute mich nicht, meine Gedankengänge laut zu artikulieren. Auch die drei verantwortlichen Kameraden schwiegen. Wahrscheinlich hätten sie sich gern in den hintersten Winkel der Ladefläche verkrochen, denn jeder sah ihnen das schlechte Gewissen an. Am Nachmittag des ersten Feiertages fand ein außerordentlicher Appell vorm Kompaniegebäude statt, auf dem drei Helden geboren wurden. Unser Zugführer würdigte das Verhalten der Posten in ausschweifenden Lobestiraden, die mich nachdenklich stimmten. Was muss das nur für ein Gefühl gewesen sein, vom Kompaniechef mit Sonderurlaub ausgezeichnet zu werden und gleichzeitig anderen Soldaten einen Anreiz für Gewalt zu bieten? Die sprachlosen Helden durften nach dem Appell ihre Taschen packen und wurden unverzüglich zum Bahnhof gefahren. Unter derartigen Umständen hätte ich lieber auf Urlaub verzichtet. Abseits solcher Gedanken kam mir Weihnachten im Grenzausbildungsregiment von Eisenach wie in einem militärischen Schlaraffenland vor. Unser Küchenbulle zauberte leckeres Essen, das einen an die üppigen Mahlzeiten daheim erinnerte. Es gab Schweinebraten mit Thüringer Klößen und Rotkohl am Heiligabend, knusprige Broilerkeulen mit Petersilienkartoffeln und Mischgemüse am ersten Feiertag sowie herzhafte Rinderrouladen mit Salzkartoffeln und Blumenkohl am zweiten Feiertag. Man merkte, dass sich die Vorgesetzten Mühe gaben, ein gutes Klima zu schaffen.

Der Dienst am ersten Weihnachtsfeiertag verlief ohne besondere Vorkommnisse. Dennoch gelang es uns Nachwuchsgrenzern mit einfachen Mitteln, sich bei der hiesigen Zivilbevölkerung unbeliebt zu machen. Zur Abwechslung bewachten wir die Teilnehmer einer Tanzveranstaltung in Lauchröden. Im Saal der Gaststätte herrschte ein munteres Treiben, der Alkohol floss in Strömen. Die ausgelassene Stimmung wurde nur durch unsere Personenkontrollen vor dem Eingang getrübt. Allein die Anwesenheit von Menschen in

Uniformen wirkte abstoßend auf die Tanzwilligen. Wenn ein Mann angeheitert nach draußen torkelte, um im Schutze der Dunkelheit sein Geschäft zu verrichten, stand sofort ein Grenzer dahinter und forderte den Personalausweis. Von einer gewissen Peinlichkeit und der mangelnden Hygiene ganz zu schweigen, erschien mir der Befehl sinnlos, weil sich alle Einheimischen ausweisen konnten. Im Grenzgebiet hatte jeder Bürger Personalausweis oder Passierschein mitzuführen. Da mir diese Kontrollen wenig Spaß bereiteten, versteckte ich mich auf dem Hof der Kneipe, wo ich in aller Ruhe den Inhalt meiner Postentasche leerte. Die übrig gebliebenen Broilerkeulen vom Mittagessen schmeckten noch immer. Beim Essen setzte erneut Schneefall ein. Es war so bitterkalt, dass eine gepflegte Gerstenkaltschale glatt zum Heißgetränk mutierte. Irgendwann kam eine Kellnerin zum Rauchen auf den Hof. Sie tauschte den lauwarmen Hängolintee in meiner Thermosflasche mit Wertausgleich gegen heißen Glühwein, der mich von oben bis unten durchwärmte. Die Kameraden auf der Straße störte meine Abwesenheit nicht im Geringsten. Dienstbeflissen beschäftigten sie sich weiterhin emsig mit Personenkontrollen, die mir längst zum Halse heraushingen. Rechtzeitig vor Schichtende kroch ich aus meinem Versteck hervor und vervollständigte den Dreierposten. Während der Rückfahrt nach Eisenach sprach niemand ein Wort. Wir waren alle von der Sinnlosigkeit der nächtlichen Aktionen überzeugt. Mehr lässt sich darüber nicht berichten.

Der Höhepunkt am dritten Einsatztag war ein Grenzalarm, eine Ausnahmesituation, in der jemand versucht hatte, abzuhauen. Infolge dessen entstand eine Lage, wie man im Grenzdienst sagte. Das Zaunfeld, das den Alarm auslöste, glich einer Disko. Das Blinken einer roten Rundumleuchte wurde von lautem Sirengegeheul begleitet. Auf dem Kolonnenweg kam ein Lkw angefahren, der die Alarmgruppe von der Führungsstelle an den Ort der Auslösung brachte. Vier Grenzer sprangen vom Wagen, um den vermeintlichen Fluchtweg abzuriegeln. Der Kraftfahrer richtete den großen Scheinwerfer seines Fahrerhauses auf den Grenzsignalzaun. Ein benachbartes Postenpaar kontrollierte mit Taschenlampen den zwei Meter breiten Streifen vorm GSZ. Im Schnee wurden frische Wildspuren gefunden. Am Ende der Fährte lag ein Reh zappelnd in einer immer größer werdenden Blutlache. Wahrscheinlich wollte es durch den Grenzsignalzaun springen und verletzte sich dabei so sehr, dass es an Ort und Stelle verblutete. Niemand befreite das Tier von seinen unendlichen Qualen. Die sichtlich überforderten Grenzer standen untätig herum und beobachteten wie wir den Todeskampf. In der Zwischenzeit war das Tier elendig verendet. Ein einziger Schuss aus meiner Kalaschnikow hätte ausgereicht, dem Reh die jämmerlichen Qualen zu ersparen. Ich wandte mich ab, um meine spontanen Tränen vor den anderen zu verbergen. Wie erst würde ich wohl reagieren, wenn ein Mensch flüchtet, sich dabei verletzt oder gar zu Tode kommt? Diese Frage machte mir Angst und irgendwie häuften sich die Fragen, auf die ich keine Antworten wusste. Meine Kameraden nahmen den Vorfall kommentarlos zur Kenntnis. Vermutlich waren sie einfach zu müde, darüber zu sprechen. Man richtete uns systematisch auf Zivilisten ab, ohne dass wir uns dagegen wehren konnten. Beim Nachdenken über die letzten drei Nächte fiel mir auf, dass wir in jeder Schicht an verschiedenen Orten eingesetzt waren. Während wir Heiligabend am Waldrand lagen, sicherten wir am ersten Weihnachtstag eine Tanzveranstaltung und liefen am zweiten Feiertag in der Nähe des Grenzsignalzaunes Streife. Durch diese Einteilung konnten wir uns keinen der drei Abschnitte genau einprägen, um eventuell ein Schlupfloch zu finden. Außerdem wechselte täglich die Zusammensetzung der Dreierposten. Mit dieser Taktik sorgten die Vorgesetzten beim BiWaK dafür, dass sich für uns Grenzer keine Fluchtgelegenheiten ergaben. Zur Belohnung für unseren verantwortungsvollen Dienst an den Weihnachtsfeiertagen des Jahres 1982, bekamen alle Soldaten der Kompanie Erholungsurlaub über Silvester. Ich habe die drei freien Tage nicht wie eine Auszeichnung empfunden, sondern als Ausgleich für die belastenden Nachtschichten angesehen. Außerdem fuhren auch Innendienstkranke und Nachtblinde heim, die die Grenze bei Lauchröden nur aus unseren Berichten kannten. Nach 58 Tagen Ausbildung in Eisenach durfte ich den ersten Jahreswechsel meiner Dienstzeit zu Hause verbringen.

Heimaturlaub

Am 30. Dezember 1982 fuhr ich mit einem normalen D-Zug von Eisenach über Berlin nach Hause. Ich wählte einen der Waggons am Ende des Zuges, wo überwiegend Soldaten meiner Kompanie saßen. In der Uniform der Grenztruppen kam man sich wie ein Mensch zweiter Klasse vor, was auch auf den Militärfahrkarten stand. Ich schämte mich meiner Klamotten, weil man diese nicht tragen konnte, ohne feindselige Blicke zu ernten. Woher nahmen die Zivilisten ihre Vorurteile, aus denen sie kein Geheimnis machten? Ahnten die Menschen etwas von dem, was wir draußen am Kanten praktizierten und scheinheilig Grenzdienst nannten? Die Leute wussten doch gar nichts vom Schießbefehl. Am liebsten hätte ich jedem einzelnen Mitreisenden erklärt, dass ich nur noch 484 Tage lang Uniformträger war, falls ich es überhaupt so lange aushalten würde. In den meisten Abteilen ging es laut und fröhlich zu. Nur wenige Urlauber wollten ihre Ruhe haben oder schliefen. Viele Rekruten feierten ausgelassen im Speisewagen der Mitropa, dem volkseigenen Betrieb, der Reisende in öffentlichen Verkehrsmitteln, auf Bahnhöfen und Flughäfen sowie an Autobahnen unseres Landes versorgte. Wer erinnert sich nicht an das weiße Geschirr mit grünem Rand und dem Emblem, in dem ein Rad mit sechs Speichen und der Buchstabe M zu sehen waren? Ich saß am Fenster eines Nichtraucherabteils, beobachtete die Wartburg und versuchte, mich in die mittelalterlichen

Kämpfe um dieses Bauwerk zurückzuversetzen. Im 20. Jahrhundert kämpften wir längst mit anderen Waffen. Ein Grenzer brauchte keinen einzigen Finger zu krümmen und wurde zum Helden. An den Gedanken, der mir eher beklemmend als beruhigend vorkam, musste ich mich erst gewöhnen.

Die Militärstreife, die plötzlich ins Abteil platzte, jagte mir einen ordentlichen Schreck ein. Die geschniegelten Vorzeigesoldaten, -fähnriche und -offiziere mit weißen Strapsen kümmerten sich um unser Benehmen in der Öffentlichkeit. Diese Personenkontrollen bezweckten in erster Linie die korrekte Trageweise der Uniformen sowie den militärischen Gehorsam. Wen man gesittet in einem Abteil antraf, wer seine Fahrkarte und den Wehrdienstausweis vorzeigen konnte, dem passierte nichts. Alkoholisiert torkelnde und lärmende Armeeangehörige durften ihrer Dienststelle zugeführt oder vorläufig festgenommen werden. Deshalb bemühte ich mich wie immer, nicht negativ aufzufallen.

Am frühen Abend erreichte ich meinen Heimatort, wo ein Mann frierend auf dem Bahnsteig stand und dem einfahrenden Zug entgegenblickte. Es war tatsächlich mein Vater, der angespannt schien, als wisse er nicht, wie unsere Begegnung verlaufen würde. Seine Begrüßung begann mit einer herzlichen Umarmung. Ich fühlte mich geehrt, hatte ich doch mit einem frostigeren Empfang gerechnet. Vor Rührung brachte ich kein Wort heraus. Mein Vater erkundigte sich nach meinem Wohlbefinden und lud mich auf ein Bier in die Bahnhofsgaststätte ein. In der Kneipe kam mir alles genauso vor wie am Abend der gemeinsamen Abschiedsparty mit Jörg. Weder die liebevoll gepflegte, rustikale Einrichtung noch die beiden freundlichen Wirtsleute hatten sich verändert. Ein paar Jugendliche salutierten vorm Billardtisch mit ihren Queues, was ich mit einem lässig militärischen „Machen sie weiter!" quittierte. So hätte ich früher nicht reagiert. Während mir unser Wirt Heiner anerkennend auf die Schultern klopfte, umarmte mich Emmi wie ihren eigenen Sohn. In diesem Augenblick spürte ich die Veränderung am eigenen Leibe. Ich hatte mich nicht nur äußerlich gewandelt. Wie ein Schaf im Wolfspelz gehorchte ich militärischen Befehlen, deren Ausführung mir rein menschlich widerstrebte. Die fragwürdige Legitimation dazu verschaffte mir eine Uniform, die meinen Vater offensichtlich stolz machte. Er zog mich von Tisch zu Tisch, um den Heimkehrer bei den Gästen vorzustellen. Dabei kannte mich jeder Einheimische in Zivil. Die Polonäse zu zweit bestätigte mir, dass mein alter Herr bereits Alkohol intus hatte. Obwohl ich schnell aus dem Waffenrock wollte, tranken wir noch ein weiteres Glas Bier. Ich brauchte dringend einen verständnisvollen Gesprächspartner, der sich meine Erfahrungen von Eisenach, insbesondere die Erlebnisse beim BiWaK in Lauchröden, anhörte. Die hilflos klingende Beichte hätte uns beide gehörig in Verlegenheit bringen müssen. Mein Gegenüber sah mich erstaunt an, als ich von der misshandelten Rentnerin, den peinlichen Personenkontrollen und dem toten Reh im Stacheldraht erzählte. Ich wollte unbedingt wissen, was er unternommen hätte, wenn die alte Frau seine Mutter bzw. meine Oma gewesen wäre. „Ist ein solches Verhalten normal für zivilisierte Menschen?", fragte ich abschließend. „Wenn ja, dann ist deine Erziehung bei mir gründlich fehlgeschlagen". Da mein Vater nicht antwortete, flüsterte ich: „Am liebsten würde ich nicht zurück nach Eisenach fahren". „Das kannst du uns nicht antun, Junge!", entgegnete er mir daraufhin. Dieser Satz kam so zögernd und ohne Betonung über die Lippen meines alten Herrn, dass ich nicht wusste, ob es sich dabei um eine Feststellung oder eine Bitte handelte. Ich habe den Satz wie einen militärischen Befehl verstanden. Was folgte, war Stille. Mein Vater wirkte ratlos und schwieg, weil er keine Erklärung für das BiWaK fand. Selten zuvor hatte ich ihn so sprachlos gesehen. Wütend ließ ich sein ausweichendes, unüberlegtes Geschwafel von den drei Affen über mich ergehen. „Nichts Böses sehen, nichts Böses hören und nichts Böses sagen", versuchte mein alter Herr, mich zu beruhigen. Solche Durchhalteparolen war ich von ihm bisher nicht gewohnt. Man kann sich die heiklen Momente im Leben auch schönreden, wenn einem die Argumente ausgehen. Da mein ständiges Bohren die herzliche Willkommensatmosphäre zu vergiften drohte, beschlossen wir, gemeinsam nach Hause zu gehen. Obwohl es draußen bereits stockfinster war, machte ich einen großen Bogen um die Lichtkegel der Straßenlampen. Unser Hund bellte, weil er mich in den Klamotten nicht erkannte. Meine Mutter hatte Tränen in den Augen, als ich die Wohnstube betrat. Da die Feiertage längst vorbei waren, fand ich es bemerkenswert, dass mir der Platz unterm Tannenbaum blieb, wo ihre selbstgestrickten Weihnachtsgeschenke fein säuberlich aufgereiht lagen. Fast auf Kante wie in meinem Spind in Eisenach. Fausthandschuhe, Kopfschutz mit Gesichtsausschnitt, Schal und dicke Socken aus Wolle konnte ich in der kalten Jahreszeit sehr gut gebrauchen. Meine Mutter trug ihre Lesebrille, um die Tränen vor mir zu verbergen. Sie fragte sofort nach der schmutzigen Wäsche, als ob es in diesem Moment nichts Wichtigeres geben würde. Schließlich kehrte der verlorene Sohn heim. Für Vater war dieses Ereignis Grund genug, eine Flasche Sekt zu köpfen. Meine Mutter nippte nur am Glas, denn sie trank keinen Alkohol. Nachdem wir miteinander angestoßen hatten, berichtete ich von den langweiligen Ausbildungstagen. Ich erwähnte nur Nebensächlichkeiten, wie man uns bei der Urlauberbelehrung aufgetragen hatte. Die Vorkommnisse an der Grenze bei Lauchröden habe ich bewusst ausgelassen, weil ich meiner Mutter keine Angst machen wollte. Aus diesem Grunde verzichtete ich auch auf die Schilderung des mir dort erteilten Schießbefehls. Ein dicker Kloß saß in meinem Hals wie bei einem ertappten Lügner. Dabei hatte ich überhaupt nicht gelogen, sondern ganze Wahrheiten verschwiegen, die mich mehr beschäftigten als mir lieb war. Ich bemerkte die Erleichterung bei meiner Mutter, die tatsächlich glaubte, dass ich mich an den Armeealltag gewöhnt hätte. Andererseits spürte ich die Angst meiner Eltern, dass es mich zu

Corinna ziehen könnte. Für mich stand fest, dass ich nicht daheim übernachten würde. Als meine Eltern im Bett lagen, schlich ich in Jeans und Parka vom Hof. Symbolisch schnappte ich mir noch die halbvolle Sektflasche und redete mir ein, dass meine Familie mit Corinna anstoßen würde. Unser Hund lag stumm auf dem Strohsack in seiner Hütte. Pünktlich um 23.00 Uhr erloschen die Straßenlampen im Dorf und die Bürgersteige wurden hochgeklappt. Ich konnte nicht schnell genug zu Corinna kommen, die mich bereits sehnsüchtig erwartete. Meike schlief tief und fest, so dass wir ungestört waren. Wir kamen gerade bis zum Tannenbaum, der in Wirklichkeit zu den Blaufichten zählte. Dort holten wir spontan die Bescherung nach. Am nächsten Morgen hatte ich begriffen, was die Menschheit unter dem Fest der Liebe verstand. Von mir aus hätte immer Weihnachten sein können.

Zum Jahreswechsel trafen sich die Fußballer mit ihren Frauen und Freundinnen traditionell auf dem Fußballplatz. Unser Sozialgebäude, das aus zwei getrennten Umkleide- und Duschräumen, einem altehrwürdigen Klubzimmer und einer Küche mit Durchreiche bestand, hatten wir in der Freizeit liebevoll zu einem Schmuckkästchen umgestaltet. Der traditionsbeladene Klubraum, dessen Mannschaftsbilder, Medaillen, Pokale, Urkunden und Wimpel gelebte Fußballgeschichte erzählten, wurde zu Lasten eines Duschraumes vergrößert, so dass man darin anständig feiern und tanzen konnte. Jedes Pärchen steuerte etwas zur Silvesterparty bei. Es gab knackige Bockwürste, Buletten, eingelegten

Fisch, frischen Hackepeter, Hühnerfrikassee und Schnitzelfleisch mit verschiedenen Beilagen sowie leckere Gemüsesalate und eine rustikale Käseplatte. Wir hatten alles, was das Herz begehrte. Wem das nicht reichte, der rundete die deftige Hausmannskost mit einem süßen Nachtisch ab. Dazu gehörte Obst oder Pudding mit Schlagsahne. Schließlich brauchten wir eine ordentliche Grundlage für den Alkohol, den der Wirt des Ortes lieferte.

Es wurde eine feuchtfröhliche Silvesterfeier, bei der so richtig die Post abging. Eine zünftige Polonäse führte der Reihe nach über Stühle und den gedeckten Tisch. Unser Trainer, mein Vorbild als früherer Torsteher, bahnte sich in Gottlieb-Wendehals-Manier einen Weg vorbei an sämtlichen Delikatessen. Ohne Rücksicht auf Verluste trampelte er auf dem weißen Tischtuch umher, stolperte prompt und fiel mit einer Hand in die Schüssel mit Kartoffelsalat. Mit der anderen Hand stützte er sich auf die fast leere Käseplatte und erhob sich wieder. Das Geschirr klirrte, Gläser stürzten um und Besteckteile purzelten zu Boden. In der Folge landeten Essens- und Getränkereste auf der Tischdecke. Die wenigen Leute, die noch an der Tafel saßen, griffen dem Verunglückten verständnisvoll unter die Arme und halfen ihm wieder auf die Beine. Die Knochen meines Trainers und das Geschirr blieben heil. Nur den gequetschten Kartoffelsalat und den Rest vom Käse wollte niemand mehr essen. Trotz der ausgelassenen Stimmung bin ich vor Mitternacht auf dem gemütlichen Sofa neben dem Ofen eingeschlafen, weil ich das lange Aufbleiben nicht mehr gewohnt war. Als ich vom Lärm erwachte, spielten die Damen draußen auf dem tief verschneiten Platz Fußball gegen eine Männerauswahl. Dazu hatten sich alle Beteiligten unsere aktuellen Trikots, Hosen und Stutzen übergestreift, die bereits vor Nässe trieften. Niemand störte sich daran, dass wir wie kleine Kinder im Schnee tobten. Diese außergewöhnliche Atmosphäre bestätigte mir erneut, dass ich bei Freunden feierte, wo ich mich wohl fühlte und dass es sich lohnte, hierher zurückzukehren. Außerdem lenkten mich sämtliche Aktivitäten von den trüben Gedanken an die Ausbildung in Eisenach ab. Wie erwartet stand ich mit meinen kurzen Haaren bei den Gesprächen im Mittelpunkt und konnte mich vor gut gemeinten Ratschlägen kaum retten. Deshalb fiel es mir schwer, unangenehmen Fragen auszuweichen. Sicher hätte mich die Meinung meiner Freunde interessiert, weil mein Vater mit seinem Latein am Ende war. Aber an diesem geselligen Abend wollte ich nicht über die Grenze quatschen, mich nicht rechtfertigen müssen. Sinnlose Versuche, die Schuld für andere zu übernehmen, lagen mir fern. Ich wollte einfach nur Spaß haben. Streng genommen durfte ich überhaupt nicht über meinen Dienst reden. Nachdem wir das neue Jahr mit Sekt und Böllern begrüßt hatten, gab es den obligatorischen Silvesterkaffee und dazu mit Pflaumenmus gefüllte, gezuckerte Pfannkuchen, die in anderen Landesteilen Berliner genannt werden. Meine Sportkameraden beauftragten mich, das Feuerwerk für die nächste Silvesterfeier zu besorgen. Dabei hatte ich nichts mit der Knallerei am Hut. Ich konnte zu diesem Zeitpunkt nicht einmal sagen, ob ich Urlaub über den kommenden Jahreswechsel habe, was den anderen ziemlich egal schien. Es ging den Jungs um die Armeeböller, die ich klauen und übers Jahr verteilt in Paketen nach Hause schicken sollte. Die Handleuchtzeichen wurden an der Grenze für verschiedene Ereignisse eingesetzt. War bei Dunkelheit nichts zu erkennen, benutzten wir die einfache Variante mit einem Stern gelb, um das Gefechtsfeld auszuleuchten. Mit einem Stern grün wurde nach der Alarmgruppe verlangt, mit einem Stern rot bat man den benachbarten Posten um Hilfe. Drei Sterne grün hieß Durchbruch ins eigene Hinterland und mit drei Sternen rot wurde ein versuchter Grenzdurchbruch in den angrenzenden Staat angezeigt. So stand es jedenfalls in den Postentabellen, die wir während der Ausbildung in Eisenach benutzten. Im späteren Grenzdienst habe ich erfahren, dass die Bedeutung der einzelnen Handleuchtzeichen mit dem Ziel wechselte, den Gegner zu verwirren. Deshalb möchte ich die von mir beschriebene Version nicht als allgemeingültig verstanden wissen. Von System konnte sowieso keine Rede sein. Wer sich dafür interessiert, kann in einschlägigen Internetforen nachlesen, welches Handleuchtzeichen für welchen Zweck Einsatz fand. Beliebtestes Handleuchtzeichen war die dicke Berta, ausgestattet mit einem kleinen Fallschirm, der im Zeitlupentempo zu Boden sank, wodurch sich die Lichteffekte wesentlich länger am Himmel hielten. Den ordnungsgemäßen Gebrauch der Geräte nach der

Dienstvorschrift probten wir während der Ausbildung.
Die Verschlusskappe wurde abgeschraubt, kräftig daran gezogen und ein Lichtstrahl erhellte das imaginäre Gefechtsfeld. Die Plastikhülse sollte fern vom eigenen Körper gehalten werden und man durfte mit dem Teil nicht auf Menschen zielen. Auf dem Wartenberg feuerte ich ein Handleuchtzeichen ab, das nur knapp den Lkw verfehlte, der die Gulaschkanone auf das Gelände zog. Unerfahren und reichlich ungeschickt wählte ich den Abschusswinkel zu gering und hätte beinahe die Plane des Fahrzeuges getroffen. Mein Querschläger flog knapp über die Köpfe meiner Kameraden hinweg und setzte einen Busch in Brand. Alle anwesenden Rekruten warfen sich auf den Erdboden. Nur unser Zugführer blieb stehen und verfolgte die Bahn des Signalzeichens. Anschließend bestrafte er mich mit einmal Brandbekämpfung unter Vollschutz. Ich streifte also Gasmaske und Schutzanzug über, schnappte mir den Handfeuerlöscher aus dem Lkw und rannte zum Gebüsch, das in Flammen stand. Nachdem ich das Feuer gelöscht hatte, musste ich stundenlang Brandwache halten, was ich belastend fand, weil ich durch den Maskenfilter nur wenig Luft bekam. Dafür verpasste ich die Ausbildung am Nachmittag, stand hinter der qualmenden Hecke und wäre um ein Haar eingeschlafen. Beim BiWaK über Weihnachten in Lauchröden sah ich zum ersten Mal, wie man Handleuchtzeichen bewusst zweckentfremdete. Unter dem Vorwand, die Unfallstelle mit dem Reh auszuleuchten, flogen zahlreiche Böller von unserer Seite über den

Zaun in den Westen. Die Gefreiten machten sich offensichtlich einen Spaß daraus, die Beamten vom Bundesgrenzschutz zu treffen. Natürlich ließ deren Reaktion nicht lange auf sich warten und der Himmel über Lauchröden wurde hell erleuchtet. Corinna habe ich nichts von den Erlebnissen in Lauchröden erzählt, weil ich sie aus meinen Problemen heraushalten wollte. Unsere Beziehung blieb spannend. Es knisterte wie am ersten Tag, an dem wir uns näher kamen. Neu war für mich, die Verantwortung für zwei Frauen zu übernehmen. Corinnas Tochter Meike gehörte zu uns, verlangte Anerkennung und Einbeziehung. In diese Rolle musste ich erst hineinwachsen, denn ich war nicht der geborene Familienvater.

Am Neujahrestag schliefen wir lange. Den Nachmittag verbrachten wir ganz in Familie, nur Corinna, Meike und ich. Nach einer zünftigen Schlittenfahrt auf dem Hölzchenberg tranken wir Kaffee, Kakao und aßen die übrig gebliebenen Pfannkuchen aus der Silvesternacht. Ausgerechnet ich erwischte das Teil mit der Senffüllung anstelle von Pflaumenmus, was bekanntlich Glück bringen soll. Wenn das mal kein gutes Omen war. Anschließend spielten wir stundenlang „Mensch ärgere dich nicht!", wobei mir das Verlieren äußerst schwer fiel. Daheim durfte ich immer gewinnen, aber hier stand Corinnas Tochter im Mittelpunkt. Bei dem Versuch, die Vater-Mutter-Kind-Spiele meiner Kindheit zu kopieren, stellte ich fest, dass die früheren Trockenübungen in unserer Minifamilie nicht ausreichten. Hier galt es für mich, Verantwortung für andere zu übernehmen. In einer Phase, in der ich selbst mit Anpassungsproblemen an den Armeealltag kämpfte, ist mir das nicht gerade leicht gefallen. Ich glaube, dass mich Corinna auf die Probe stellte, um zu erfahren, wie ich mich in dieser familiären Atmosphäre verhalten würde. Mir gefiel die Situation, weil mir soviel Wärme entgegen gebracht wurde. Deshalb habe ich mich von Anfang an als Teil dieser Familie gesehen. Es machte Spaß, die Zeit mit den beiden Mädels zu verbringen. Leider verging mein erster Urlaub von der Fahne viel zu schnell. Dabei hätte ich noch viel zu erledigen gehabt. An erster Stelle stand ein klärendes Gespräch mit meinen Eltern, die erfahren sollten, dass sie keinen Sohn verloren, sondern eine Schwiegertochter samt Nachwuchs gewonnen hatten. Diese Tatsache konnte ich ihnen aber schlecht zwischen Tür und Angel vermitteln. Dafür brauchte ich Zeit, die der Urlaub nicht mehr hergab, denn am 3. Januar 1983 musste ich zurück nach Eisenach. Ich befürchtete, dass vieles unausgesprochen bleiben würde, was ich noch auf dem Herzen hatte.

Zu meiner Verwunderung entwickelte sich während meiner Abwesenheit im Elternhaus eine für mich erfreuliche Eigendynamik. Am Abreisetag erfuhr ich von meinem Bruder, dass meine Eltern auf dem besten Wege waren, die Beziehung zwischen Corinna und mir zu akzeptieren. Meine Mutter hatte sich heimlich bei einer Arbeitskollegin über Corinna erkundigt und dabei nur Positives gehört. So entstand Respekt vor der jungen, allein erziehenden Frau, die ihr Leben bewundernswert meisterte. Alle Vorurteile schienen ausgeräumt. Während meine Mutter ihren Fehler eingesehen hatte, versuchte mein Vater hartnäckig, Corinna auf die Probe zu stellen. Der aktive Schweinezüchter wickelte seine dienstliche Post über das Sekretariat der LPG ab und bat meine Freundin regelmäßig, seine Briefe zu expedieren, was man sicher auch einfacher formulieren konnte. Ständig bombardierte er sie mit Fremdwörtern und hoffte, Lücken im Grundwissen der Sekretärin zu finden. Wahrscheinlich duldete er kein Dummchen in der Familie. Außerdem verfügte mein Vater über eine sehr ausgeprägte Handschrift. Er schrieb den ersten Buchstaben eines Wortes gerade noch leserlich und den Rest wie einen geschwungenen Bogen oder Haken. Sogar ich hatte ständig Schwierigkeiten, einen Sinn aus den Zeilen herauszulesen. Mit der Zeit entwickelte Corinna ein Gespür für seine Schrift, da sie die alljährlichen Wettbewerbsprogramme für die Schweinezuchtbrigade tippen musste. Als es ihr dann doch zu unleserlich wurde, schrieb sie vorwurfsvoll „Das kann ja kein Schwein lesen!" in Steno unter das Manuskript. Mein Vater bedankte sich persönlich für die Kritik und brachte zum Ausdruck, dass er die Kurzschrift ebenfalls beherrschte. So lernten sich beide kennen und schätzen. Was wollte ich also mehr? Endlich nahmen meine Eltern unsere Beziehung ernst.

Radieschen

Zurück in Eisenach erlebte ich eine kuriose Geschichte. Unser Spieß überreichte mir in seiner Funktion als Parteisekretär die Kandidatenkarte der SED. Normalerweise geschah das in feierlichem Rahmen, denn die Aufnahme in unsere Elitepartei war ein Höhepunkt im Leben sozialistischer Persönlichkeiten. Da der Parteisekretär meine fortschrittliche Einstellung anzweifelte, reduzierte er das Zeremoniell auf einen festen Händedruck und ein kurzes Kopfnicken. Er wunderte sich darüber, dass man den Aufnahmeantrag einfach vergessen konnte, aber ich hatte wirklich nicht mehr daran gedacht. Bereits in der zwölften Klasse der EOS wollte ich einen Mitgliedsantrag stellen. Mein Wunsch fand jedoch keine Berücksichtigung, weil mir die erforderlichen Voraussetzungen wie sehr gute schulische Leistungen in Verbindung mit der richtigen Berufswahl fehlten. Unsere Klasse mit insgesamt 30 Schülern durfte zehn Kandidaten aufstellen. Zuerst kamen die Streber, dann die Lehreranwärter und zum Schluss die Jungs, die sich länger für die Armee verpflichteten. Dieses Kontingent war rasch erschöpft. Ich fiel durch, weil ich keine der Anforderungen erfüllte. Weder meine mittelmäßigen Zensuren noch der Berufswunsch Sportjournalist reichten aus. Außerdem missfiel dem Parteisekretär die einfache Begründung meines Aufnahmeantrages. Ich gab vor, meinem Vater nacheifern zu wollen, der mit Gründung der SED im April 1946 als ehemaliges SPD-Mitglied praktisch übernommen wurde. Dieses Argument, aus der deutschen Geschichte gelernt zu haben, zog beim Parteichef der Penne nicht.

Mein ursprünglicher Berufswunsch lautete Sportjournalist, weil das meiner Leidenschaft entsprach. Ich wollte unbedingt studieren, um schwerer körperlicher Arbeit, die meine Eltern täglich in der LPG verrichteten, aus dem Wege zu gehen. Hobbymäßig sammelte ich Fotos herausragender Athleten und Zeitungsartikel über deren Wettkämpfe. Die Biografien von A wie Aschenbach bis Z wie Zatopek studierte ich in- und auswendig. Ich glich einem wandelnden Sportlexikon, las mit Begeisterung „Die Neue Fußballwoche" und das „Deutsche Sportecho". Als ich auf unserem Dachboden die beiden Bildbände von den Olympischen Spielen 1936 entdeckte, steigerte sich meine Sammelleidenschaft. Aus Eifer wurde Besessenheit, aus einem Sportbegeisterten ein Sportverrückter. Häufig schaltete ich bei Direktübertragungen von Fußballspielen den Ton aus und kommentierte selbst. Insgeheim träumte ich davon, die Sportreporter vom Fernsehen der DDR abzulösen. Noch heute beneide ich die Uwe Grandels, Heinz-Florian Oertels, Dirk Thieles und Gottfried Weises unserer Republik, die von vielen Europa- und Weltmeisterschaften, Friedensfahrten, Fußballeuropacupspielen sowie den Olympischen Spielen berichten durften. Mein einwöchiger Besuch der Sommerolympiade 1980 in Moskau wirkte dagegen eher bescheiden. Da der Westen die Spiele aufgrund des sowjetischen Einmarsches in Afghanistan boykottierte, waren wir

Jugendtouristen aus der DDR willkommen, die halbleeren Stadien Moskaus zu füllen. Trotzdem behandelte uns der große Bruder in Hotels und Gaststätten wie Menschen zweiter Klasse, weil wir in Landeswährung bezahlten, während Bundesbürger mit harten Devisen um sich warfen. Beim Westgeld hörte also auch die deutsch-sowjetische Freundschaft auf.

Leider klappte es nicht wie geplant mit einem Volontariat bei der Bezirkszeitung in Vorbereitung auf ein Journalistikstudium und an Alternativen hatte ich nicht gedacht. In dieser orientierungslosen Situation gab mir ein Lehrer den guten Rat, Lebensmitteltechnologie zu studieren, da in der Nachbarkreisstadt der Umbau der Molkerei geplant war. Händeringend suchte man Anfang der 80er Jahre nach geeigneten Leitungskadern. „Essen und trinken müssen die Menschen immer", argumentierte der praktisch denkende Pauker. Dieser Lehrer hatte tatsächlich den richtigen Riecher, denn in der Molkerei empfing man männliche Bewerber mit offenen Armen zum Kadergespräch. Frauen hingegen waren weniger willkommen, weil man nach dem Studium sofort mit einer Schwangerschaft rechnete. Der weißhaarige Direktor saß rauchend in seinem Zimmer hinterm Schreibtisch und musterte mich von oben bis unten. Zuerst verlangte er, dass ich in die SED eintreten müsse, um einen Leitungsposten in seinem Betrieb zu bekommen. Meine bescheidenen Schulnoten würden keine Rolle spielen. Stattdessen erklärte mir der alte Mann den persönlichen Nutzen einer Parteizugehörigkeit. Sein munterer Monolog klang wie aus der

Werbung. Er fragte nichts und gab mir auch keine Gelegenheit, ihn zu unterbrechen. Dabei wirkte er ruhig, sicher und vermittelte mir jederzeit den Eindruck, zu wissen, wovon er sprach. Seine Worte hörten sich so einleuchtend an, dass ich nicht weiter über den Sinn der Sache nachdachte. In der Molkerei schien es weniger um die fachliche Eignung für den Beruf zu gehen. Die Mitgliedschaft in der Partei bestimmte den Leitungsposten und damit den Lohn. Alle Argumente des klugen Mannes bestätigten die Vorhersagen meines Vaters. Ich staunte darüber, dass ein Betriebsleiter so offen mit mir darüber redete. Der Chef sprach aus eigener Erfahrung, denn ohne Parteibuch wäre er vermutlich kein Betriebsleiter geworden. Sein jüngster Sohn war dank seines Parteiabzeichens auf dem besten Wege, nach einem Fachschulstudium Abteilungsleiter zu werden. Seine Tochter schaffte es durch die Mitgliedschaft in der SED bis zur Kaderleiterin und wurde Parteisekretärin. In dieser Funktion beschleunigte sie die Bearbeitung meines Antrages, den ich noch während des Vorstellungsgespräches in der Molkerei unterschrieb. Im Gegenzug wurde mir eine berufliche Perspektive in Aussicht gestellt, die es in sich hatte. Der amtierende Produktionsleiter war kein Parteimitglied und beabsichtigte, sich in die Lehrausbildung zurückzuziehen. In dieser Konstellation witterte ich eine Chance für meine Zukunft, die ich am Schopfe packen wollte. Mir war nicht wohl beim Gedanken an den Prozentsatz meiner Überzeugtheit, weil die Kandidatur so schnell und ohne lästige Nachfragen über die Bühne ging. Trotz des in Aussicht gestellten ideologischen Ruhekissens wollte ich gute Leistungen beim Studium erzielen. Durch praktische Einsätze in der Molkerei lernte ich Selbstständigkeit an verschiedenen Arbeitsplätzen, um später als Produktionsleiter Anweisungen geben zu können. Schließlich musste ein Vorgesetzter die Abläufe im Betrieb kennen.

Menschen wie ich, die nur der Vorteile wegen in die Partei eintraten, wurden im Volksmund Radieschen genannt. Außen rot hieß, dass wir eine kommunistische Gesinnung vortäuschten. Innen weiß bedeutete, dass wir nicht von der führenden Rolle der SED überzeugt waren. Aus diesem Grund fehlte uns Radieschen zwangsläufig die Glaubwürdigkeit. Obwohl sich die älteren Genossen in der Molkerei deutlich von diesem Gemüse abhoben, gewann ich während des Praktikums den traurigen Eindruck, dass unsere Parteigruppe überwiegend aus Radieschen bestand. Neben dem Betriebsleiter, seinen beiden Kindern und mir war da noch Constanze, eine junge Mutti aus der Butterei. Sie trat in die SED ein, um nach der Scheidung eine eigene Wohnung für sich und ihr Kind zu bekommen. Ohne das Parteiabzeichen am Kragen hätte sie mit ihrer Tochter kein Dach überm Kopf gehabt und zurück ins Elternhaus wollte sie nicht. Bei der Vergabe einer betriebseigenen Wohnung bekam sie die Macht der Parteisekretärin der Molkerei zu spüren, die ihr unmissverständlich zu verstehen gab, dass sie sich dafür oder dagegen entscheiden könne. Es lag lediglich an Constanzes Unterschrift auf dem Antragsformular.

Sämtliche Initiativen, die unserer Parteigruppe von der SED-Kreisleitung aufgezwungen wurden, besprach die Parteisekretärin zuerst im Familienkreis, bevor sie die abgeleiteten Aufgaben geschickt verteilte. Meistens begannen die Parteiversammlungen mit einem langweiligen Referat, in dem Marx die Theorie war. Was da alles vorgetragen wurde, hatte absolut nichts mit unserem Betrieb zu tun. Während ich nur zuhörte, weil mir der nötige Einblick fehlte, übten gestandene Kommunisten massive Kritik am Murks in der Praxis, an den maroden Zuständen in den einzelnen Abteilungen. Auf Grund ihres Überblicks nach langen Jahren der Betriebszugehörigkeit wussten die älteren Mitarbeiter genau, wie die aktuelle Misere entstanden war und wohin es führen würde, wenn man nicht konsequent dagegen einschritt. Im Laufe der Zeit kapitulierte selbst der erfahrenste Genosse und erlag dem Charme unserer Gleichgültigkeit. Während wir bei unseren Versammlungen hauptsächlich über die Weltrevolution, den Übergang vom Kapitalismus zum Sozialismus, philosophierten, stand nebenan wegen fehlender Ersatzteile die Abfüllung still. In den Diskussionen wurden solche Probleme mit einleuchtenden Engpässen beschwichtigt. Es gab keine hitzigen Debatten wie im Deutschen Bundestag. Wir kamen stets überein, dass andere Menschen Schuld an unserer Situation waren. Bei den Abstimmungen wurde jedes Mal die übliche Einstimmigkeit erreicht. So lernte ich, wie man seine Augen vor wirtschaftlichen Problemen verschloss. Von mir, dem angehenden Produktionsleiter, hätte mehr für den Betrieb kommen müssen. Meine eigene Diplomarbeit bewies anhand komplexer mathematisch-statistischer Methoden, dass in einem veralteten Betriebsteil Käse mit viel Handarbeit effektiver produziert wurde, als in einer nagelneuen Käserei mit computergestützter Technologie. Dieses traurige Resultat wäre ein streitbarer Ansatzpunkt gewesen. Was tat ich stattdessen? Ich frisierte die negativen Ergebnisse, weil mein Mentor um seinen Ruf an der Universität und ich um eine gute Abschlussnote auf dem Zeugnis bangte. Diese Gleichgültigkeit von damals macht mir heute Angst. Deshalb überlege ich jetzt genauer, wann und warum ich mich für eine Sache einsetze und ergreife nie wieder Partei für etwas, von dem ich nicht hundertprozentig überzeugt bin.

Unser Spieß hatte meine Kandidatenkarte per Post von der Parteisekretärin der Molkerei bekommen, die auch die erforderlichen Bürgen organisierte. Dazu gehörten die ehemalige Kaderleiterin unserer LPG und mein Vater, die beide langjährige Mitglieder der SED waren und mich persönlich kannten. Kostete mein Aufnahmeantrag schon genug Überwindung, war die Tatsache, dass der Vater für seinen Sohn bürgte, an Peinlichkeit kaum zu überbieten. Deshalb habe ich in der Bürgschaft das Ergebnis einer perfekt organisierten Cliquenwirtschaft gesehen und in den sauren Apfel gebissen, um so schnell wie möglich Mitglied der SED zu werden. Irgendwann erfuhr ich, dass meine Bürgen nicht nur das Parteibuch miteinander verband. Während einer Auszeichnungsreise nach Leningrad, an der neben meinen Eltern auch die Kaderleiterin und ihr Ehemann teilnahmen, flog die heimliche Liebschaft auf, weil sich die Turteltauben im Zimmer nebenan trafen. Meine Mutter war enttäuscht und fühlte sich zutiefst verletzt, da sie nicht mit einem derart innigen Verhältnis unter Genossen gerechnet hatte. Anfangs suchte sie die Schuld bei sich selbst und es flossen viele Tränen, denn Aufrichtigkeit und Vertrauen bedeuteten meiner Mutter alles. Niemals wäre sie auf die Idee gekommen, sich außerehelich zu amüsieren. Mit den Jahren verlor meine Mutter das Vertrauen zu meinem Vater. Zum Schutz legte sie sich eine gepanzerte Rüstung zu, an der vieles abprallte. Aus einem attraktiven, zerbrechlichen Fräulein wurde eine starke Frau, die sich in ihrer Meinung bestätigt fühlte, dass Politik den Charakter eines Menschen verdirbt.

Einmal im Monat nahm ich an der Parteiversammlung in Eisenach teil, wo ich gleichberechtigt neben Uffzen, Fähnrichen und Offizieren saß, die während der Ausbildungsstunden meine Vorgesetzten waren. Obwohl diese Dienstgrade bei den Versammlungen keine Rolle spielten, hielt ich mich mit Kritik zurück. Wer kritisiert schon gern seine Vorgesetzten? Die Eingewöhnungsprobleme eines jungen Rekruten beim Grundwehrdienst standen sowieso nicht auf der Tagesordnung. Bei den Parteiversammlungen in Eisenach drehte sich alles um unsere Hauptaufgabe, die Sicherung des Weltfriedens an der Nahtstelle zweier Gesellschaftssysteme. Diese wichtige Aufgabe konnte nicht genug gewürdigt werden, so dass das gegenseitige Schulterklopfen oft kein Ende nehmen wollte. Vom Inhalt der hochgeistigen Debatten unter Genossen durfte nichts nach außen dringen, insbesondere dann, wenn die eigenen Standpunkte nicht direkt aus dem Programm oder dem Statut der Partei stammten. Zum Nachschlagen lagen beide Schriften ständig in Reichweite des Sekretärs. Schon die kleinste dokumentierte Form der Meinungsäußerung unserer Parteigruppe war nicht erwünscht. Niemand traute sich, die Missstände in der Ausbildung, die Diskrepanz zwischen Theorie und Praxis, offen anzusprechen. „Die Grenztruppen wären keine Diskutierklubs und in Fragen einer marxistisch-leninistischen Weltanschauung zählte einzig und allein die Meinung der Partei", meldete sich der Parteisekretär mahnend. Pluspunkte sammelten die Soldaten, die sich zu Bestleistungen im sozialistischen Wettbewerb verpflichteten. Ich hasste die ewigen Streber, denen man ständig nacheifern musste. Aus diesem Grunde hielt ich mich zurück, sobald von unserer Vorbild-funktion die Rede war, weil mir die Erfüllung der militärischen Normen schwerfiel. Wir Genossen mussten immer Sieger sein, überall voran laufen, marschieren oder robben, um die führende Rolle der SED zu gewährleisten. Die Sache mit dem Ruhekissen hatte sich also schnell erledigt. In der Ausbildung gab es die Zensuren eins, zwei, drei und fünf, nur die Note vier fehlte. Da alle Ausbilder in der Partei waren, drückten sie bei mir und anderen Kandidaten gern ein Auge zu. Ob sie die Note fünf oder drei aufschrieben, machte nicht nur bei uns Genossen einen Riesenunterschied.

Mit einer fünf war man nämlich durchgefallen und hätte die Aufgabe wiederholen müssen, was es für einen Genossen unbedingt zu vermeiden galt. Bei bestimmten Normen in der Außenausbildung wurden einem die Zensuren vom Vorgesetzten nur zugerufen und nach dem Unterricht ins Nachweisbuch eingetragen. Es klingt sicher logisch, dass ich meine durchschnittlichen Leistungen später um mindestens eine Note aufbesserte. Nach Ablauf eines Jahres stimmte die Parteigruppe geschlossen über die Aufnahme eines Kandidaten in die SED ab. Zu Ablehnungen kam es selten, weil diese häufig mit Kritik seitens übergeordneter Leitungen verbunden waren. Keine Parteigruppe wollte getadelt werden, da man indirekt die eigene Unfähigkeit eingestanden hätte.

Ich gehörte übrigens nicht zu den Mitgliedern, die sofort nach dem Mauerfall ihr Dokument an die Parteisekretärin zurückgaben. Deshalb lasse ich mich auch nicht einen Wendehals nennen. Mein Parteibuch wurde erst 1990 geschreddert, als ich den letzten Rest Hoffnung verlor, dass die Politik der SED Zukunft bedeutete. Das heißt jedoch nicht, dass ich mich heute von politischen Aktivitäten fernhalte, die mir am Herzen liegen.

Wie ich Grenzer wurde

Die Politschulung bildete den Schwerpunkt unserer Ausbildung in Eisenach, weil jeder Grenzsoldat wissen musste, warum es den antifaschistischen Schutzwall gab. Während des Unterrichts durfte die Daseinsberechtigung der Grenzsicherungsanlagen von uns nicht diskutiert werden, stattdessen wurde sie vorausgesetzt und stillschweigend zur Kenntnis genommen. Ansonsten hätten sich die Grenztruppen der DDR ja selbst in Frage gestellt.

In der Schule war stets der Staatsbürgerkundelehrer gefordert, wenn wir über das heikle Thema Freiheit sprachen. Die brisanten Märchenstunden endeten oft mit einem Unreifezeugnis für uns Schüler. Angeblich war unser Bewusstsein noch nicht so stark ausgeprägt, um dem raffinierten Klassenfeind zu widerstehen. Wir sollten einsehen, dass eine Reise ins nichtsozialistische Wirtschaftssystem (NSW) die Gefahr in sich barg, den Verlockungen der kapitalistischen Glitzerwelt zu erliegen. Aus reiner Fürsorge ließ uns Vater Staat nicht ins NSW reisen, hieß es immer.

Im Politunterricht von Eisenach lauschten wir einigen Offizieren, die nur Ahnung von der Theorie hatten. Die Vorgesetzten hielten oft stundenlange Vorträge, ohne etwas zu sagen. Wenn eine Redepause eintrat, ergänzten die Neunmalklugen. Andere Streber wiederholten die Phrasen, um gelobt zu werden. Irgendeiner musste immer seinen Senf dazugeben, wofür keine Pluspunkte von den Vorgesetzten verteilt wurden.

Ganz im Gegenteil, die Zwischenrufer ernteten böse Blicke vom Redner, weil sie sich klüger darstellten als die Offiziere. Das Niveau der Beiträge entsprach dem der achten Klasse einer Polytechnischen Oberschule. Bei den Referaten entdeckte ich bekannten Schulstoff wieder. Die bunte Mischung aus Staatsbürgerkunde und Geschichte sollte uns die marxistisch-leninistische Weltanschauung vermitteln, obwohl wir die weite Welt noch gar nicht kannten.

Die Vorgesetzten beschrieben eine Bedrohung von drüben und nannten das den kalten Krieg. Aus diesem Grunde errichtete die DDR-Regierung am 13. August 1961 den antifaschistischen Schutzwall. Anscheinend hatten es viele Menschen im Westen auf unsere sozialistischen Errungenschaften abgesehen, die es fortan mit Waffengewalt zu schützen galt. Ich vermute eher, dass dieser Befehl zum Mauerbau direkt aus Moskau stammte. Schließlich mussten die Deutschen vor ihrer Wiedervereinigung im Jahre 1990 auch um Russlands Einverständnis bitten.

Kein Wort fiel im Unterricht darüber, dass die Menschen ihrem Staat davonliefen und das Land drohte, total auszubluten. „Das Gespenst vom Kommunismus, das in Europa umging", von Karl Marx einst treffend formuliert, hatte vielen DDR-Bürgern Angst und Schrecken eingejagt. Die Vorgesetzten wandelten auf einem schmalen Grad. Einerseits wollten sie uns die Normalität von Mauer und Stacheldraht zwischen zwei souveränen deutschen Staaten vorgaukeln, indem sie von der Staatsgrenze der DDR zur BRD sprachen.

Andererseits stellten die Offiziere die Bedeutung der Grenze als Trennlinie zwischen gegensätzlichen Militärblöcken, der NATO und dem Warschauer Pakt, sowie zwischen entgegen gesetzten Wirtschaftsblöcken, der Europäischen Wirtschaftsgemeinschaft und des Rates für gegenseitige Wirtschaftshilfe, dar. Was war die Mauer wirklich, normal oder besonders? Für mich war sie beides. Normal deshalb, weil sie bei meiner Geburt bereits existierte. Ich bin mit der Mauer aufgewachsen und konnte mir eine DDR ohne Zäune nicht vorstellen. Daher fiel es mir schwer, die Grenze als eine Ungerechtigkeit zu empfinden. Hätte ich am 13. August 1961 die Errichtung der Grenzsicherungsanlagen bewusst miterlebt, wäre das etwas Besonderes gewesen, wie der spätere Mauerfall am 9. November 1989. Trotzdem blieb die Grenze weit weg. Die Berliner Mauer hatte ich im Westfernsehen gesehen und bei Besuchen in der Hauptstadt fuhren wir gelegentlich mit der S-Bahn daran entlang.

Etwas Besonderes ist die Grenze für mich dadurch geworden, weil ich dort dienen musste. Ich bin persönlich mit den Grenzsicherungsanlagen in Berührung gekommen und begriff dabei, dass dieser Gegenstand etwas Unmoralisches darstellte. Da begreifen im Sinne von verstehen von anfassen oder berühren stammt, ist es ratsam, eine Sache vorher anzufassen, will man sich eine unabhängige Meinung bilden. Menschen, die sich für die ehemalige innerdeutsche Grenze interessieren, sollten ein Grenzmuseum besuchen und sich vor Ort ein eigenes Bild von den zur Aufklärung und Mahnung erhaltenen Sicherungsanlagen machen. Auf diese Weise wird man die extreme Menschenfeindlichkeit der DDR begreifen. In einem Land, wo ein offizieller Schießbefehl existierte, kann der Mensch niemals im Mittelpunkt der Gesellschaft gestanden haben. Ein weiteres heißes Eisen in der Politschulung waren die enormen Kosten der Grenze. Für die Sicherung der Staatsgrenze war unserer Regierung nichts zu teuer. Provozierende Fragen zu diesem Thema sind im Unterricht regelmäßig abgewürgt worden. Wenn ein Kilometer Grenze fast eine Million DDR-Mark kostete, frage ich mich, warum wir nicht viel früher pleite waren. Die Tatsache, dass ein Großteil des Materials aus dem Westen stammte, bestätigte mir, dass die Moral immer beim Profit endet, den die Marktwirtschaft abwirft.

In der theoretischen Grenzausbildung befassten wir uns mit dem Gesetz über die Staatsgrenze der DDR vom 25. März 1982, seinen allgemeinen Bestimmungen und lernten unsere Rechte und Pflichten beim Schutz der Staatsgrenze kennen. Einen besonderen Schwerpunkt bildete die Schusswaffengebrauchsbestimmung, die im Westen vereinfacht Schießbefehl genannt wurde. Für mich waren beide Bezeichnungen zutreffend und standen für die Aufforderung, zur Verhinderung einer Republikflucht in letzter Instanz zu töten. Die Tatsache, dass wir uns mit einer Schusswaffengebrauchsbestimmung beschäftigten, beweist eindeutig, dass es diesen Befehl gab. Deshalb steht der offizielle Schießbefehl für mich heute außer Zweifel.

Als praktischen Beweis erhielt jeder Grenzer vor dem Dienstantritt eine Maschinenpistole und 60 Schuss Munition. Was sollten wir wohl damit machen? Schießen oder nicht schießen? Die entscheidende Frage unter uns Rekruten lautete, wie man sich persönlich im Falle einer Grenzverletzung verhalten hätte. „Es wird schon keiner kommen, Küch", lautete die Alibiantwort meines klugen Banknachbarn, die in erster Linie das eigene Gewissen beruhigen sollte. „Und wenn doch einer kommt?", bohrte ein anderer Rekrut weiter. Der verdutzte Offizier stand vorne an der Tafel, schwieg und überließ uns eine Entscheidung, die Leben oder Tod eines Menschen bedeuten konnte. Damit war ich echt überfordert.

Der Schusswaffengebrauch wurde von den Vorgesetzten als letztes Mittel der Gewaltanwendung gegenüber Personen bezeichnet. Die Kalaschnikow durfte nur angewendet werden, wenn die körperliche Einwirkung erfolglos blieb oder offensichtlich keinen Erfolg versprach. Bevor ein Grenzer überhaupt scharf schoss, sollten zwei Warnrufe und ein Warnschuss abgegeben werden. „Halt, stehen bleiben!" und „Halt, stehen bleiben oder ich schieße!", lauteten die beiden Warnrufe. Bei Nichtbefolgen dieser Aufforderungen, musste zuerst ein Warnschuss abgegeben werden, ohne dadurch Personen zu gefährden. Blieb auch diese Warnung erfolglos, waren gezielte Schüsse abzugeben. Wie man beim Schusswaffengebrauch das Leben von Personen schonen konnte, blieb mir ein Rätsel. Auf einzelne Flüchtlinge sollte nicht geschossen werden, wenn sie ihr Vorhaben aufgaben. Allerdings ließen die Vorgesetzten durchblicken, dass uns nichts passieren würde, wenn wir Einzelflüchtlinge mit der Kalaschnikow an der Flucht hinderten. Wir hätten später sagen können, einen Schatten gesehen zu haben oder meinen können, der Grenzverletzer greife in seine Tasche, um eine Waffe zu ziehen. Wir Grenzer wären immer im Recht gewesen, versicherten uns die Vorgesetzten. Wie geschossen werden sollte, ob Einzel- oder Dauerfeuer und auf welche Körperpartien, sagte uns keiner konkret. Es hieß allgemein, dass fluchtunfähig zu schießen sei. Vielleicht hätten wir auf die Füße oder den unteren Bereich der Beine zielen müssen, was bei der Streuung der Kalaschnikow schwierig erschien. In diesem Falle hätte der Schütze wahrscheinlich mitten ins Herz oder direkt in den Kopf getroffen. Bei mir entstand der Eindruck, dass ein toter Grenzverletzer besser in das Konzept passte als ein entkommener Flüchtling, was von den Vorgesetzten beabsichtigt war. Aber direkt ausgesprochen hat das keiner der Offiziere. Die schwammigen Formulierungen ließen jede Menge Raum für unterschiedlichste Interpretationen. Manchmal spielten wir im Unterricht versuchte Grenzverletzungen durch. Bei diesen Trockenübungen war ich so aufgeregt, dass die letztmögliche Reaktion von mir, der finale Schuss, ausblieb. Der furchtbare Gedanke an die schlimmen Folgen einer inneren Auseinandersetzung mit verletzten oder sogar getöteten Grenzverletzern beantwortete mir die Frage, ob ich schießen würde oder nicht, von ganz allein. Bereits damals legte ich für mich fest, dass ich niemals eine Waffe gezielt auf einen Menschen richten werde. Nur im Falle eines Angriffs auf meine Person hätte ich mich gewehrt. Würde man ein solch edles Vorhaben später umsetzen können oder war ein Grenzsoldat tatsächlich gezwungen, auf Menschen zu schießen?

Der praktische Teil unserer Grenzausbildung auf dem Wartenberg gestaltete sich trügerisch. Unser Training fand angeblich an originalgetreuen Nachbauten der Grenze statt, wobei die Übungsgrenze einen Anfang und ein Ende besaß. Auf dem bewachten Gelände wurden Personenkontrollen, die Klärung von Sachverhalten und Festnahmen bis zum Umfallen einstudiert. Heute ist mir klar, dass diese Ausbildung nichts mit der Praxis im Grenzdienst zu tun hatte. Konnte ein Grenzverletzer unbemerkt zwischen Grenzsignalzaun und Grenzzaun 1 gelangen? Welcher Grenzverletzer blieb freiwillig stehen, wenn ein Posten ihn dazu aufforderte? Auf den finalen Schuss verzichteten wir in der Regel, weil die Ausbilder der Überzeugung waren, dass jeder von uns schießen würde, was ich für einen weiteren Trugschluss hielt.

Dennoch wirkte die Übungsgrenze auf dem Wartenberg so echt, dass ein Zivilist dort einen Fluchtversuch unternahm. Es war am Nachmittag des 19. Februar 1983. Ein Samstag, der sich förmlich für eine Flucht anbot, weil dieser junge Mann erst am Montag wieder zur Arbeit musste. Nach dem großen Stuben- und Revierreinigen genossen wir in Ruhe unsere Freizeit. Ich saß mit meinen Zimmerkollegen am Tisch, trank

Kaffee und aß Hefenapfkuchen, den leckeren Gugel-hupf mit Rosinen, einer dicken Schokoladenhülle und jeder Menge Zitronat. Nebenbei verfolgten wir die Radiokonferenz des 14. Spieltages der DDR-Oberliga. Was blieb einem in der Keimschmiede von Eisenach am frühen Samstagnachmittag anderes übrig? Nach der langen Winterpause empfing die SG Dynamo Dresden die BSG Wismut Aue. Das schien eine lösbare Aufgabe für mein gelbschwarzes Lieblingsteam zu sein. Zum Radiohören benötigte jedes Zimmer eine vom Spieß ausgestellte Bescheinigung, die den Betrieb eines Transistorradios erlaubte. Das wichtige Schriftstück wurde mit Klebestreifen am Gerät befestigt. Offiziell durften nur DDR-Sender gehört werden, die auf der Skala mit Pflaster zu kennzeichnen waren. Wenn durchsickerte, dass wir Westsender hörten, wurde die Radioerlaubnis entzogen und das Gerät sofort konfisziert. Soviel zur Bürokratie bei den Grenztruppen. Zurück zum Thema Republikflucht. Draußen auf dem Kompanieflur wurde es laut. Stakkatoartiges Stiefelgetrampel gepaart mit höhnischem Gelächter, das im Treppenhaus erschallte, drang bis in unser Zimmer. Trotz aller Neugier verließ keiner den Raum. Sogar die Leute, die sich nicht für Fußball interessierten, rückten näher ans Radio heran, um den vertrauten Verbalattacken unserer versierten Reporter zu folgen. Im Stillen musste ich dabei an die gemütlichen Nachmittage mit meinem Bruder denken, die wir in seinem Garten mit Bundesligahören verbrachten. Markus, der zu seiner aktiven Zeit ein torgefährlicher Stürmer war und noch heute ein Bayernfan ist, schwärmte mir ständig von der Achse Maier-Beckenbauer-Hoeness-Müller vor. Da konnte ich als Dynamofan natürlich nicht mithalten. Trotzdem hätte es bei den spektakulären Duellen der beiden deutschen Meister im Europapokal im Herbst 1973 beinahe eine Überraschung gegeben. Plötzlich flog die Tür auf und der Unteroffizier vom Dienst platzte ins Zimmer. „Da ist ein Idiot aus dem Hinterland über die Zäune am Wartenberg geflitzt", schrie er uns entgegen. Niemand rührte sich. Verdutzt schauten wir den Vorgesetzten an, weil wir seine Information für einen Witz hielten. Der UvD konnte vor Lachen kaum sprechen. Als er sich einigermaßen beruhigt hatte, berichtete er uns, dass ein Mann mit Hilfe einer selbst gebauten Leiter über den Streckmetallzaun geklettert war. Nachdem der Flüchtling wieder festen Boden unter den Füßen hatte, jubelte er enthusiastisch, weil er glaubte, in Westdeutschland zu sein. In Wirklichkeit bewegte er sich am Rande Eisenachs auf dem Hoheitsgebiet der DDR. Die Objektwache, die aus zwei Posten bestand, nahm den überraschten Bürger widerstandslos fest. Dem enttäuschten Kerl drohte eine Freiheitsstrafe, obwohl er rein rechtlich nichts Strafbares getan hatte. Die Grenztruppen hätten ihn höchstens wegen Hausfriedensbruch anklagen können, weil er sich auf militärischem Gelände verirrte. Im nächsten Moment blieb mir vor Schreck der Bissen im Halse stecken, was nicht am trockenen Hefenapfkuchen lag. Mir kamen die alte Frau und das tote Reh von Lauchröden in den Sinn. Entsetzt wartete ich die

Reaktion der Kollegen ab. Das 2:0 meiner Dynamos gegen Aue geriet völlig zur Nebensache. Die Kameraden vor dem Radio schmunzelten zunächst über die Nachricht. Später überwog auch bei ihnen die Betroffenheit. Es dauerte einige Zeit, bis ich realisierte, was überhaupt passiert war. Wie verzweifelt muss der Mann gewesen sein, sich gerade den Wartenberg zur Republikflucht auszusuchen? Hätte die Objektwache laut Dienstvorschrift schießen müssen, wenn der Zivilist nicht stehen geblieben wäre? Die Beantwortung beider Fragen verunsicherte mich. Was blieb, war der Rucksack von 433 Tagen, die noch vor mir lagen.

Im Frühjahr 1983 hatte ich die Grundausbildung fast geschafft. Nebenbei profitierte ich als Bankdrücker von den Vorzügen des Fußballerdaseins. Ich wäre gern in Eisenach geblieben und dem Grenzdienst aus dem Wege gegangen. Leider ignorierten die Verantwortlichen des Vereins meine positive Entwicklung der letzten Monate. Dabei hätte ich der Armeemannschaft durchaus helfen können. Ich trainierte wie ein Besessener, fühlte mich gut in Form, aber niemand interessierte sich dafür. Das Gefühl, überflüssig zu sein, nagte an mir. Am liebsten hätte ich mich irgendwo verkrochen, um nicht raus an den Kanten zu müssen. Noch weiter runter in den Süden, an die Grenze zu Bayern, wollte ich unter keinen Umständen. Dann hätte ich im Urlaub noch weiter fahren müssen. Aber wer durfte sich schon den Ort seiner Versetzung aussuchen? Die folgende Zwischenstation hatte ich mir allerdings selbst eingebrockt.

Hundeführerausbildung

Mein Wunsch, während des Grundwehrdienstes zum Hundeführer ausgebildet zu werden, fand erst im Frühjahr 1983 Berücksichtigung. Ich hatte mir diese Spezialisierung ausgesucht, weil ich Hunde mag und mit ihnen groß geworden bin. Sie wurden für mich echte Freunde, denen man alles anvertraute und die einem nicht widersprachen. Das ist der große Vorteil eines Hundes gegenüber einem Menschen.

Auf unserem Hof lebten Promenadenmischungen, die total verspielt waren. Den kleinen Bello hatte jeder lieb, er gehörte praktisch zur Familie. Der schwarze, zottelige Geselle durfte wegen der Hygiene zwar nicht mit ins Haus, dafür landeten sämtliche Essensreste unserer Mahlzeiten in seinem emaillierten Fressnapf. Ich hatte mir immer einen reinrassigen Schäferhund gewünscht, aber mein Vater wollte dafür kein Geld ausgeben. Stattdessen ließ er den Tieren freien Lauf bei der Partnerwahl.

Wenn ich daheim nicht Fußball spielte, streunte ich mit Bello in der Nähe des Fliegerbergs umher. Der schnüffelnde Hund verschwand in Windeseile, sobald er andere Tiere in seiner Nähe witterte. Es war lustig, von oben auf dem Berg zu beobachten, wie einfältig Bello den Fährten seiner Widersacher folgte. Anstatt die Wege direkt abzukürzen, schlug er dieselben Haken, die Fasane, Hasen und Rehe vollführten. Nach zumeist erfolgloser Hetzjagd kehrte er erschöpft zu seinem Herrchen zurück. Der Hund, der eigentlich unser Grundstück bewachen sollte, war total verrückt nach allem, was sich drehte. Näherte sich ein Fahrzeug unserem Gehöft, gab es für Bello kein Halten mehr in seinem Naturzwinger. Irgendwie schaffte er es auf die angrenzende Straße, um die vorbeifahrenden Autos, Traktoren und sogar Fahrräder anzubellen. Einen dieser gefährlichen Ausflüge überlebte Bello nicht. Mein Cousin Hartmut überfuhr den Wildfang mit seinem Trecker. Nachdem mein Vater den Hund begraben hatte, saß die ganze Familie am Küchentisch und heulte. Auf Bello folgte Benno und dann kam Boy, bis meinem Vater keine Namen mit B mehr einfielen und er wieder von vorn mit Bello begann.

Mitte März 1983 kommandierte man mich für eine Woche zum Lehrgang für Diensthundeführer nach Hildburghausen im Süden Thüringens. Der Abschied von Eisenach fiel schwer, weil ich mich längst an den Trott gewöhnt hatte. Wahrscheinlich hätte ich es mit Fußball sogar bis zum Ende der Dienstzeit dort ausgehalten. Beim Packen meiner Sachen entdeckte ich zwei Flaschen Bier im Spind, die ich gemeinsam mit Jörg leerte. Mein Freund beneidete mich darum, dass ich Hundeführer werden sollte, weil das meinem Interesse entsprach. „Lass dich nicht wieder von einem Köter beißen, Paul!", riet er mir mehr scherzhaft als besorgt in Erinnerung an den Abend unserer Abschiedsparty in der heimischen Bahnhofsgaststätte. Ich konnte nicht darüber lachen, denn immerhin lagen noch 407 Tage Grundwehrdienst vor uns.

Am 14. März 1983 starteten die angehenden Hundeführer mit einem Lkw in Richtung Hildburghausen. Die kurvenreiche Strecke zog sich hin. Wir ließen Bad Salzungen rechts liegen und fuhren über Meiningen zum Ziel. Das Ausbildungsobjekt lag versteckt im Wald, wo wir mit lautem Gebell empfangen wurden. Stammte dieses Bellen von den berüchtigten Hunden der Grenztruppen, die bereits für ihren Einsatz am Todesstreifen abgerichtet waren?

Die baufälligen Holzbaracken sahen leicht anrüchig aus, was durchaus zum Ort und seinen künftigen Bewohnern passte. Ich konnte mir beim besten Willen nicht vorstellen, eine ganze Woche in diesem Lager zu überstehen. Doch unser Tagesablauf ohne Innendienst gestaltete sich wesentlich lockerer als in Eisenach. Wir kampierten aus dem Seesack, der alle militärischen Habseligkeiten enthielt. Es wurden nur die Klamotten herausgeholt, die wir unbedingt für die Ausbildung brauchten. Dafür existierte ein straffer Lehrplan, um die auszubildenden Hundeführer und ihre Schutzhunde zu linientreuen, äußerst wachsamen und gefährlichen Kampfeinheiten zu formen. Mensch und Tier sollten hier also ein gemeinsames Ganzes bilden. Zu Beginn des Lehrgangs erhielt jeder Soldat einen Hund, den man sich jedoch nicht aussuchen durfte. Ein System ließ sich beim besten Willen nicht erkennen. Die Tiere wurden ihrerseits von verschiedenen Grenzkompanien nach Hildburghausen kommandiert. Das bedeutete, dass sie eine Woche für die Ausbildung abgestellt waren und anschließend gemeinsam mit uns zurück an die Grenze mussten.

Zu den Hunden gehörten reinrassige Schnauzer, Schäferhunde und Kaukasen, vor denen ich besonderen Respekt hatte. Die kaukasischen Schäferhunde sahen weiß und struppig aus. Sie konnten fast einen Meter groß werden, wirkten Fremden gegenüber misstrauisch und bellten ununterbrochen. Deshalb machte ich einen großen Bogen um diese Tiere. Einen Kaukasen als Begleiter für die weitere Dienstzeit zu bekommen, hätte mich total überfordert. Die paar Hunde in Hildburghausen machten einen ziemlich unterernährten und verwahrlosten Eindruck, was die Frage nach ihrer Herkunft aufwarf.

Heute weiß ich mit Sicherheit, dass einige Tiere direkt von der Hundetrasse zum Lehrgang kamen. Trassenhunde waren ausgemusterte Fährten- oder Schutzhunde, die an den Laufanlagen ein erbärmliches Dasein fristeten. In der Folge wurden die vernachlässigten Tiere abartig und unberechenbar, weil ihnen neben Zuneigung und vollwertigem Futter auch ein Dach überm Kopf fehlte. Im Lager in Hildburghausen bekam jeder Hund eine eigene Hütte aus Holzbrettern, genügend Trockenfutter und ausreichend Wasser. Die extrem nötige Zuwendung erhielten die Tiere von uns, den künftigen Hundeführern.

Mein Schäferhund hieß Dorbus vom Finkenberg, ein edles Tier mit echten Papieren, womit sich für mich ein lang ersehnter Kinderwunsch erfüllte. Der vornehme Zwingername bestätigte das Gerücht, dass die Grenztruppen viele Tiere von privaten Züchtern kauften. Der Rücken von Dorbus war schwarz, die Beine braun und das Stück dazwischen fast beige. Abends nach der Ausbildung striegelte ich das Fell meines Schäferhundes bis es glänzte. Ich denke, dass sich Dorbus bei mir wohl fühlte.

Die Hundeführerausbildung bestand wie die meisten Dinge im Leben aus Theorie und Praxis. Vormittags erlernten wir die Grundlagen für die Arbeit mit den Hunden in einem stockfinsteren Schulungsraum und nachmittags trainierten wir mit den Hunden draußen an der frischen Luft. Obwohl ich die Außenausbildung bevorzugte, fand ich auch den theoretischen Unterricht recht interessant.

Der verantwortliche Offizier stellte den Diensthund als „Helfer, Begleiter und Beschützer vor, der einem Grenzposten viel mehr Sicherheit verlieh und dessen Effektivität, insbesondere in unübersichtlichem Gelände und bei Nacht, deutlich erhöhte, weil der Hund zwölfmal besser riechen und achtmal besser hören kann als der Mensch". Unser Ausbilder sprach jedoch nicht von einem treuen Freund des Menschen und vernachlässigte daher auch das Kapitel über artgerechte Haltung, Fütterung und Pflege. Mitleidig nahm ich zur Kenntnis, dass die Tiere an einem Tag in der Woche überhaupt nichts zu fressen bekamen. An diesem sogenannten Stehtag gab es ausschließlich Wasser zu saufen. Wer in diesem Zusammenhang an die gesundheitsfördernde Wirkung einer Entschlackungskur für den Körper denkt, der sollte sich die quälende Frage gefallen lassen, was ein solch unterernährter Trassenhund überhaupt ausscheiden sollte. Deshalb versuchte ich von Anfang an, mich mit Dorbus nicht an diesen Stehtagen zu beteiligen. Heimlich schnappte ich mir die Reste unserer Mahlzeiten und fütterte sie dem Hund, während meine Kollegen noch beim Essen saßen. Das Zufüttern war natürlich untersagt, weil sich die Tiere nicht an den zwischenzeitlichen Luxus gewöhnen durften. Über die Pawlowsche Reflexlehre spannte der Ausbilder einen weiten Bogen zur normalen Grenzsicherung, denn mit den Tieren sollten wir zum festen Bestandteil des Grenzregimes werden. Die normale Grenzsicherung beinhaltete einfache Postenstärke, wobei wir meist freundwärts eingesetzt waren, um den K 2 vor dem GSZ zu kontrollieren. Dazu brauchte man eigentlich keine Hunde.

Im Unterschied zur normalen Variante gab es die verstärkte Form der Grenzsicherung, bei der zusätzliche Postenpaare den Grenzabschnitt sicherten, wie wir es Weihnachten 1982 in Lauchröden praktizierten. Die Hunde sollten beim BiWaK DDR-Flüchtlinge und Deserteure der Sowjetarmee an Waldrändern, in Büschen und Sträuchern aufspüren. Das klang einleuchtend, erfüllte den Zweck der dafür ausgebildeten Tiere und bestätigte mir erneut, dass die Grenzsicherungsanlagen nicht gegen äußere Feinde gerichtet waren. Schließlich gab es genug Menschen in unserem Lande, die Angst vor Hunden hatten. Die gefechtsmäßige Grenzsicherung bedeutete die beharrliche Verteidigung des Schutzstreifens zusammen mit den Soldaten der NVA. In diesem Falle waren Grenzer und Hunde überflüssig und abgeschrieben. „Im Krieg hat man mit den Hunden keine Chance", predigte der Lehrer wenig motivierend, „da helfen einem nur die bedingungslose Kapitulation oder die Flucht in ein sicheres Versteck". Das waren überaus tolle Aussichten, wie ich fand.

Wir begannen mit den einfachen Kommandos „Sitz" und „Platz", die für die Unterordnung der Hunde entscheidend waren. Klappte das einigermaßen, liefen wir mit den Tieren bei Fuß, überwanden marode Hindernisse und krochen mit den Vierbeinern um die Wette. Ein weiterer Schwerpunkt lag in der Kontrolle von Personen und Verkehrsmitteln, bei denen der Hund an unserer Seite zusätzlich sicherte. Wir suchten Waldränder nach Unterschlupfmöglichkeiten ab, stellten dort einzelne Personen und nahmen sie mit Hilfe der Hunde fest. Bei diesen Übungen bestand jederzeit die Gefahr, vom Hund gebissen zu werden. Deshalb trug der schauspielernde Grenzverletzer einen äußerst unbequemen Beißanzug, der einem kaum das Laufen gestattete. In dieses viel zu große Teil konnten sich die Tiere verbeißen, ohne dass der Angegriffene Schaden nahm. Trotzdem spürte ich oft die scharfen Zähne im eigenen Fleisch und selbst Dorbus schien Gefallen daran zu finden, wenn wir Rekruten abwechselnd als Hundeführer und Grenzverletzer auftraten. Nur ich habe wenig Sinn und Verstand darin gesehen, mich in der Rolle eines Flüchtlings vom eigenen Hund beißen zu lassen. Unser Ausbilder ging äußerst streng mit den Tieren um. Sicher braucht man für die Erziehung eine gewisse Härte. Es kommt allerdings auf ein gesundes Maß an. Kein Hund wird aggressiv geboren, erst der

Mensch macht ihn dazu. Der Lehrer erzählte davon, wie er als Mitglied einer Diensthundestaffel Tiere ausbildete, um sie auf Flüchtlinge abzurichten. In Zivilklamotten gekleidet, verprügelte der Vorgesetzte mit einem Knüppel die Hunde und machte sie scharf. Dafür brüstete sich der Offizier vor uns. Bereits die Schilderungen fand ich abscheulich, aber dass er sich noch dafür rühmte, verschlug mir die Sprache. Andere Lehrgangsteilnehmer lachten über die Gräueltaten, an denen sich der Vorgesetzte beteiligte. Unter dem Vorwand, pinkeln zu müssen, rannte ich tief in den Wald hinein, weil mich der Brechreiz würgte. Leider kam ich nicht weit. Noch in Sichtweite des Ausbilders musste ich mich übergeben. Der grobe Kerl passte ausgezeichnet in dieses Lager mit alten Holzbaracken und Stacheldraht, denn die praktische Ausbildung war die reinste Tierquälerei. Allein der Leinenruck des Vorgesetzten hätte dem Tier den Kopf abreißen können. Der strenge Lehrer forderte absoluten Gehorsam von den Hunden und indirekt auch von uns. Deshalb trainierten wir den Leinenruck zuerst ohne Tiere. Dazu banden wir die Halsbänder an Bäumen fest und zerrten ruckartig daran. Das Ziel bestand darin, entweder den Baum umzuwerfen oder den Lederriemen zu sprengen. Nur widerwillig beteiligte ich mich an den Übungen, da ich meinem Hund nicht wehtun wollte. Außerdem dauerte es nicht lange, bis sich ein übler Muskelkater bei mir einstellte. Andere Soldaten, die sich vorher noch an den Gräueltaten des Vorgesetzten ergötzt hatten, verhielten sich ebenfalls zurückhaltend.

Als der Aufseher die rücksichtsvolle Art bemerkte, flippte er völlig aus, packte mich am Arm und schrie: „Zeigen sie ihrer Töle endlich, wer der Herr im Hause ist!" Dabei riss er mir die Leine fast aus der Hand, mit der ich angeblich zu vorsichtig agierte. Es hätte nicht viel gefehlt und Dorbus wäre stranguliert worden. Geistesgegenwärtig zog ich die Leine an meinen Körper zurück und verhinderte somit weitere Quälereien. Mit einer derart starken Gegenwehr hatte der überrascht wirkende Offizier scheinbar nicht gerechnet. Vorwurfsvoll schauten wir uns beide in die Augen, wie es Profiboxer tun, während der Ringrichter vor dem Kampf die Regeln erklärt. Wenn Blicke töten könnten, wäre aus mir niemals ein Hundeführer geworden. Der Lehrer duldete keinen Widerstand. Zur Strafe musste ich die Übung vor versammelter Mannschaft mit einem der struppigen Kaukasen wiederholen, was mich reichlich Überwindung kostete. Trotz der befürchteten Gegenwehr ließ mich der fremde Hund mit stoischer Ruhe gewähren. Einfühlsam streichelte ich das Tier, legte ihm das Halsband um und vollzog einen eher harmlosen Leinenruck, den der Kaukase überlebte. Der Offizier kochte innerlich vor Wut und wenn er Einfluss auf den weiteren Verlauf meiner Dienstzeit gehabt hätte, wäre mir sicher ein Kaukase zugeteilt worden. Davor hatte ich bis zum Schluss am meisten Angst. Es war mir keineswegs gleichgültig, mit welcher Hunderasse ich später zum Grenzdienst ging. Das Geheimnis, das die Grenztruppen erst am letzten Tag in Hildburghausen lüfteten, war weder ein gutes Zeugnis noch die Ernennung zum Hundeführer. Den ganzen Lehrgang über hatte man uns verschwiegen, dass wir die Hunde, mit denen wir ausgebildet wurden, am Ende wieder tauschen mussten. Welche genauen Gründe zur Neueinteilung führten, entzog sich unserer Kenntnis. Bestimmt gab es hochrangige Offiziere, die den Tag damit verbrachten, sich solche unverständlichen Maßnahmen auszudenken. Wäre es nicht sinnvoller gewesen, wenn jeder Rekrut zu Beginn des Lehrganges seinen Hund für den Grenzdienst bekommen hätte, um sich rechtzeitig an das Tiere zu gewöhnen? So übten wir eine Woche lang mit einem Hund, den wir zum Schluss wieder abgeben mussten. Da auch Dorbus vom Finkenberg trotz meiner intensiven Befragung nur ein müdes Gähnen für die aufgezwungene Trennung übrig hatte, verabschiedete ich mich von ihm. Das war keine leichte Aufgabe.

Ich wurde nach Weidenbach, Kreis Heiligenstadt, versetzt und bekam einen Schäferhund zugeteilt, was mich vorerst beruhigte. Mein neuer Hund hieß Alf vom Urtal, der sich vom Lehrgangshund Dorbus vom Finkenberg nur in der Größe unterschied. Unser gemeinsames Ziel lag im Eichsfeld, das sich heute über die drei Bundesländer Niedersachsen, Hessen und Thüringen erstreckt. Hier wurde die in ihrer technischen Perfektion immer unmenschlicher werdende Grenze besonders schmerzhaft empfunden. Das tägliche Leben ist durch einen Kontrollstreifen, einen Schutzstreifen und eine Sperrzone stark eingeschränkt worden. Jeder, der hinaus oder hinein wollte, musste sich ausweisen können. Anfangs gab es noch keine Genehmigungen für Besuche von DDR-Bürgern im Schutzstreifen. Später ist diese Beschränkung gelockert worden. Die Bewohner des 500 Meter breiten Schutzstreifens hatten in ihren Personalausweisen einen roten Stempel, der sie zum Betreten dieser Zone berechtigte. Die Einschränkungen im Sperrgebiet waren nicht so extrem, weil dieses mit bis zu fünf Kilometern wesentlich breiter als der Schutzstreifen gewesen ist. Dort durfte auch nachts gefeiert werden, Firmen- und Tanzveranstaltungen gestatteten die Verantwortlichen. Der Personalausweis für Bürger in der Sperrzone trug einen blauen Stempel. Er war den Volkspolizisten am Schlagbaum des Sperrgebietes vorzuzeigen. Wollten Verwandte aus der DDR ins Sperrgebiet einreisen, mussten sie auf ihrem Volkspolizeikreisamt einen Passierschein beantragen, der zeitweise für bestimmte Orte bewilligt wurde oder nicht. Bürgern der BRD war der Besuch im Sperrgebiet verboten. Die lieben Verwandten von drüben musste man eben woanders treffen. Jedoch blieb das meistens nicht geheim, denn die Bespitzelung funktionierte flächendeckend. Negative Äußerungen über die Grenze oder den Staat sind der Staatssicherheit zugetragen worden. Unter den Zivilisten gab es freiwillige Helfer der Grenztruppen, die sowohl mit uns Grenzern als auch mit dem Abschnittsbevollmächtigten zusammenarbeiteten. Diese Leute waren seit dem 5. Juni 1958 zur Unterstützung der Grenztruppen entlang der innerdeutschen Grenze eingesetzt. Die ehemaligen Grenzsoldaten waren den örtlichen Grenzkompanien unterstellt und wurden durch diese ausgebildet. Die freiwilligen Helfer sollten den Verkehr auf den Zufahrtsstraßen zur Sperrzone kontrollieren, verdächtige Personen im Grenzgebiet aufspüren und Grenzverletzer festnehmen.

Unsere Ordnungshüter taten alles, wenn es darum ging, das aufbegehrende Volk von der innerdeutschen Grenze fernzuhalten. Schon in den Zügen der Deutschen Reichsbahn von Erfurt nach Eisenach wurden ab Gotha verstärkte Personenkontrollen durchgeführt. Uniformierte befragten die Fahrgäste nach dem Ziel ihrer Reise und für manchen Touristen war diese dann beendet. Auf gefälschten Landkarten der DDR verzichteten die Urheber bewusst auf Details, um den tatsächlichen Grenzverlauf zu verschleiern. Wege im Grenzgebiet fehlten teilweise und Flüsse verliefen ganz woanders.

Ankunft in Weidenbach

Als frischgebackener Diensthundeführer saß ich auf einem Lkw und hatte einen neuen Gefährten zwischen meinen Beinen liegen. Das gute Gefühl, gemeinsam mit einem Hund hinaus an die Grenze zu fahren, vermittelte mir einerseits ein wenig Sicherheit. Ich kannte Alf zwar noch nicht lange und von Vertrauen konnte keine Rede sein. Aber der Fakt, dass ich nicht alleine war, beruhigte mich. Andererseits wusste ich genau um die Verantwortung, die ich künftig für den Hund zu tragen hatte. Wo wir zwei auch hinkamen, ich musste der Herr im Hause sein. Alf war in die Rolle des Mitläufers geschlüpft, die ich bisher für mich beanspruchte.

Am 18. März 1983 wurden wir mittags mit unseren Hunden von Hildburghausen nach Hildebrandshausen gebracht, wo im Bataillonsstab ein langes Warten auf den Transport zu den einzelnen Grenzkompanien begann. Wir sollten am späten Nachmittag abgeholt werden, aber der Lkw kurvte noch durch den Grenzabschnitt. Uns fröstelte unter freiem Himmel. Die Hunde lagen gelangweilt auf dem kalten Boden. Außer den winzigen Schneeflocken gab es nichts zu fressen für sie. Der weiße Niederschlag taute sofort, wenn er die warmen Zungen der Tiere berührte. Ein zusätzlicher Stehtag in dieser Woche würde ihnen keine Probleme bereiten, doch die Hunde brauchten dringend Wasser. Auf der Suche nach einem Gefäß wurde ich an der Brandtafel fündig. Ich nahm den roten Feuerlöscheimer und lief hinüber zum Stabsgebäude, um Trinkwasser zu holen. Trotz dieser Erfrischung wollte das Winseln der Hunde kein Ende nehmen. Sie sehnten sich zurück in ihre gewohnte Umgebung, was ich ihnen anmerkte. Dennoch dauerte es geschlagene zwei Stunden, bis der Lkw aus Weidenbach im Bataillon in Hildebrandshausen eintraf. Das Fahrzeug stoppte mit quietschenden Reifen genau vor den Hunden, die dem Wagen aufgeschreckt entgegen sprangen. Wäre der Lkw weitergefahren, hätte er die Tiere überrollt. Das Bellen der gestressten Hunde verursachte ein mehrfaches Echo, das vom Gebäude der dritten Grenzkompanie zurückhallte. Fast gleichzeitig öffneten sich die beiden Türen des Fahrerhauses. Ein nach zwölf Stunden Grenzdienst übermüdet aussehender Gefreiter mit üppiger schwarzer Lockenpracht grüßte freundlich und half uns geduldig beim ungewohnten Aufsitzen mit den Hunden. Der Fahrzeugverantwortliche, ein kräftiger Feldwebel mit langen, blonden Haaren und Dreitagebart, stand schweigend daneben. Lässig vergrub er seine rechte Hand in der Hosentasche und strich mit der linken die störende Popperlocke aus dem Gesicht. Dabei zog er genüsslich an einer selbstgedrehten Zigarette. Den Qualm, der die tänzelnden Schneeflocken bereits in der Luft zum Schmelzen brachte, blies er wie ein Märchendrache aus beiden Nasenlöchern. Die erwähnte Müdigkeit war dem abgekämpften Kraftfahrer deutlich mehr anzumerken als dem Vorgesetzten, der bei seiner Schicht auf der Führungsstelle anscheinend einen ruhigeren Posten erwischt hatte. Vom Aussehen her konnte es sich bei den beiden nicht um Grenzer handeln, denn ihr Äußeres entsprach in keiner Weise dem Handbuch Militärisches Grundwissen.

Auf der letzten Etappe dieses Tages von Hildebrandshausen nach Weidenbach konnte keiner schlafen. Der routinierte Fahrstil des Gefreiten sorgte dafür, dass wir ordentlich durchgeschüttelt wurden. Der Fahrer raste wie besessen und beanspruchte mit seinem Lkw die schmale Straße für sich allein. Der serpentinenähnliche Verlauf sorgte dafür, dass die Hunde von einer zur anderen Seite der Ladefläche rutschten. Das Kopfsteinpflaster und die tiefen Schlaglöcher innerhalb der Dörfer taten ihr übriges. Auf jedem Kilometer war zu merken, dass der Kraftfahrer schnell nach Hause wollte. Befehlsgemäß nahmen wir den Umweg über Pfaffschwende, von den Grenzern liebevoll Pfaffi genannt, um den Hundeführer von der zweiten Kompanie mit seinem Vierbeiner dort abzusetzen. In der Eile, mit der wir den Kasernenhof verließen, bekam ich nichts vom Begrüßungszeremoniell des zurückgebliebenen Hundeführers mit. Ab Pfaffi saßen nur noch Alf und ich auf der Ladefläche. Über Wiesenfeld erreichten wir Rüstungen, wo ein weiterer Zwischenstopp eingelegt wurde. Ich rechnete damit, dass die beiden im Fahrerhaus ihre Anzugsordnung straffen würden, um einigermaßen diensttauglich auf der Grenzkompanie in Weidenbach anzukommen. Doch weit gefehlt. Der Gefreite hielt direkt vor dem Konsum und kaufte ein. Danach ging es weiter über Schwobfeld nach Weidenbach. Das gepflegte Dorf wirkte verlassen und überall stieg dunkler Rauch aus den Schornsteinen. Der spärliche Schneefall hatte längst aufgehört. Am Ende der abschüssigen Hauptstraße steuerten wir auf ein Mehrfamilienhaus zu, bevor wir nach rechts abbogen. In diesem Moment erblickte ich hinter einem langen Holzzaun meinen neuen Standort. Die kleine Grenzkompanie zählte etwa 50 Insassen und knapp 50 Einwohner lebten schätzungsweise nebenan im Ort. Das hatte mir der Kraftfahrer bereits vor der Abfahrt in Hildebrandshausen verraten.

Die ehemalige Grenzkompanie in Weidenbach

Ein beleibter Wachposten öffnete unaufgefordert den rot-weißen Schlagbaum, ohne Notiz von uns zu nehmen. Der Kerl sah pummlig aus, trug alle Klamotten, die sein Spind hergab. Unkontrolliert bretterten wir über abgenutzte Betonplatten auf den Kompaniehof, wo der Lkw zwischen Wohngebäude und Garagentrakt zum Stehen kam. Die Türen vom Fahrerhaus flogen nacheinander auf und wieder zu. Neugierig blickte ich von der Ladefläche, um die Lage zu peilen. Obwohl die Außentemperatur nur knapp über dem Gefrierpunkt lag, öffneten sich die Fenster im ersten und zweiten Stock wie auf Kommando. Sämtliche Insassen der Grenzkompanie schienen nur auf meine Ankunft gewartet zu haben. Sogar der Hausmeister und das Küchenpersonal eilten herbei. Meinen Hund Alf kannten alle, aber ich war neu in Weidenbach. Die unerwartete Begrüßung begann mit einem rhythmischen Klatschen, das mich verunsicherte. Der Militärkraftfahrer öffnete die hintere Ladeklappe und damit den Vorhang für meinen Auftritt. Ich warf den schweren Seesack vom Lkw, was mir ein erstes „Wumm" einbrachte. Ohne abzuwarten, sprang ich zügig von der Ladefläche. „Wumm" raunte das versammelte Publikum ein zweites Mal, als meine Stiefel gerade den Betonboden berührten. Angeblich löste die Anzahl meiner noch zu dienenden Tage ein mittelschweres Erdbeben aus. Ich fragte mich, ob die Leute noch alle Tassen im Schrank hatten. Wenn ich geahnt hätte, wie ich hier empfangen werde, wäre ich bereits vor dem Schlagbaum abgestiegen. Als mein Hund vom Wagen sprang, erschallte das dritte „Wumm" über den Hof, das von Klatschen begleitet wurde. Dieser Beifall glich den synchronen Geräuschen begeisterter Fans, wenn sich Fußballer auf dem Rasen die Kugel zuschoben, um dem Gegner die sportliche Überlegenheit zu demonstrieren. Ich kam mir verarscht vor und fühlte mich allein, wäre da nicht Alf gewesen, der besessen an der Leine zerrte und mich geradewegs zum Hundezwinger zog. Zwei seiner Artgenossen kläfften meinen Hund an, woraus ich schloss, dass es mehrere Hundeführer in Weidenbach geben musste. Auf der Treppe zum Zwinger kam mir ein rundlicher Offizier entgegen, der das Ritual vom Gebäude gegenüber mitverfolgt hatte. Ich legte meine rechte Hand zum Gruß an die Kopfbedeckung, wie ich es in der Ausbildung gelernt hatte. Der Major winkte jedoch schmunzelnd ab und schüttelte meine Hand. Dann sagte er einfach „Guten Tag" zu mir und stellte sich als mein neuer Kompaniechef vor. Seine Stimme klang heiser und streng. In Weidenbach nannten ihn alle scherzhaft Oberst, obwohl er nur Major war. Warum schritt der ranghöchste Offizier bei dem Gejohle nicht ein und sorgte für Ruhe auf seinem Hof? Diese Frage konnte ich erst nach einigen Wochen beantworten, weil mir am Tage meiner Ankunft das entsprechende Hintergrundwissen fehlte. Nachdem ich meinen Hund mit Trockenfutter und lauwarmem Wasser versorgt hatte, betrat ich das Kompaniegebäude, wo es mir fast die Sprache verschlug. Abgesehen davon, dass ich keine Vorgesetzten militärisch grüßen musste, schien es in

Weidenbach lockerer zuzugehen als in Hildburghausen. Die Gefreiten, die mir auf dem Flur begegneten, liefen in Unterhemd, Uniformhose und Pantoffeln herum. Eine vollständige Uniform musste nur im Grenzdienst und während der Wache getragen werden. Die legere Anzugsordnung überraschte mich, weil sie von keiner Dienstvorschrift gestützt wurde. Die Vorgesetzten nahmen diese Zustände hin, solange wir auf der Grenzkompanie unter uns waren. Wenn Kontrollen durch übergeordnete Einheiten anstanden, mussten wir die Anzugsordnung straffen. In meinem neuen Zimmer lagen alle Insassen gelangweilt auf ihren Betten. Jedenfalls taten die Leute so. Nur der Stubenälteste baute sich neben mir auf, verschränkte beide Arme vor der Brust und beäugte misstrauisch alle Habseligkeiten, die ich in den mir zugewiesenen Spind einräumte. Ich konnte packen wie ich wollte, der aufdringliche Kerl mit den langen Koteletten wich nicht von meiner Seite. „Da hat dir Mutti aber schöne warme Sachen für den Winter gestrickt, die du im Eichsfeld gut gebrauchen kannst, Achtzig", lobte er provozierend. Einen Grenzer im ersten Diensthalbjahr nannte man einfach Achtzig oder Achtziger, weil die Soldaten in den 60er Jahren einen Wehrsold von 80 DDR-Mark bezogen, Gefreite erhielten 90 Mark. Ein Grenzer des zweiten Diensthalbjahres hieß Vize, wenn er die Hälfte des Grundwehrdienstes überstanden hatte und nicht negativ aufgefallen war. Im dritten Diensthalbjahr wurde daraus ein Entlassungskandidat (EK). Jeder Achtziger bekam einen Patenonkel aus den Reihen der Vizes zugeteilt, der ihn auf dem Weg zum Entlassungskandidaten betreute. „Der EK denkt, der Vize lenkt und der Achtziger rennt", beschrieb der Gefreite das illegale Unterstellungsverhältnis in Weidenbach, womit ich mich ab sofort abzufinden hatte. Ich kochte innerlich vor Wut und suchte nach einem geeigneten Ventil, um ordentlich Dampf abzulassen. „Bist wohl Offizier im besonderen Einsatz?", fragte ich den Stubenältesten, der mir nicht von der Pelle rückte. Im selben Moment, in dem ich den unüberlegten Satz aussprach, ärgerte ich mich bereits über meine Unbeherrschtheit. Dem Gefreiten blieb vor Schreck die Spucke weg, denn ich hatte ihn in doppelter Hinsicht beleidigt. Erstens war er natürlich kein Offizier und zweitens unterstellte ich ihm, ein Stasi zu sein. Dumm gelaufen für mich, aber ich wusste mich nicht anders zur Wehr zu setzen. „Achtzig, diese Frage wird dich teuer zu stehen kommen, das verspreche ich dir. Bilde dir gar keine Schwachheiten ein! Du wirst hier rotieren und dein Köter rettet dich vielleicht vor dem Küchendienst, aber nicht vorm Stuben- und Revierreinigen! Du bist ein Nichts! Merke dir das gut, Achtzig!" Die persönliche Drohung des Stubenältesten diente in erster Linie dazu, mich ordentlich einzuschüchtern. Der Gefreite ersetzte meinen richtigen Vornamen durch den Namen Paul. Wie ein Mensch im zivilen Leben hieß, interessierte in Weidenbach nicht. Der Familienname erhielt den Anhang Paul. Wir hatten uns mit Müllers Paul, Meiers Paul oder eben Küchs Paul anzusprechen. Diese Namensgebung diente zur Vereinfachung, weil man sich nur einen einzigen Vornamen merken musste. In Wirklichkeit hatte ich bei meiner Ankunft auf der Grenzkompanie bereits meine Menschenwürde verloren. Diese erschütternde Erkenntnis prägte das Zusammenleben mit den anderen Grenzern. In Weidenbach zählten nicht Alter und Erfahrung, Fähigkeiten und Können oder Wissen und Intelligenz, hier kam es einzig und allein auf die Anzahl der noch zu dienenden Tage an. Da ich Mitte März 1983 an die Grenze kam, vereinte die Kompanie alle drei Diensthalbjahre unter einem Dach. Es regierten die EK 83 I bis April des Jahres, anschließend die EK 83 II bis Oktober 1983 und ich folgte als EK 84 I bis April 1984. Die EK 83 I wohnten im hinteren Teil der Stube, um bei Kontrollen nicht gleich ins Blickfeld des Diensthabenden zu fallen. In jeder freien Minute lagen sie in ihren alten Doppelstockbetten, den grauen Eisengestellen, die bei der kleinsten Bewegung fürchterlich quietschten. Die Entlassungskandidaten schliefen grundsätzlich im unteren Bett und fuhren spaßeshalber mit uns durchs Eichsfeld, wo es auf und ab ging. Der oben liegende Achtziger wurde durchgerüttelt, indem der unten liegende EK den Federboden mit seinen Füßen zum Schwingen brachte. Das diente der allgemeinen Belustigung der Entlassungskandidaten im Zimmer. Früher im Ferienlager haben wir uns immer darum gekloppt, oben im Doppelstockbett schlafen zu dürfen. Hier in Weidenbach hätte ich lieber auf dem Fußboden gelegen.

Offiziere und Fähnriche hießen unter Grenzern Buckel, weil sie noch viele Tage auf demselben zu dienen hatten. Da die Vorgesetzten mit ihren Familien im Wohnhaus gegenüber der Grenzkompanie lebten, wurde das Mehrfamilienhaus Buckelbau genannt.

Der renovierte Buckelbau heute

Unteroffiziere, Soldaten und Gefreite hingegen schliefen auf der Huscha. So lautete die umgangssprachliche Bezeichnung für Grenzkompanie in Anlehnung an die Hundertschaften vom BGS. Gebetsmühlenartig warb der Stubenälteste für die EK-Bewegung, die den Alltag auf der Grenzkompanie bestimmte. Sein Versuch, mich von den Vorteilen der illegalen Bewegung zu überzeugen, beeindruckte mich. Dass ich selbst irgendwann in den Genuss dieser Vorzüge kommen würde, nannte der EK demokratisch. Diese Art von

Demokratie möchte ich in einem späteren Kapitel schildern. Hier nur soviel: Mit der Staatsmacht konnte man sich arrangieren, um in Ruhe gelassen zu werden. Mit der Militärführung in Weidenbach ebenfalls, aber die EK-Bewegung besaß eine vollkommen andere Dimension. Diese illegale Hierarchie würde mich bis in den letzten Winkel an der Grenze verfolgen, ohne dass ich dagegen aufbegehren konnte.

Am Ende des anstrengenden Tages wurde mir empfohlen, an der EK-Bewegung teilzunehmen. Wenn ich nicht mitmachen würde, hätte man mich wie einen Außenseiter behandelt. Ich bekam eine Bedenkzeit von 24 Stunden, bevor ich dem Stubenältesten meinen Entschluss mitteilen musste. Wie sollte ich mich nun entscheiden?

An die Grenze

Als ich am 19. März 1983 an die Grenze fuhr, war im Regiment „Eugen Levine" Mühlhausen die Bataillonssicherung gescheitert, die vorübergehend praktiziert wurde, um mehr militärischen Schliff in die Grenzkompanien zu bekommen. Deshalb führte man die Kompaniesicherung wieder ein.

Das Bataillon Hildebrandshausen bestand der Reihenfolge nach aus den vier Grenzkompanien Weidenbach, Pfaffschwende, Hildebrandshausen und Treffurt, denen jeweils ein Kompanieabschnitt zugewiesen wurde, der über 24 Stunden bewacht werden musste. Ich denke, dass die Wiedereinführung der Kompaniesicherung in erster Linie wirtschaftliche Gründe hatte. Die An- und Abfahrtswege von der Grenzkompanie in den Kompanieabschnitt sind kürzer geworden, so dass wir weniger Kraftstoff für unsere Fahrzeuge brauchten. Man erreichte die Grenze viel schneller, was im Falle eines Grenzalarms von erheblicher Bedeutung sein konnte. Die Kompaniesicherung brachte uns Grenzern den Vorteil, dass wir nur noch 30 Postenpunkte auswendig lernen mussten, die zur Orientierung im Gelände dienten. Bei der Bataillonssicherung waren es über 120 Postenpunkte, da sich der Bereich aus den vier Kompanieabschnitten zusammensetzte.

Die erste Grenzkompanie Weidenbach bestand aus vier Zügen. Drei Züge lösten sich im Kompanieabschnitt in Früh-, Spät- und Nachtschicht ab. Der vierte Zug stellte die beiden Alarmgruppen auf der Führungsstelle und in der Huscha. Unser Zug begann mit einer Frühschicht, abends ging es in den Ausgang. Am nächsten Tag absolvierten wir die Spätschicht und am darauf folgenden Tag hatten wir Nachtschicht. Vom Nachtdienst kehrten wir am Morgen des Folgetages zurück, schliefen bis 13.00 Uhr, um am nächsten Tag wieder mit Frühschicht zu beginnen. Das ergab etwa 48 Stunden reinen Grenzdienst in der Woche. Mit der Vor- und Nachbereitung des Dienstes kam man locker auf 60 Stunden wöchentlich. Wir wechselten täglich die Schicht, was meinen Körper vollkommen durcheinander brachte. Der ständige Schlafmangel war die Ursache dafür, dass mir im Dienst oft die Augen zufielen. Ich kämpfte mit der Müdigkeit, während andere Kameraden unter Schlafstörungen litten. Einige behalfen sich mit Faustan, einem Beruhigungsmittel. Es gab weder Feiertage, freie Wochenenden noch Schichtfreizeiten als Ausgleich für den verlängerten Grenzdienst. Nachts stellte der Zug, der nicht an der Grenze im Einsatz war, die Alarmgruppe im Kompanieabschnitt. Die vier Mitglieder dieser Sondereinheit schliefen im ersten Stock auf der Führungsstelle, um bei entsprechenden Lagen schneller am Einsatzort zu sein. Der diensthabende Zugführer bemühte die A-Gruppe, sobald Sicherungseinrichtungen auslösten oder Minen am Zaun detonierten. Bei einem Grenzalarm sicherten die beiden Postenpaare gemeinsam mit den Posten der normalen Schicht die wahrscheinliche Richtung des Grenzverletzers. Erst wenn die Ursache für die Auslösung feststand, hob der Diensthabende die Lage auf.

Aus diesem Grunde zogen sich solche Lagen oft über mehrere Stunden oder sogar Tage hin. Die häufigste Ursache für Fehlalarme war Wildwechsel. Meistens versuchten die Tiere, durch die Drähte des Grenzsignalzauns zu springen, wobei sie Alarm auslösten.

Der Kompanieabschnitt der Grenzkompanie Weidenbach erstreckte sich während meiner Dienstzeit vom Beobachtungsturm in Sickenberg bis zur Kapelle bei Kella. Dazwischen lagen etwa 13 Kilometer Zaun, die wir mit fünf Postenpaaren rund um die Uhr bewachten. Unser Zugführer saß mit einem Posten auf der Führungsstelle, die sich auf der Hessel befand. Drei Paare agierten direkt am Grenzzaun 1. Das waren die Posten auf den Beobachtungstürmen in Sickenberg und Asbach sowie der Lkw-Posten an der Minentrasse oberhalb von Volkerode, der den Spurenstreifen vorm Grenzzaun 1 kontrollierte. Damals erschien mir die Anzahl von zehn Grenzern zu gering, um Fluchten auf einer Strecke von 13 Kilometern zu verhindern. Heute weiß ich, dass die Selbstschussanlagen auf der Gobert ihren Beitrag zur Abschreckung leisteten. Wir Grenzer zeigten nur dort Präsenz, wo Menschen wohnten und uns sehen konnten.

In Asbach und Sickenberg wirkte die Grenze besonders brutal, weil die Orte doppelt eingezäunt waren. Nach der bedingungslosen Kapitulation Deutschlands im Zweiten Weltkrieg gehörten beide Gemeinden zur amerikanischen Besatzungszone. Durch den Gebietsaustausch vom 17. September 1945 kamen die Orte in das von der Sowjetarmee besetzte Gebiet. Ab diesem

Zeitpunkt wurde es für die Bewohner fast unmöglich, die Verbindungen nach Bad Sooden-Allendorf aufrecht zu erhalten. Mit den Russen konnte man noch darüber verhandeln, die Demarkationslinie zu überschreiten, aber die Deutsche Volkspolizei verhinderte dies. Alle Einkaufsmöglichkeiten, Schulen und das Standesamt befanden sich in Bad Sooden-Allendorf. Mit Sondergenehmigungen war es den Menschen sogar erlaubt, dort zu arbeiten. Die Felder einiger Bauern lagen zum Teil in der sowjetischen und in der amerikanischen Besatzungszone. Im Jahre 1952 ließ die Regierung der DDR die Grenze total abriegeln. Nichtzuverlässige Bürger wurden mit ihren Angehörigen zwangsumgesiedelt. Der Ausbau der Grenzsicherungsanlagen begann, um die Menschen am Verlassen des Landes zu hindern. Wer die Straße von Sickenberg hinunter nach Asbach fuhr, konnte den Aufbau der DDR-Grenze genau studieren. Allerdings gab es dort keine Selbstschussanlagen. Die Minentrasse befand sich oben auf der Gobert, wo man keine unliebsamen Zeugen wie in Sickenberg oder Asbach hatte. Beide Dörfer lagen direkt vorn am Zaun. Die Straße von Asbach nach Bad Sooden-Allendorf endete unmittelbar vor dem Grenzsignalzaun und tauchte hinterm Grenzzaun 1 im Westen wieder auf. Einen derart gekappten Verkehrsweg hatte ich in meinem Leben noch nicht gesehen. Der Grenzverlauf gegenüber von Asbach eignete sich hervorragend, um Einweisungen durchzuführen. Deshalb habe ich den Bereich auf der folgenden Seite einmal skizziert.

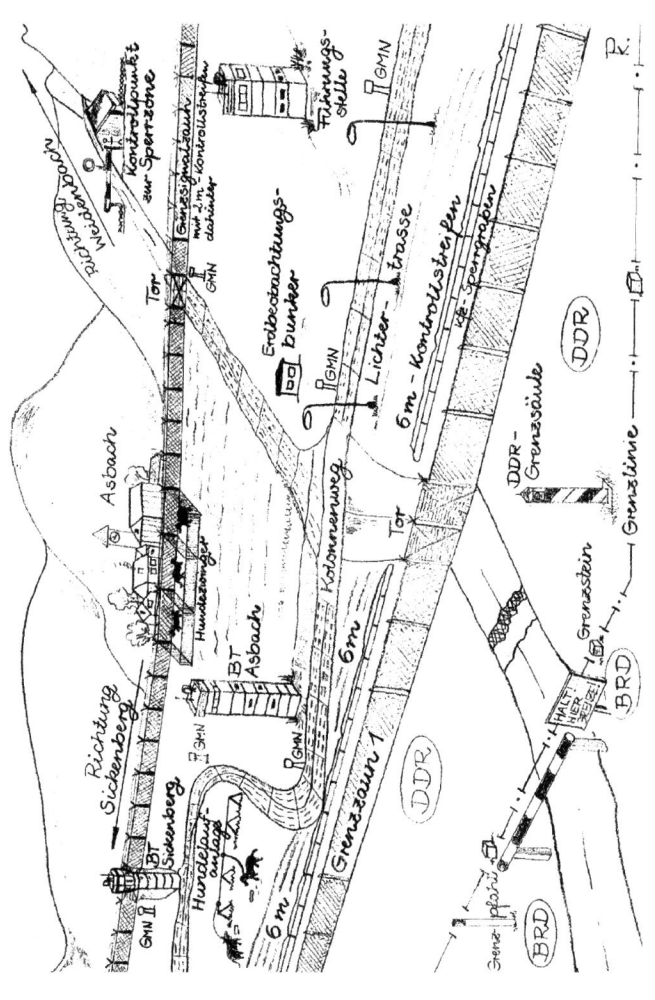

Skizze der Grenzsicherungsanlagen im Bereich Asbach

Zu einer Einweisung fuhr man die Bundesbürger mit Bussen fast bis vor an den Grenzzaun 1, wo unweit der Haarnadelkurve eine hölzerne Plattform stand. An Wochenenden war der Besucherandrang besonders groß. Wenn der Bundesgrenzschutz die Einweisungen übernahm, wurde einfach ein Text der Hessischen Landeszentrale für politische Bildung verlesen: „Wer die Zonengrenze besucht, sollte wissen: Drüben steht kein Feind - denn drüben ist Deutschland, leben Deutsche wie wir. Was uns trennt - Drahtzäune, Kontrollstreifen, Minensperren, Wachtürme, Erdbunker, Schlagbäume und Wegesperren - ist keine Grenze, sondern Ausdruck von Willkür und Angst der Machthaber. Diese Machthaber sind von der sowjetischen Besatzungsmacht einem Teil unseres Volkes aufgezwungen worden. Was an der Zonengrenze sichtbar wird, sind die Leiden der Bevölkerung mit ihrer Sehnsucht nach Recht und Freiheit - denn wann hätte je eine Regierung glückliche und freie Bürger hinter Mauern und Todesstreifen gefangen halten müssen? Dennoch: Gewalt und Willkür haben Anhänger - bewusste und irregeführte. Ob jene Menschen, die wir drüben ihrer Arbeit nachgehen sehen - Soldaten der NVA, Bauern, Arbeiter - zu den Anhängern, den Mitläufern oder den Opfern des Systems gehören, können wir nicht wissen. Die einen wollen, die vielen anderen dürfen mit uns keinen Kontakt aufnehmen. Hinter allen stehen Spitzel, Fanatiker und eine drakonische Justiz. Drüben haben die Soldaten Befehl, gegen jede Übertretung des Kontrollstreifens schärfstens - auch mit Schusswaffen - vorzugehen." Der Turm in Asbach stand so nah am Grenzzaun 1, dass bei gutem Wetter jedes Wort zu hören war. Ich erinnere mich nicht an Beleidigungen seitens der Westbesucher. Sie zeigten zwar Respekt, aber sie erstarrten nicht in Ehrfurcht vor unserer Präsenz. Wenn unter der Woche Schulklassen auftauchten, erklärten die eigenen Lehrer den Grenzaufbau. Den jungen Leuten fiel es offensichtlich schwer, die hässlichen Zäune inmitten der herrlichen Landschaft zu begreifen. Diese Ohnmacht deckte sich erstaunlicher Weise mit meinen ersten Eindrücken, obwohl ich auf der anderen Seite stand. Wegen der feindlichen Aktivitäten im Westen sind die Dörfer Asbach und Sickenberg in provokationsgefährdete Abschnitte eingestuft worden. Jedes Wort, das von drüben an unser Ohr drang, zählte daher zu den versuchten Kontaktaufnahmen, die man zu melden hatte. Für eine Meldung an die Führungsstelle benötigten wir die genaue Anzahl der Personen getrennt nach Alter und Geschlecht. Im Falle einer versuchten Kontaktaufnahme erhielten wir den unsinnigen Befehl, den Beobachtungsturm in Asbach zu verlassen, um keinen Anlass für Provokationen zu bieten. Doch unten auf dem Kolonnenweg war ein Postenpaar fotogener als oben in einer Kanzel. Sobald sich die Tür vom Turm öffnete, klickten die Kameras. Ich kam mir wie im Tierpark vor und wandte mich demonstrativ ab. Während ich mir gern die Besucher aus der Nähe anschaute, ließ mein Postenführer seine Kalaschnikow lässig kreisen. Die Mündung der Waffe zeigte direkt auf die

Westler, um denen Angst einzuflößen. Dieses Theater hasste ich, weil die Besucher wie aufgescheuchte Hühner in alle Himmelsrichtungen davonliefen. Einige versteckten sich im Gebüsch vor der Haarnadelkurve, andere rannten geradewegs zum Bus, der in sicherer Entfernung geparkt stand. Die Menschen wurden durch das unsinnige Verhalten meines Vorgesetzten irrtümlich in ihrer Meinung bestärkt, dass wir Grenzer stets einen Finger am Abzug hatten. Selbstverständlich sollten wir den Leuten im Westen beweisen, dass es hier an dieser Stelle kein Durchkommen gab, aber von einer Bedrohung mit der Schusswaffe war keine Rede. Diesen gefährlichen Blödsinn dachten sich die Entlassungskandidaten aus, um sich mit der Kalaschnikow den Respekt zu verschaffen, der ihnen draußen im zivilen Leben fehlte. Ich sah keine Provokation darin, wenn uns Besucher aus dem Westen fröhlich zuwinkten, denn Zivilpersonen stellten in meinen Augen keine Bedrohung dar. Unsere abweisenden Reaktionen waren das Ergebnis der strengen Ausbildung. Die Vorgesetzten betonten, dass westdeutsche Zivilisten, Beamte und Armeeangehörige zu den Klassenfeinden gehörten. Dazwischen wurden keine Unterschiede gemacht. Irgendwann glaubte man als Grenzer diese Phrase und verhielt sich im Dienst dementsprechend. Anstatt miteinander zu reden, blieben wir stumm. Anstelle einer freundlichen Kopf- oder Handbewegung schalteten wir auf stur. Allein unser ausdrucksloses Gesicht hätte bestraft werden müssen. Obwohl ein Grenzer nicht auf Annäherungsversuche von drüben reagieren durfte, wollte ich wenigstens freundlich sein. Diesen Spagat zwischen Humanität und militärischem Drill habe ich mir von einem Postenführer abgeschaut, der sich ein Stück Menschlichkeit an der Grenze bewahrte. Der EK aus Berlin beeindruckte mich, indem er Personen auf der anderen Seite unauffällig grüßte. Die täglichen Begegnungen mit Streifen vom Bundesgrenzschutz führten zwangsläufig dazu, dass diese Leute zu unseren Bekannten wurden. Ein flüchtiges Kopfnicken oder das Heben einer Hand reichten aus, um sich miteinander zu verständigen.

Gegenüber vom Beobachtungsturm in Asbach war der genaue Grenzverlauf zwischen den hohen Büschen und Sträuchern schlecht erkennbar, was für einige Besucher ein Problem darstellte. Alkoholgenuss und jugendlicher Leichtsinn führten dazu, dass Westler ihr kleines Geschäft unbewusst auf DDR-Seite verrichteten. Normaler Weise hätte ich in solchen Fällen gemäß Dienstvorschrift rufen müssen: „Bürger der BRD, verlassen sie bitte das Hoheitsgebiet der DDR!" Auf diesen Spruch verzichtete ich allerdings, weil ich mir vorstellen konnte, wie man sich fühlte, wenn einem dieses menschliche Bedürfnis ereilte. Stattdessen zeigte ich mit der Hand auf den tatsächlichen Verlauf der Grenzsteine und pfiff auf die versuchte Kontaktaufnahme. Zum Glück nahm niemand Notiz von meinen dezenten Hinweisen, denn als Postenführer hätte ich jedes Vorkommnis umgehend auf der Führungsstelle melden müssen. Davor scheute sich jeder von uns, denn bei einer bestimmten Anzahl versuchter Kon-

taktaufnahmen durfte man nicht mehr in die provokationsgefährdeten Abschnitte. Die Schichten in Asbach
und Sickenberg wollte sich kein Grenzer entgehen
lassen, weil dort immer etwas los war. Einweisungen
im Westen interessierten nicht nur die Postenpaare,
die zu zweit Grenzdienst schoben. Einen speziellen
Dienst absolvierten so genannte Grenzaufklärer, die
im Alleingang auf Streife gingen. Die Grenzaufklärer
verkörperten linientreue Genossen, die länger dienten
als wir. Sie kontrollierten uns Grenzer und meldeten
Verstöße gegen Dienstvorschriften auf der jeweiligen
Grenzkompanie. Eine heimliche Kontrolle erlebte ich
während einer meiner ersten Spätschichten in Asbach.
Nachdem ich das Tor im GSZ verschlossen hatte,
erhielt ich von meinem Vorgesetzten den Befehl, den
Beobachtungsturm zu beziehen. Dorthin gelangten wir
über den Kolonnenweg. Parallel zu den Platten verlief
im Westen eine Straße, auf der ein VW-Kleinbus vom
Grenzzolldienst stand. Die beiden Kollegen schienen
nur darauf zu warten, bis ich mit meinem Postenführer den Grenzzaun 1 erreichte. Einen anderen Weg
zum BT Asbach gab es leider nicht. Wenn wir übers
Feld abgekürzt hätten, wären wir mit den Stiefeln im
Modder versunken. Unsere Situation spitzte sich zu,
weil wir dem Klassenfeind direkt in die Hände liefen.
Nur der vordere Zaun trennte uns noch voneinander.
Natürlich hatte ich damit gerechnet, dass uns der Zoll
ansprechen würde, was eine versuchte Kontaktaufnahme bedeutet hätte. Als wir uns auf gleicher Höhe
begegneten, öffneten sich die Türen des Fahrzeuges.

Nach einer freundlichen Begrüßung bot uns einer der Zöllner eine Stange Marlboro an. Mein Vorgesetzter, der in der Huscha zu den Kettenrauchern zählte, spitzte aufmerksam beide Ohren, winkte jedoch ab und trieb mich weiter zur Eile an. „Unsere Zigaretten schmecken wesentlich besser als eure Selbstgedrehten", pries der Westler die Glimmstängel an. Wenn einer von uns beiden geantwortet hätte, wäre die Stange sofort über den Zaun geflogen. Als eiserner Nichtraucher störte mich das verlockende Angebot nicht im Geringsten. Verständnislos schüttelte ich mit dem Kopf. Die Leute drüben reagierten auf meine ablehnende Geste, indem sie ihr Angebot mehrmals wiederholten. Auch unser Stechschritt hielt den Zoll nicht davon ab. Der Fahrer startete den Motor des Fahrzeuges und fuhr im Schritttempo neben uns her. So gab es kein Entrinnen für uns. Mein Postenführer hätte sich gern eine Zigarette angesteckt, doch er verzichtete darauf. Wir marschierten weiter in Richtung Beobachtungsturm Asbach, wobei mir mein Vorgesetzter unmissverständlich klarmachte, dass wir nicht antworten durften. Mit seinen zittrigen Händen fuchtelte er an der Kalaschnikow herum und richtete die Waffe genau auf die Streife im Westen. Dieses Verhalten, das ich bereits von anderen Postenführern kannte, gehörte praktisch zur Tagesordnung. Dennoch habe ich die Bedrohung mit der Schusswaffe nicht als Kavaliersdelikt angesehen und wollte meinen Vorgesetzten später dafür zur Rede stellen. Beim Zoll auf der anderen Seite machte sich schlagartig Panik breit. Die Fahrzeugtüren schlossen sich und der Wagen verschwand mit aufheulendem Motor in Richtung Bad Sooden-Allendorf. Ich weiß gar nicht mehr, ob man auf dieser Straße überhaupt so schnell fahren durfte. Als der VW-Kleinbus außer Sichtweite war, zündete sich mein Postenführer eine seiner selbstgedrehten Zigaretten an. Diese versuchte Kontaktaufnahme am Rande von Asbach beobachtete ein Grenzaufklärer, den wir in der ganzen Hektik nicht bemerkt hatten. Der Aufpasser saß gut getarnt hinter seinem Motorrad in der Nähe des Grenzsignalzaunes. Der Feldwebel meldete den Vorfall persönlich auf der Grenzkompanie in Weidenbach. Während der Heimfahrt warnte uns der Zugführer vor dem bevorstehenden Kreuzverhör, so dass genug Zeit blieb, um mich mit meinem Postenführer abzusprechen. Auf Grund der von uns verschwiegenen versuchten Kontaktaufnahme hielt ich eine Bestrafung für unabwendbar. Der Grenzaufklärer sorgte in Weidenbach dafür, dass die für ihn unmissverständlichen Tatsachen auf dem Tisch lagen. Dann mussten wir unsere Version der Ereignisse darstellen. Ich erklärte, akustisch nichts verstanden zu haben, was mein Postenführer wie vereinbart bestätigte. „Wir haben beide nichts gehört, weil der Wind so ungünstig stand", log mein Vorgesetzter unserem Kompaniechef direkt ins Gesicht. Der Feldwebel, der bei diesen Worten beinahe ausgeflippt wäre, lag in Asbach viele Meter hinter uns, hörte jedes Wort, doch wir Grenzer stellten uns taub. Der Oberst schmunzelte über dieses Armutszeugnis, was mir Hoffnung machte, nicht bestraft zu werden. Selbst der gehörnte Grenzaufklärer merkte in dem Moment, dass sich der Kompaniechef schützend vor uns stellte. „Asbach ist ein weites Feld, wo man einiges überhören kann, wenn einem der Wind um die Ohren pfeift", argumentierte der Oberst mit ernster Miene. Es standen unsere Aussagen gegen die Aussage des Feldwebels und im Zweifelsfalle wurde immer für die Angeklagten entschieden. Positiv wertete der Oberst, dass wir nicht geantwortet hatten, was der Wahrheit entsprach. Er befahl uns, von nun an jede versuchte Kontaktaufnahme zu melden. Damit war die Angelegenheit für den ranghöchsten Offizier in Weidenbach erledigt. Der Grenzaufklärer haderte mit der derben Abfuhr, die ihm der Oberst an diesem Abend erteilt hatte.

Erleichtert schlich ich nach dem Rapport zum Hundezwinger, um meinen Alf zu füttern. Bei dem ganzen Theater hätte ich den Hund beinahe vergessen. Auf dem Rückweg schüttete ich im Schutze der Dunkelheit reichlich Zucker in den Tank des Motorrades vom Feldwebel zum Dank für dessen Anschiss. Anschließend versteckte ich mich hinter den Garagen und sah von dort aus, dass der Grenzaufklärer wütend aus der Huscha rannte und sich auf die Maschine schwang. Aber der Kontrolleur kam nicht weit. Mitten im Dorf gab das Motorrad seinen Geist auf, so dass er fluchend anschieben musste. Obwohl die Maschine nicht mehr ansprang, kehrte der Feldwebel nicht zur Grenzkompanie zurück. Am späten Abend sprach ich meinen Postenführer auf dessen überflüssige Aktion mit der

Kalaschnikow an und erhielt die Antwort, dass er sein aggressives Verhalten dem der Kollegen vom Bundesgrenzschutz anzupassen hätte. Ich verurteilte seine Drohgebärden, musste jedoch zugeben, dass sich die Uniformierten im Westen nicht so friedlich benahmen wie Zivilpersonen das taten. Die Leute vom BGS waren beileibe keine Unschuldsengel. Scheibenwischer, Arschgeige und Stinkefinger gehörten fast zur Tagesordnung. Diese Gesten zeigten sie uns ständig, weil man das mit zwei Händen prima demonstrieren konnte. Schlimmer empfand ich die Kontrollflüge vom BGS mit ihren Hubschraubern entlang der Grenze. Die angriffslustigen Piloten hielten sich nicht an den Grenzverlauf, sondern verletzten den Luftraum der DDR, um uns Grenzer zu provozieren. Leichtsinnig überflogen sie die Markierungen so eindeutig, dass wir die Überschreitungen mit dem bloßen Auge erkennen konnten. Der BGS absolvierte seine tägliche Runde mit der Alouette II in absoluter Kampflinie. Die waghalsigen Piloten flogen direkt über dem Grenzzaun 1, nahmen nach einem Rechtsschwenk den Turm ins Visier, als wollten sie die Kanzel abrasieren. Wenn uns die Kollegen umgenietet hätten, wäre niemand aus Asbach zur Hilfe geeilt. Ich habe am eigenen Leibe zu spüren bekommen, dass Grenzer weder im Obernoch im Unterdorf gern gesehen waren. Während Fahrzeuge der Grenztruppen durch Asbach fuhren, vermieden es die Leute, auf die Straße zu gehen. Das Dorf wirkte ausgestorben. Marschierten wir mal zu Fuß durch den Ort, konnte man die misstrauischen

Blicke hinter den Gardinen regelrecht erahnen. Dieses feindselige Verhalten gegenüber den Grenztruppen ging mir damals nicht in den Kopf. Mit dem Wissen um die Geschichte der Gemeinde Asbach lässt sich heute einiges erklären.

Die Besatzung eines feindlichen Hubschraubers verabschiedete sich mit riskanten Flugmanövern über der Hundelaufanlage, wo die Tiere winselnd umherliefen. Aufgeschreckt suchten sie Schutz in den maroden Hundehütten, während die französische Glaskugel in Richtung Sickenberg verschwand. Im Laufe der Zeit gewann ich den traurigen Eindruck, dass die Piloten vom BGS bei den Amerikanern ausgebildet worden sind, denn die jungen Amis waren noch gefährlicher als die Westdeutschen. Wenn die Hubschrauber vom Typ Bell UH 1 Dora oder Nordpol Asbach anflogen, hatte ich das Gefühl, mit meiner ausgestreckten Hand aus dem Fenster des Beobachtungsturmes die Rotoren berühren zu können. Der ohrenbetäubende Lärm, der meinen bangen Blick in die Läufe der amerikanischen Maschinengewehre begleitete, erschreckte mich jedes Mal. In der Anfangszeit habe ich mich oft auf den Fußboden geworfen, um dem nahenden Unheil zu entgehen. Der Schreck fuhr einem in alle Glieder. Da wir uns nicht anders zu helfen wussten, hielten wir einen abmontierten Bahnheizkörper aus dem Fenster, was Wunder wirkte. Im Notfall halfen eine verrostete Müllschippe oder ein ausrangierter Handfeger. Diese unförmigen Teile konnten die Amerikaner in der Eile nicht identifizieren und drehten sicherheitshalber nach

Sickenberg ab. Manchmal lagen wir oben auf dem BT minutenlang in Stellung und warteten gespannt, wie der Angriffsflug endete. Diese Momente erinnerten mich an die erschütternden Berichte meines Vaters aus Afrika. Viele Menschen glauben heute zu wissen, was Krieg bedeutet. Tatsächlich wissen das aber nur die Leute, die draußen im Schützengraben lagen und denen die Kugeln nur so um die Ohren flogen. Durch die winzigen, tief liegenden Schießscharten in der Kanzel konnte ich genauso wenig wie mein Vater in seinem Schützenloch sehen.

Trotzdem spürte ich die Angst vor einem atomaren Schlagabtausch der Supermächte, die in unserer Bevölkerung umging. Man sah sein eigenes kleines Leben als Bestandteil des großen Weltgeschehens und malte sich aus, wie die Zukunft von der Summe einzelner Entscheidungen bestimmt wurde. Vielleicht hätte ein einziger Schuss auf die arroganten Amis ausgereicht, um den Dritten Weltkrieg anzuzetteln. Wer weiß, wie deren Reaktion ausgefallen wäre? Die Geschichte bewies, dass Grenzprovokationen viele Konflikte auslösten. Unsere Vorgesetzten sprachen vom kalten Krieg und fühlten sich darin bestätigt, wenn wir solche Vorkommnisse meldeten.

Jungfernschicht

Vom BiWaK in und um Lauchröden über Weihnachten 1982 wusste ich, dass Grenzdienst eine langweilige Angelegenheit war, die aus mindestens acht Stunden Warten bestand. Manchmal konnte auch ein halber Tag oder mehr daraus werden. Wir Anfänger lauerten regelrecht darauf, dass etwas passierte. Aber meistens geschah nichts. Für den, der im zivilen Leben ständig in Bewegung war, konnte der Gegensatz, wenn man gezwungen wird, einfach nur zu warten, kaum größer sein. Die Eignung eines Grenzers für die erwähnten provokationsgefährdeten Abschnitte entsprach einer Einstufung durch die Staatssicherheit, die in regelmäßigen Zeitabständen angepasst wurde. Wer mit wem wohin ging, erfuhren wir am Ende des ersten Diensthalbjahres unmittelbar vor der Schicht. Später wurde es lockerer. Als Vize und EK durfte ich Wünsche gegenüber meinem Zugführer äußern. Ab dieser Zeit gab es keine Überraschungen mehr, was den Ort und den Partner für die Schicht betraf. Das mag zwar übertrieben klingen, aber es entsprach der Praxis in Weidenbach während meiner Dienstzeit. Ich denke, dass unsere Wünsche dem Zugführer ganz gelegen kamen, weil er mit deren Berücksichtigung von vornherein Unzufriedenheit unter den Grenzern vermied und sich nicht lange den Kopf über die Zusammensetzung der Postenpaare zerbrechen musste.

Meine erste Schicht absolvierte ich als Minenposten auf dem Dach des Eichsfeldes. Dorthin gelangt man heute von Asbach aus über den Kolonnenweg in Richtung Kella. Die Platten am Fuße des Iberges sind ein wenig eingewachsen, aber bestens erhalten. Der steile Anstieg auf den 426 Meter hohen Berg erfordert eine gute Kondition. Wer diese Aufgabe meistert, der wird oben mit einer herrlichen Aussicht belohnt.

Der steile Anstieg vom Iberg aus gesehen

Weiter geht es hinauf auf die Gobert, wo ein Stein mit Bronzetafel auf die mit 543 Metern höchste Erhebung des Eichsfeldes hinweist. Außerdem sind auf der Tafel die Punkte verzeichnet, die man bei guter Sicht von dort aus sehen kann. Für den Rückweg schlage ich die Route über die Hessel nach Asbach vor. Eine Sehenswürdigkeit ist die Burgruine Altenstein, deren Name bis ins 13. Jahrhundert zurückgeht. Nach zahlreichen

Besitzkämpfen wurde die Burg im Dreißigjährigen Krieg zerstört, später neu aufgebaut und im 17. Jahrhundert ein Vorwerk errichtet. Dieses Gebäude diente später als Rittergut, Forsthaus, Gaststätte und bis 1960 als Kinderferienlager, das 1973 gesprengt wurde. Der Wanderer findet vor der Burgruine überdachte Sitzgelegenheiten, die zur Rast einladen und es kann gegrillt werden.

Die Burgruine Altenstein

Unser Zug hatte Spätschicht an diesem Samstag und verließ kurz nach 13.00 Uhr die Grenzkompanie Weidenbach. Mein Postenführer fuhr den Lkw, der uns in den Abschnitt brachte. Zuerst lieferten wir die drei Postenpaare in Asbach, Sickenberg und auf der Führungsstelle ab. Dann fuhren wir die beiden Gefreiten, die den Kontrollstreifen K 2 kontrollieren sollten, an das südliche Ende unseres Kompanieabschnittes. Am Rande der Silberklippen war es so steil, dass sich niemand bis an den Abgrund traute. Diese Stelle bot eine herrliche Aussicht über das Werratal hinweg auf die Berge Hessens. Bei klarer Sicht konnte man sogar den Inselsberg sehen.

Wie befürchtet erwies sich mein Postenführer rasch als Tyrann. Immer wenn wir aus dem Fahrzeug stiegen, schnallte er mir ein klobiges russisches Funkgerät auf die Schultern, das nirgendwo Empfang hatte. Mit dieser Schikane wollte mir der Entlassungskandidat von Beginn an zeigen, wie Dienst laut Vorschrift funktionierte. Als Posten musste ich immer einige Meter vor dem Postenführer laufen. Allein die grausige Vorstellung, dass er mich überwältigen oder gar erschießen könnte, machte misstrauisch. In den Pausen setzte ich mich neben den Postenführer, wo ich nicht direkt in dessen Visier war. Ob mir diese Vorsichtsmaßnahme im Ernstfall geholfen hätte, bezweifle ich allerdings. Wer abhauen wollte, ging wahrscheinlich über Leichen. Ich durfte keinen Schritt ohne den Vorgesetzten machen. Selbst beim Pinkeln hat mich der aufdringliche Kerl nicht aus den Augen gelassen, um mir Verantwortung beizubringen. Besonderen Wert legte der Gefreite auf die Vollständigkeit meiner Uniform. Das lästige Käppi musste ich während der ganzen Schicht auf dem Kopf behalten. Die Waffe trug ich auf dem Rücken, wobei der Riemen so eng eingestellt war wie in Eisenach. Mein Postenführer praktizierte das ganze

Gegenteil und bewies seine Überlegenheit. Ohne das Käppi zu tragen, mit der Kalaschnikow am langen Trageriemen baumelnd, glich er einem Söldner. Das Magazin seiner eingeölten Maschinenpistole schliff fast auf dem Kolonnenweg. Bei jeder Gelegenheit ließ er mich die Distanz zwischen Posten und Postenführer, Soldat und Gefreitem, Achtzig und EK spüren. Da ich mich praktisch über Nacht für die illegale EK-Bewegung entschieden hatte, fiel rebellieren aus. Eine innere Stimme redete mir ständig ein, dass ich eines Tages selbst davon profitieren würde.

Eine Aufgabe des motorisierten Minenpostens auf der Gobert bestand darin, die Splitterminen am Grenzzaun 1 auf Vollständigkeit zu überprüfen. Dazu fuhren wir die Anlage 501 mit dem Lkw im Schritttempo ab. Wie genau mein Vorgesetzter beim Fahren die Anzahl der Automaten kontrollierte, blieb sein Geheimnis. Ich begann erst gar nicht zu zählen, weil mir diese Aufgabe sinnlos erschien. Wer sollte uns denn die Minen vom Zaun klauen? Die Splitterminen, die man im Westen SM 70 oder Selbstschussanlagen nannte, waren versetzt unten, in der Mitte und oben angebracht. Nicht an jedem Pfosten hingen drei Minen. Wahrscheinlich deckte man mit dieser raffiniert ausgetüftelten Anordnung den gesamten Bereich ab. Ich staunte, dass sich die Automaten innen am Zaun befanden. Wenn die Grenze gegen Eindringlinge von außen gerichtet gewesen wäre, hätten die Teile auf der Westseite hängen müssen. Es ging hier eindeutig darum, Menschen an der Flucht in den Westen zu hindern.

Die Geräte am Zaun sahen aus wie alte Schmalfilmkameras, die Grenzverletzer bei der Flucht filmten. Diesen naiven Gedanken verwarf ich rasch. Der Entlassungskandidat, der meine Unsicherheit bemerkte, stoppte den Lkw, um mir Nachhilfe zu geben. Wir stiegen aus und überquerten den sechs Meter breiten Kontrollstreifen. Der Grenzzaun 1 wuchs mit jedem Schritt, den wir uns dem Hindernis näherten. Selbstverständlich kannte ich den detaillierten Aufbau der Splitterminen aus dem Unterricht in Eisenach, aber das graue Gehäuse irritierte mich. „Das Kunststoffteil soll vorrangig vor einem Diebstahl der Automaten schützen, nachdem es zweimal gelungen war, eine Splittermine abzubauen", belehrte mich der Vorgesetzte. Auf diese Funktion der Verpackung hätte ich auch selbst kommen können. Die Minen waren mit drei Spanndrähten verbunden. Während die jeweils äußeren Drähte Vögel und Wild abhalten sollten, fungierte der mittlere als Auslösedraht. Sobald ein Flüchtling den Draht berührte oder zerriss, zündeten pro Schuss 110 g TNT-Sprengstoff, wobei ca. 100 scharfkantige Metallsplitter auf ihn schleuderten. Nach dieser Lektion trat ich sofort ins nächste Fettnäpfchen. Als ich einen der beiden Schutzdrähte mit der Fingerspitze antippen wollte, zerrte mich mein Postenführer von den Selbstschussanlagen weg und schleifte mich zum Kolonnenweg. Dort schrie er mich wutentbrannt an, „ob ich eventuell noch eine Holzleiter zum Rüberklettern bräuchte?" Was die überflüssige Frage sollte, habe ich nicht verstanden.

Wenn man eine handelsübliche Leiter schräg an den Minenzaun gestellt hätte, wäre man sofort von den Metallsplittern durchlöchert worden. Zur Flucht über den vorderen Zaun waren spezielle Kletterhilfen erforderlich, die den Abstand zu den Selbstschussanlagen berücksichtigten. Außerdem wollte ich die Drähte der Anlage 501 nur berühren, um deren Wirkungsweise zu verstehen. Nachdem Ruhe eingekehrt war, suchte ich in meiner Verzweiflung nach einem Beobachtungssektor und schaute auf Bad Sooden-Allendorf im Westen. Mit meinem Blick in die falsche Richtung brachte ich den Gefreiten endgültig zur Weißglut. „Hat man dir diesen Blödsinn in der Keimschmiede beigebracht, Achtzig?", fragte er barsch. Er wies mit einer Hand nach Osten und befahl mir, in Richtung Volkerode zu schauen. Ich war völlig von den Socken und zweifelte am eigenen Verstand. Die Grenze verlief im Westen und ich sollte den Osten bewachen. Der Gefreite erklärte mir, dass sich die Minentrasse ausschließlich gegen DDR-Flüchtlinge richtete. Wieso also nach Westen blicken, wenn der Feind im eigenen Land stand? Ich sammelte fleißig Minuspunkte. Zum Glück half mir in diesem Moment ein Gewitterguss aus der Klemme. Der Himmel über der Gobert verfinsterte sich. Grelle Blitze und lauter Donner wechselten einander ab. Wir flüchteten ins Fahrerhaus, wo dicke Regentropfen gegen die Windschutzscheibe prasselten. Das Unwetter kam rasch näher. Ich zählte weniger als zehn Sekunden zwischen Blitz und Donnerschlag. Bei einem Gewitter muss ich zwangsläufig an meine Tante Marianne denken, die vor Jahren durch einen Blitzschlag getötet wurde. Die gewissenhafte Tierpflegerin konnte sich am Abend eines langen Arbeitstages nicht daran erinnern, ob sie die Tür vom Abferkelstall der LPG Tierproduktion geschlossen hatte, als sich ein heftiges Gewitter über dem Dorf zusammenbraute. Im schlimmsten Unwetter fuhr sie mit dem Rad los, um nachzuschauen. Der heftige Sturm ließ das offene Stalltor auf- und zuschlagen. Tante Marianne griff eine Eisenforke und versuchte, die Tür zu fixieren. Noch bevor sie das Gerät unter die Klinke klemmen konnte, schlug ein Blitz in die Forke ein. Marianne war auf der Stelle tot. Am späten Abend fand mein Vater die junge Frau, deren Nacken völlig verkohlt ausgesehen haben soll. Bei dieser Vorstellung lief mir ein eiskalter Schauer den Rücken hinunter. Plötzlich schlug der Blitz in die Minentrasse ein, so dass mehrere Abteilungen gleichzeitig auslösten. Der Knall war selbst im Fahrerhaus ohrenbetäubend. Direkt vor unseren Augen explodierten schätzungsweise 30 Minen. Der robuste Zaun blieb unversehrt. Ich erschrak fürchterlich und blickte hilfesuchend zum Vorgesetzten, der einen gelassenen Eindruck machte. Der Gefreite saß gleichgültig auf dem Fahrersitz und goss sich heißen Kaffee aus seiner Thermosflasche ein. Weder mein ängstliches Verhalten noch die vielen Detonationen schienen ihn aus der Ruhe zu bringen. Sicher hatte er in seinen Schichten zahlreiche solcher gefährlichen Situationen überstanden. Als er die Explosion schließlich meldete, war der Vorfall auf der

Führungsstelle längst bekannt. Dort wurde zwar eine Störung ausgewiesen, aber niemand interessierte sich dafür, ob wir vielleicht Splitter abbekommen hätten. Unsere Gesundheit war dem Zugführer schlichtweg egal. Anders konnte ich mir seine Frage nach der genauen Anzahl der ausgelösten Minen nicht erklären. Die beschädigte Anlage wurde aus Sicherheitsgründen komplett abgeschaltet, denn das schwere Gewitter hielt sich hartnäckig über unserem Postenbereich. Da der erfahrene Zugführer weitere Blitzeinschläge befürchtete, befahl er uns, den Ort bis zum Eintreffen der Alarmgruppe zu sichern. Als die vier übermüdeten Grenzer nach einer Viertelstunde eintrudelten, hatte sich das Frühlingsgewitter längst in Richtung Iberg verzogen. Aber es regnete kräftig nach. Wir erhielten den Befehl, die Minentrasse abzufahren und stündlich Meldungen über den Zustand der Anlage abzusetzen. Dazu nutzten wir das Grenzmeldenetz, ein spezielles Telefonsystem, mit dem wir wechselweise hören und sprechen konnten. In bestimmten Abständen waren Anschlusssäulen für das erdverkabelte Netz am Kolonnenweg errichtet, die über Buchsen für die GMN-Garnitur verfügten. Diese Garnitur bestand aus einer runden, gummiummantelten Kombination aus Hörer und Mikrofon, die wir Grenzer einfach Gummiohr nannten. Jedes Postenpaar bekam vor dem Dienst eines davon. Wenn man nur einen Kontakt in die Buchse steckte und den anderen berührte, konnte man Westradio hören, sofern es die Witterung zuließ. In der Regel hatten wir den Postenbereich stündlich ohne

Anzeichen einer Grenzverletzung zu melden. Obwohl das GMN nicht auf Abhörsicherheit ausgelegt war, verschlüsselten wir unsere Durchsagen mit Hilfe des Buchstabieralphabetes. „Hier Paula Paula (Postenpaar) zwo an der 22 (Postenpunkt), Anton Ludwig (Ablösung) ist eingetroffen, übergeben Berta Theodor (Beobachtungsturm) Otto Anton (ohne Anzeichen) einer Gustav Viktor (Grenzverletzung) und bewegen uns in Richtung Theodor (Tor) zwo", lautete beispielsweise eine Meldung. Das mag im ersten Augenblick kompliziert klingen, war jedoch einfacher zu handhaben als die täglich wechselnde Verschlüsselung aus unserer Postentabelle. Das wichtige Dokument wurde nach der Vergatterung verteilt und enthielt neben der erwähnten Codierung auch die Parole, mit der man in den Grenzabschnitt kam. Die Fahrten entlang der Minentrasse waren zwar eintönig, aber interessanter als der Verbleib an einem festen Postenpunkt, wo ich sofort eingepennt wäre.

Schließlich brach die Dunkelheit über der Gobert herein und meine erste Grenzschicht ging dem Ende zu. Bei Ankunft der Kollegen der Nachtschicht rechnete ich fest damit, dass wir abgelöst werden. Stattdessen erhielten wir einen Proviant aus Schinkenbroten, Würstchen und frischem Kaffee für die nächsten Stunden. Niemand da draußen wusste, wie lange die Lage noch andauern würde. Mit fortschreitender Zeit wurde aus der Vorahnung meines Postenführers traurige Gewissheit: Das neue Postenpaar ersetzte uns nicht, sondern fungierte als zusätzliche Flankensicherung.

Erschwerend kam hinzu, dass wir von nun an am Grenzeck im Fahrzeug warten mussten, während die Nachtschicht die Trasse abfuhr. Irgendwann fielen mir die Augen zu. Als ich wieder erwachte, lag ich allein im Lkw. Der Fahrer war verschwunden und meine Kalaschnikow auch. Diese Tatsache jagte mir einen gehörigen Schreck ein. Hatte ich tatsächlich geschlafen? Und wenn ja, warum weckte mich mein Postenführer nicht, bevor er sich aus dem Staube machte? Während draußen bereits der Morgen graute, suchte ich den Vorgesetzten. Durch die beschlagenen Scheiben war nichts zu erkennen. Der strenge Geruch erinnerte mich an einen Junggesellenhaushalt ohne festgelegten Reinigungsplan. Verunsichert stieg ich aus, wollte meine steifen Gelenke im Schutze des Fahrzeugs lockern. Trotz der leichten Nebelschwaden konnte ich hinterm Grenzzaun 1 die Silhouette von Bad Sooden-Allendorf ausmachen. Die Stadt erschien so nah und war doch unerreichbar für mich. Mein Vorgesetzter trampelte kopfschüttelnd auf dem Kolonnenweg umher und monierte lauthals, dass acht Grenzer die abgeschaltete Anlage 501 nachts bewachen mussten. Ich war zu müde, die taktische Meisterleistung unseres Zugführers zu verstehen, aber wach genug, um mich über die Anwesenheit meines Fahrers zu freuen. Reumütig lief ich meinem Postenführer entgegen, der mich wütend am Kragen packte. „Na Achtzig, endlich ausgeschlafen? Wenn dir das noch mal in einer Schicht mit mir passiert, zinke ich dich beim Oberst an, verstanden?" Mit diesen Worten warf er mir meine Kalaschnikow in hohem Bogen zu. „Kommt nicht wieder vor", konterte ich kleinlaut und wenig überzeugend, worüber sich die anderen Grenzer köstlich amüsierten. Vor Scham verkroch ich mich ins Fahrerhaus und trank die letzten Tropfen Kaffee, die mich halbwegs wach machten. Als die Frühschicht endlich anrollte, waren wir insgesamt zehn Grenzer an der Minentrasse. Wer nun dachte, dass wir den Abschnitt verlassen durften, der hatte sich geirrt. Ein Pioniertrupp vom Regiment in Mühlhausen kam mit schwerer Technik, um die kaputten Automaten auszutauschen. Diese ganze Aktion dauerte bis zum Mittag und meine Jungfernschicht 24 Stunden. Zurück in Weidenbach durften wir nur knappe vier Stunden schlafen, dann gab es Abendbrot. Anschließend begann die Vorbereitung auf die nächste Nachtschicht.

Die Reste vom Grenzzaun 1 auf der Gobert

Ungebetener Besuch

An der Grenze musste man auf alles gefasst sein. Während einer Frühschicht in Asbach begegnete uns einmal ein Trupp DDR-Grenzer, der sich feindwärts, d.h. hinterm Grenzzaun 1 auf unserem Hoheitsgebiet, bewegte. Zu dieser elitären Gruppe zählten unser stellvertretender Kompaniechef, der Küchenbulle und der Fahrer vom Oberst aus Weidenbach sowie je ein Offizier von Bataillon und Regiment, die ich beide nicht kannte. Mein Postenführer und ich waren erstaunt, weil uns im Vorfeld keinerlei Informationen über diese ungewöhnliche Aktion vorlagen. Wahrscheinlich sollten wir überhaupt keine Notiz davon nehmen. Die fünf Auserwählten liefen entlang der Grenzlinie, kontrollierten anhand von Inventurlisten die Vollzähligkeit der Grenzsteine und überprüften die gegenüberliegende Grenzsäule auf Beschädigungen. Diese Aktivitäten konnte man mit bloßem Auge vom Kolonnenweg aus erkennen. Im Westen buddelten Menschen unsere Grenzsteine als private Andenken aus. Andere Souvenirsammler hatten es auf DDR-Embleme an den gestreiften Grenzsäulen abgesehen. Diesen Leuten war nicht bewusst, dass sie leichtsinnig mit ihrem Leben spielten. Es gab sogar Menschen, die einzelne Automaten von Selbstschussanlagen abmontierten, um sie westdeutschen Medien zu präsentieren. Michael Gartenschläger, der freigekaufte DDR-Häftling, wollte in der Nacht zum 1. Mai 1976 ein solches Teil abbauen und damit das menschenverachtende DDR-Grenzregime bloßstellen. Zweimal zuvor war ihm das bereits gelungen. Am Abend des letzten Apriltages 1976 ging die Sache leider schief. An die Stasi verraten, wurde Gartenschläger von einem Sonderkommando an der Grenze erwartet. Als er sich nachts dem Grenzzaun 1 näherte, stand er plötzlich im Scheinwerferlicht der Stasi und wurde regelrecht hingerichtet.

Neben dem Bundesgrenzschutz, dem Grenzzolldienst und der US-Armee gab es eine spezielle Person, die uns regelmäßig an der Grenze begegnete. Dabei handelte es sich um eine Frau, die täglich bis an den Zaun vorfuhr, um mit uns Kontakt aufzunehmen. Sie war knapp 30 Jahre alt und versuchte, ihre weiblichen Formen mit allen Mitteln zu betonen. Wahrscheinlich stopfte die Dame Watte oder Taschentücher in den Büstenhalter und schummelte so an ihren Rundungen. Meine Kameraden gerieten ins Schwärmen, wenn die Frau auftauchte. Unser Stubenältester warnte mich vor dieser Person, die ahnungslose Grenzer vom Dienst ablenkte. Da niemand den richtigen Namen der Dame kannte, wurde sie von allen Gräfin genannt. Der Titel passte ausgezeichnet zum äußeren Erscheinungsbild, das sich grundlegend von dem anderer Zivilpersonen unterschied. Die Frau fiel auf, weil sie sich elegant kleidete. Sie war zwar keine Schönheit, wirkte jedoch sexy, da sie nur wenig Stoff am Leibe hatte. Im Sommer trug sie entweder ein Bikinioberteil mit Minirock oder ein Top und heiße Höschen. Trotz der überschaubaren Oberweite schraubten meine Posten wild an den Ferngläsern, sobald die Gräfin in ihrem roten Cabriolet vorfuhr. Die Jungs bekamen plötzlich Stielaugen und waren vom Grenzdienst abgelenkt. Der Westbesuch spielte bewusst mit den Waffen einer Frau, um unsere Konzentration auf sich zu richten. Als junger Postenführer hatte ich mich ständig zusammenzureißen, wollte ich meiner Vorbildfunktion gerecht werden. Ich durfte die eigene Neugier nicht zeigen und musste dem heißen Begehren der Posten Einhalt gebieten, was nicht immer leicht war. Die Gräfin lockte nicht nur mit ihren körperlichen Reizen, sondern sprach uns direkt an. Neben bunten Illustrierten präsentierte sie die bekannte Tageszeitung mit den vier Buchstaben, deren Schlagzeilen man auf dem Titelblatt mit Hilfe des Feldstechers lesen konnte. Wen der Rest der Zeitung interessierte, der sollte nach vorn zum Zaun laufen und das Blatt in Empfang nehmen. Ihr Angebot diente eindeutig dem Ziel, miteinander ins Gespräch zu kommen und uns bei dieser Gelegenheit zu fotografieren. Eine Kamera lag stets griffbereit auf dem Beifahrersitz. Im Eifer des Gefechts versäumten viele Postenführer, eine versuchte Kontaktaufnahme beim Vorgesetzten zu melden. Schmutz- und Schundliteratur lautete üblicherweise die Bezeichnung für westliche Presseerzeugnisse, die Bestandteil einer Meldung an die Führungsstelle war. Wenn die Gräfin im Abschnitt weilte, verbreitete sich diese Nachricht in Windeseile. Alle Posten hingen am Grenzmeldenetz, weil niemand den Gala-Auftritt der Dame verpassen wollte. Deshalb waren die Postenbereiche Asbach und

Sickenberg unter Grenzern besonders begehrt. Im Sommer erlebte ich, wie die Gräfin auf Pfennigabsätzen zum Kofferraum stolzierte, die Heckklappe öffnete und eine Kiste Bier hervorholte. Bei Temperaturen über 20 Grad Celsius fiel es schon schwer, auf solche Erfrischungen zu verzichten. Da wir keine Reaktion zeigten, öffnete die Gräfin eine Flasche und trank den Inhalt in einem Zug vor unseren Augen aus. Bei dem Anblick lief einem das Wasser im Munde zusammen. Anschließend räkelte sich die Dame verführerisch auf der glänzenden Motorhaube, dass wir ihre Unterwäsche sehen konnten. Sie trug keine formgebenden Miederwaren aus ostdeutscher Produktion, Slip und BH stammten eindeutig von der Firma Triumph. Diese Art der Feinderkennung gehörte zu den Stärken der Grenztruppen. Obwohl es oft misslang, die polizeilichen Kennzeichen von Bundesgrenzschutz oder Zoll zu erkennen, kundschafteten wir die Reizwäsche einer Gräfin aus. Zur verdienten Belohnung bot sie nicht nur Kaltgetränke, Zigaretten und Zeitungen, sondern auch geistreiche Gespräche an. Das Ziel bestand in der bewussten Ablenkung vom Grenzdienst, wobei offen blieb, für wen die Gräfin arbeitete. Ich vermutete damals, dass sie engagiert wurde, um an anderen Stellen Fluchtmöglichkeiten zu schaffen. Vielleicht ist immer, wenn wir die Gräfin durchs Fernglas beobachteten, ein DDR-Bürger in den Westen abgehauen. Die Dame nahm bei ihren zweideutigen Angeboten kein Blatt vor den Mund. Den Fototick begründete sie mit ihrer angeblichen Leidenschaft für junge Männer in feschen

Uniformen. Wenn wir eine Kamera bemerkten, wandten wir uns rechtzeitig ab, so dass unsere neugierigen Gesichter nicht auf den Fotos erkennbar waren. Außerdem straffte man die Uniformen gemäß Dienstvorschrift. So entstanden lediglich Bilder, die uns von hinten oder von der Seite zeigten.

Unser Stubenältester warnte mich eindringlich vorm Fotografieren, weil Bilder abgelenkter Grenzsoldaten zu Propagandazwecken in Westzeitungen auftauchten. Ich konnte mir das zwar nicht vorstellen, aber die Praxis von Weidenbach bestätigte alle Warnungen unserer Vorgänger.

Ein Militärkraftfahrer meines Diensthalbjahres fiel auf die Angebote der Gräfin herein, die ihm verlockender erschienen als der langweilige Grenzdienst. Wie alles im Leben fing auch diese Beziehung ganz harmlos an. Die Gräfin sprach den Grenzer während einer Schicht in Sickenberg an. Zuerst wechselten die beiden nur Worte miteinander. Später flogen winzige Zettelchen über den Zaun, die für seinen Posten Liebesbriefe darstellten. Schnell fand die Frau heraus, dass der Kraftfahrer meistens als Minenposten oben auf der Gobert eingesetzt war. Die Gräfin tauchte in der Nähe des alten Sägewerkes auf, wohin sich sonst kein Zivilist verirrte. Dort nahm die offenherzige Dame an einem heißen Sommertag ein ausgiebiges Sonnenbad. Der Fahrer entledigte sich ebenfalls seiner kompletten Uniform, um sich auf dem Beobachtungsturm gegenüber der Minentrasse zu sonnen. Dieses Verhalten war ungesund und gefährlich zugleich. Die Gräfin nutzte die Gelegenheit, den halbnackten Kerl zu fotografieren. Es dauerte etwa eine Woche bis die Bilder in der Führungsetage von Weidenbach auftauchten. Ohne detaillierte Begründung degradierten die Vorgesetzten meinen Kollegen vom Gefreiten zum Soldaten. Unser Politoffizier benutzte weder den Dienstgrad noch den offiziellen Namen des Kameraden, sondern sprach abfällig von einem „Rostfleck am scharfen Schwert des Sozialismus", was auch immer diese Formulierung zu bedeuten hatte. Seitdem habe ich den Fahrer nicht mehr auf der Kompanie gesehen. Er verschwand bei Nacht und Nebel. Zuerst wurde sein verschlossener Spind aus dem Zimmer abgeholt und dann der straffällige Grenzsoldat. Die Reihenfolge zeugte von der Wertschätzung durch die Vorgesetzten. Es erübrigte sich für uns, darüber zu spekulieren, wohin die Reise des Verbannten ging. Er war nicht mehr tragbar für die Westgrenze und landete im Armeeknast an der Ostgrenze. Dieser kurze Prozess schreckte jeden in Weidenbach ab, fragwürdige Kontakte im Grenzdienst einzugehen. Schlagartig wurde mir klar, dass die kluge Gräfin in besonderer Kontrollfunktion für die Stasi arbeitete, denn die kompromittierenden Bilder stammten aus keiner Westzeitung, sie wurden direkt zur Grenzkompanie nach Weidenbach geschickt. Welche Rolle die Gräfin tatsächlich an der Grenze spielte, habe ich leider nie erfahren. Noch cleverer wäre die Frau hinterm Zaun gewesen, wenn sie für die Stasi und den Westen gearbeitet hätte.

TAPI

Nach wenigen Wochen in Weidenbach hatte ich den Eindruck, dass unser Alltag aus Grenzdienst, Essen, Schlafen, Essen und wieder Grenzdienst bestand. Doch weit gefehlt. Jeder einzelnen Schicht ging eine umfangreiche Vorbereitung voraus. Zu den Pflichtveranstaltungen zählte die tägliche aktuell-politische Information, kurz TAPI genannt, bei der die Vorgesetzten versuchten, in 20 Minuten ideologische Klarheit in unseren Köpfen zu schaffen. Für den Polit war es eine Herzensangelegenheit, die TAPI selbst abzuhalten. In Ausnahmefällen führten der Kompaniechef oder sein Stellvertreter durch diese Veranstaltung. Der Politoffizier begann jede TAPI mit der Feststellung, „dass alle Grenzer kleine Außenminister wären", um unsere hohe Verantwortung im Grenzdienst herauszustellen. Angeblich sorgten wir mit unserem Auftreten draußen am Zaun dafür, wie der Klassenfeind die DDR außenpolitisch wahrnahm. Der Zweck dieser Argumentation bestand darin, die vollständige und ordnungsgemäße Trageweise der Uniformen von uns einzufordern. Schadeten ein fehlendes Käppi, eine aufgeknöpfte Jacke oder zwei hochgekrempelte Ärmel tatsächlich dem Ansehen unseres Arbeiter- und Bauernstaates? Über die Sauberkeit unserer Bekleidung fiel kein Wort. Die versüfften Felddienstuniformen waren vom täglichen Gebrauch so speckig, dass wir darin aussahen wie Heimkehrer aus einem Manöver. Noch schlimmer fühlte sich die verfilzte Innendienstuniform an. Der Polit predigte weiterhin, dass wir keine privaten Probleme mit in den Abschnitt nehmen sollten, weil sie dort nicht gelöst werden konnten. Wann ließ es sich denn besser diskutieren, als in den acht Stunden Grenzdienst? Man war ständig zu zweit und hatte genug Zeit zum Meinungsaustausch. Da die Älteren über mehr Lebenserfahrung als wir Achtziger verfügten, bot es sich förmlich an, den Postenführer um Rat zu bitten.

Dann schilderte der Politoffizier die aktuelle Lage, die immer ernst war. Es gab keinen Tag, an dem wir Grenzer nicht bedroht wurden. Entweder desertierten Angehörige der NVA oder der Sowjetarmee. Stets hieß es, dass sich die bewaffneten Fahnenflüchtigen in unsere Richtung bewegten. Dabei handelte es sich oft um gezielte Falschmeldungen, die unsere Wachsamkeit erhöhen sollten. Die Vorgesetzten wollten mit allen Mitteln verhindern, dass wir draußen einschliefen. Allein die Vorstellung, dass sich uns potentielle Grenzverletzer im Schutze der Dunkelheit näherten und eine Lücke im Sicherheitssystem aufspürten, raubte einem den Schlaf. Trotzdem bin ich eingeschlafen, denn mein Körper musste sich erst an die Nachtschichten gewöhnen. Nach einer Schicht war ich müde und konnte mich kaum auf die einfachsten Sachen konzentrieren. Eine längere Nachtruhe wäre sinnvoller als jede TAPI gewesen. Folglich blieb es nicht aus, dass wir Grenzer abwechselnd im Dienst schliefen. Ich behaupte nicht, dass alle Grenzer schliefen, aber es ist vorgekommen. Die Entlassungskandidaten nahmen es nicht einfach hin, wenn wir Achtziger während der Schicht einnickten. Sie versetzten uns in Angst und Schrecken, indem sie uns die Kalaschnikows im Schlaf wegnahmen und versteckten. So erzogen uns die Alten auf ihre Weise.

Obwohl der Inhalt jeder TAPI gleich klang, erlebte ich eine Veranstaltung in Weidenbach, die bei allen Anwesenden großes Erstaunen auslöste. Der Oberst erteilte uns den überraschenden Befehl, dass die Schusswaffengebrauchsbestimmung vorübergehend außer Kraft gesetzt wurde. Der Einsatz der Kalaschnikow war bei Strafe verboten. Wir hatten unsere Waffen zwar im Grenzdienst zu tragen, durften jedoch nicht schießen. Im Falle einer versuchten Grenzverletzung sollten wir die Flüchtenden verfolgen und mit Hilfe körperlicher Einwirkung überwältigen. Wenn wir eine erfolgreiche Flucht bemerkt hätten, wäre eine Meldung über das Grenzmeldenetz ausreichend gewesen. Das klang in meinen Ohren höchst fragwürdig. Deshalb überwand ich mich, den Oberst darauf anzusprechen, warum wir die Waffen überhaupt mit in den Abschnitt nahmen. Der Kompaniechef antwortete nur, dass es sich um einen Befehl des Grenzkommandos Süd handelte. Aus den Nachrichten erfuhren wir am selben Abend, dass das Staatsoberhaupt Österreichs, Dr. Rudolf Kirchschläger, die DDR besuchte. Unsere Regierung sah Österreich als ein besseres Deutschland an und stellte das Land als Vorbild für alle Ostler dar. Wie die Ösis nach dem Krieg zur eigenen Identität fanden, sollten auch die Bürger der DDR unser Land wie eine neue

Heimat begreifen. Nachdem unser Staatsoberhaupt 1980 in Österreich war, sollte der Besuch des österreichischen Bundeskanzlers der DDR helfen, die außenpolitische Isoliertheit aufzugeben und als souveräner deutscher Staat auch von westlichen Ländern anerkannt zu werden. Deshalb durfte es während des Besuches von Dr. Kirchschläger keine Toten an der innerdeutschen Grenze geben. Dieser Befehl von ganz oben galt zwei Tage lang, dann durfte bzw. musste wieder scharf geschossen werden.

Nach einer TAPI begann die eigentliche Vorbereitung auf den Grenzdienst. Für den Transport der Verpflegung waren wir Achtziger verantwortlich. Jeder Posten hatte die Sachen persönlich von seinem Postenführer abzuholen. Auch diese Tatsache beweist, dass wir vor der offiziellen Vergatterung wussten, mit wem wir auf Schicht gingen. Wir erhielten alte, speckige Taschen, die als Teil 1 der Gefechtskleidung ausgedient hatten. Jede Ecke dieser Postentasche musste sinnvoll für die Utensilien des Grenzdienstes genutzt werden. Zum Inhalt gehörte deftige Kost, die der Fourier zur Verfügung stellte. Im Normalfall schmierte sich jeder seine eigenen Stullen, die wir in riesigen, rechteckigen Brotbüchsen verstauten. Das Angebot an Wurst, Schinken und Käse in Weidenbach war gut und wesentlich abwechslungsreicher als in Eisenach. Man musste uns Grenzer ja irgendwie bei Laune halten. Neben Postenbroten gab es oft gebratene Schnitzel, Knackwürste und Zwiebeln soviel man wollte. Die fettigen Knacker eigneten sich bestens zum Grillen, wobei der sorgfältig entölte Reinigungsstab einer Kalaschnikow als Spieß genutzt wurde. Hierauf ließ sich auch ein leckeres Schaschlik zubereiten, indem wir Fleischstücke, Knackerscheiben und Zwiebeln abwechselnd aufspießten. Besonders mochte ich Gulasch mit Kraut, das in Konserven mit an den Kanten genommen wurde. Unseren Ideen und Phantasien waren keine Grenzen gesetzt, wenn man vom strikten Verbot im Dienst absah. Die Vorgesetzten duldeten die illegalen Kochorgien, solange es keine Vorkommnisse gab. Während meiner Dienstzeit in Weidenbach fand eine einzige Kontrolle nach der Rückkehr von einer Frühschicht statt. Ein Gefreiter meines Zuges hatte mit seiner Waffe den Reinigungsstab auf einen Hasen abgefeuert und nicht genau getroffen, so dass das Tier in Todesangst samt Putzutensil in den Wald rannte. Da der Reinigungsstab verschollen blieb, musste der Kunstschütze Meldung über den peinlichen Verlust erstatten. Daraufhin filzte der Oberst persönlich alle Brotbüchsen, die wir als Kochgeschirre benutzten. Er entdeckte Fettreste in den Aluminiumdosen und Rußflecke an der Unterseite der Behälter, die von den benutzten Spiritustabletten stammten. Der Oberst schüttelte nur mit dem Kopf, womit die Angelegenheit für ihn erledigt schien. Die Toleranz des Vorgesetzten bedeutete für uns keineswegs, dass wir täglich draußen brutzelten. Nur wenn alle äußeren Bedingungen stimmten, begannen wir mit den Vorbereitungen. Der Postenführer entschied mit seiner Erfahrung über den Zeitpunkt einer selbstgekochten Mahlzeit. Ein Lagerfeuer unter freiem Himmel auf der Gobert erinnerte mich an die romantische Kindheit auf dem Fliegerberg. Die Schicht verging beim Kochen viel schneller. Bei großer Hitze ist eine Postentasche mit Getränken und eine mit Verpflegung gefüllt worden. Daneben zählte ein funktionstüchtiges Transistorradio zur Grundausstattung eines Postenpaares. Schließlich wollte jeder von uns wissen, was in der Welt passierte. Wir hörten oft HR 3, den Kultsender in Hessen. Das Radio wurde in den Momenten, in denen wir übers Grenzmeldenetz Kontakt zur Führungsstelle aufnahmen, sicherheitshalber ausgeschaltet. Einige Kameraden nutzten die Schichten auf den Beobachtungstürmen in Asbach und Sickenberg, um Briefe zu beantworten, was mir viel zu umständlich war. Dafür hatte ich stets ein Buch in der Tasche. Auf Skatkarten, Halma-, Dame- oder Mühlespiele habe ich bewusst verzichtet, weil es ausreichte, wenn ein Posten abgelenkt war. Der andere Grenzer hatte ständig dafür zu sorgen, dass wir nicht überrascht wurden. Dabei wechselten wir uns gegenseitig ab. Jeder wachte einmal und ging anschließend seiner Lieblingsbeschäftigung nach.

Ich erhalte den Schießbefehl

Wenn alle wichtigen und unwichtigen Utensilien für den Grenzdienst gepackt waren, nahmen wir unsere Waffen in Empfang. Während ich in Eisenach eine alte Kalaschnikow mit schwerem Holzkolben hatte, bekam ich in Weidenbach die moderne Ausführung mit ausklappbarer Schulterstütze. Jeder Grenzer erhielt seine persönliche Waffe und zwei Magazine mit jeweils 30 Schuss Munition. Derart bepackt traten wir in Reihe an, um für den Grenzdienst vergattert zu werden. Während wir im Sommer draußen auf dem Kompaniehof vor den Garagen standen, erfolgte die Vergatterung unseres Zuges bei schlechtem Wetter auf dem unteren Flur der Huscha.

Das Zeremoniell, das entweder von Offizieren der Kompanie oder von unserem Zugführer vorgenommen wurde, begann erst, wenn der Zug vollzählig angetreten war. Die Vorgesetzten hätten den Text längst auswendig aufsagen können, stattdessen lasen sie den genauen Wortlaut vor: „Der zweite Zug der ersten Grenzkompanie sichert die Staatsgrenze der DDR im Abschnitt der ersten Grenzkompanie mit der Aufgabe, Grenzdurchbrüche nicht zuzulassen, Grenzverletzer vorläufig festzunehmen oder zu vernichten und den Schutz der Staatsgrenze unter allen Bedingungen zu gewährleisten, Vergatterung!" Mit dieser Formulierung verpflichteten die Vorgesetzten den kompletten Zug, auf Grenzverletzer zu schießen. Sie befahlen es nicht jedem Grenzsoldaten persönlich, was in meinen Augen keinen Unterschied machte. Wahrscheinlich sollte im Ernstfall niemand von uns behaupten können, dass ein Offizier direkt den Befehl erteilte, auf Menschen zu schießen. Jedoch ließ die Vergatterungsformel bei erfolgloser Festnahme keine Alternative zum finalen Schuss zu. Damit beziehe ich mich auf das Wort vernichten, das zerstören oder bewusst und unmittelbar gewaltsam nichtig machen bedeutet. Synonyme lauten beseitigen, liquidieren oder töten. Das war der alles entscheidende Punkt. Wir sollten Grenzverletzer töten, um sie an der Flucht in den Westen zu hindern. Töten wiederum bedeutete, einem Menschen das Leben zu nehmen. Aber kein Vorgesetzter sprach den Satz in dieser Deutlichkeit offen aus. Bei der Vergatterung hieß es zusammengefasst, „Grenzverletzer zu vernichten", was anders klang als töten oder einem Menschen das Leben nehmen. Die verallgemeinerte Formulierung änderte grundsätzlich nichts am Schießbefehl, der zwischen den Zeilen stand. Im Laufe der zahlreichen Vergatterungen, die irgendwann zur Routine wurden, überhörte ich das Wort vernichten, ohne dieser Tatsache die entsprechende Bedeutung beizumessen. Selbstverständlich war mir bewusst, wozu jeder Grenzer die Kalaschnikow mit nach draußen nahm. Bereits in der Ausbildung von Eisenach lernte ich die Schusswaffengebrauchsbestimmung kennen, die den Einsatz der Waffe als letztes Mittel erlaubte. Neu war für mich, dass die Kalaschnikow gegen ältere Menschen, Frauen und Kinder nicht eingesetzt werden durfte. Im Ernstfall mussten wir parallel zum Grenzzaun 1 schießen, um zu verhindern, dass Projektile auf dem Hoheitsgebiet der BRD landeten. Ich gewann den Eindruck, dass die Vorgesetzten diese Anweisung für ein Kavaliersdelikt ansahen, da sie stets betonten, dass kein Grenzverletzer durchkommen darf. Wie genau wir den Schießbefehl in der Praxis umsetzen sollten, hat man uns bewusst unterschlagen. „Nun macht mal, aber wie ihr es machen sollt, das sagen wir euch nicht, Vergatterung!", lautete die freie Übersetzung der Vergatterungsformel, die in erster Linie der allgemeinen Verunsicherung diente. Kein Vorgesetzter der Huscha wollte seinen Kopf dafür hinhalten, dass wir an der Grenze auf Menschen schossen. Wenn der Oberst nach seinen Vergatterungen in ernstem Ton versprach, „dass in seinem Abschnitt keiner durchkommt", habe ich ihm diese Worte nie so richtig abgenommen. Er war viel zu sehr Mensch, der in einer geglückten Flucht keine persönliche Niederlage gesehen hätte. Es war durchaus vorstellbar, dass alle Kompaniechefs von ihren übergeordneten Vorgesetzten für jede Republikflucht zur Rechenschaft gezogen wurden. Sozialistisch geschult, militärisch ausgebildet, grenzdienstlich verwirrt und mit vielen privaten Problemen belastet, fuhren wir täglich raus an den Kanten. Dabei hatten wir die Zwänge der EK-Bewegung ständig im Kalkül. In dieser Ausnahmesituation versuchte ich mir damals vorzustellen, wie ich auf eine Grenzverletzung reagieren würde. Ich gebe zu, dass ich im entscheidenden Augenblick keinen Plan gehabt und überlegt hätte, was denn zu tun wäre. Vielleicht hätte ich aus reinem

Selbsterhaltungstrieb geschossen. Aus Notwehr heraus, mich nach einem feindlichen Angriff selbst verteidigen zu müssen. Aus der Angst, etwas falsch zu machen oder mir etwas zu Schulden kommen zu lassen. In dieser ausweglosen Situation wusste ich mir nicht anders zu helfen, als ältere Grenzer danach zu fragen, ob sie im Ernstfall schießen würden oder nicht. Den meisten Kollegen haperte es an der nötigen Erfahrung, weil niemand in Weidenbach während seiner Dienstzeit auf Menschen geschossen hatte. Meine Umfrage verlief ergebnislos. Viele Kameraden schwiegen aus den unterschiedlichsten Gründen.

Die EK 83 I hatten innerlich bereits mit dem Grenzdienst abgeschlossen. Kurz vor ihrer eigenen Entlassung waren sie gedanklich schon daheim, wo es andere Schwierigkeiten zu bewältigen galt, als einem wissbegierigen Grenzer wie mir den praktischen Umgang mit dem verdammten Schießbefehl zu erklären. Die Entlassungskandidaten benahmen sich in ihren letzten Schichten anfängerhaft, delegierten die einfachsten Verantwortlichkeiten, leisteten Dienst nach Vorschrift und versuchten um jeden Preis, besondere Vorkommnisse zu vermeiden. Die EK 83 II ließen sich von mir nicht weiter ausfragen, weil keiner für seine subjektive Meinung zur Rechenschaft gezogen werden wollte. Schließlich lagen noch lange sechs Monate vor uns, die wir gemeinsam auf der Huscha verbrachten und in einem halben Jahr konnte sich eine Menge verändern. Deshalb hielten sich die Leute, die uns ab dem Bergfest führten, lieber zurück.

Während die Kollegen meines Diensthalbjahres versuchten, mich davon zu überzeugen, dass es auf die jeweilige Situation ankäme, brauchte ich vorab einen verständlichen Algorithmus, der im Ernstfall pragmatisch abzuarbeiten war. Da mir niemand sagen konnte, wie ich mich zu verhalten habe, wollte ich das Problem einfach an die nächste Grenzergeneration weiter geben. Doch es dauerte nicht lange, bis diese heikle Frage wieder auftauchte.

Bei der Ankunft des neuen Diensthalbjahres in Weidenbach musste ich selbst Farbe bekennen. Als mich ein junger Soldat fragte, was ich tun würde, wenn er abhaut, begriff ich nicht nur meine eigene Hilflosigkeit, sondern die verschiedenen Hintergründe seiner Fragestellung. Vielleicht hatte er tatsächlich vor, abzuhauen, oder er arbeitete für die Staatssicherheit und versuchte, mich auszuhorchen. Oder er machte sich die gleichen Sorgen wie ich und sprach nur offen aus, was jeder in Weidenbach dachte. Damals klang meine Antwort naiv und zutiefst menschlich. Ich argumentierte, dass jeder Flüchtling aus unseren Reihen den Mut haben sollte, seinen Posten am Leben zu lassen. Ein derartiger Freifahrtsschein war natürlich völliger Blödsinn. In einer Ausnahmesituation ging selbst ein flüchtender Grenzer über Leichen und jeder Zeuge einer Flucht wäre von den Vorgesetzten zur Rechenschaft gezogen worden. Egal ob man geschossen hätte oder nicht, man hätte sich dafür verantworten müssen. Heute bin ich mir sicher, dass ich im Falle eines Angriffes auf meine Person geschossen hätte, um mich zu verteidigen. Dieses Eingeständnis klingt schockierend. Es ist dennoch meine ehrliche Antwort. Ich hätte mich gewehrt, um mein eigenes Leben zu schützen und gesund nach Hause zu kommen, wo Corinna, Meike und meine Eltern auf mich warteten. Ist das zu verstehen? Unsere Vorgesetzten schwiegen zu diesem Thema, obwohl sie die Möglichkeit hatten, aktuelle Republikfluchten auszuwerten. Unliebsame Vorfälle verschleierte man lieber oder erwähnte sie nicht einmal, selbst wenn der Buschfunk die Hiobsbotschaften schon auf der Huscha verbreitet hatte.

Ein Jahr bevor ich nach Weidenbach kam, scheiterte ein Fluchtversuch in der Nähe von Sickenberg. Der Landwirt Heinz-Josef Große arbeitete am 29. März 1982 mit seinem Überkopflader im Schifflersgrund. Die Erdarbeiten wurden von zwei Grenzern abgesichert, die sich im Hintergrund aufhielten. Große setzte die Baggerschaufel auf den vorderen Zaun, kletterte rüber und rannte Richtung Westen. Etwa 25 Meter trennten den Flüchtenden von der Freiheit. In diesem Moment trafen Schüsse beider Grenzer den Flüchtling. Er verblutete am gegenüberliegenden Steilhang, der noch zum Hoheitsgebet der DDR gehörte. Zwei Beamte des Bundesgrenzschutzes konnten nur hilflos zusehen. Die Grenzsoldaten forderten zwar Verstärkung an, die jedoch lange auf sich warten ließ. Erst am späten Nachmittag wurde der Tote fotografiert, untersucht und abtransportiert. Von offizieller Seite hörte ich während meiner Dienstzeit nichts über diesen tragischen Zwischenfall. Das erschütternde Vorkommnis ist von einer Grenzergeneration zur nächsten weiter erzählt worden. Meine Vorgänger wussten sogar, dass das verantwortliche Postenpaar ausgezeichnet wurde. Es gab tatsächlich Prämien für das Erschießen von Flüchtenden. Unverzüglich erhielt ein Todesschütze drei Tage Sonderurlaub und 150 Mark. Trotzdem kann ich mir nicht vorstellen, dass ein Grenzer wegen einer Auszeichnung abdrückte. Es war zu befürchten, dass die Schützen lernen mussten, den Rest ihres Lebens mit einer solch unmenschlichen Tat umzugehen. Die Angehörigen der Opfer werden diese Ängste und Selbstzweifel nur als Teil der gerechten Strafe sehen. Ich möchte hier keinen der Schützen verteidigen oder gar Sympathien für ihn wecken, das liegt mir fern. Zeitlebens habe ich immer versucht, das Gute im Menschen zu sehen und die friedliche Koexistenz von Leuten unterschiedlicher Gesinnung zu akzeptieren. Mir ist heute klar, dass es genügend Beweggründe gab, unseren Staat für immer zu verlassen. Ich verstehe sogar, dass es DDR-Bürger ablehnten, auf legalem Wege auszureisen. Sicher war die Genehmigung eines entsprechenden Ausreiseantrages umständlich und mit hohem Zeitaufwand verbunden. Endlose Schikanen vom Verlust des Arbeitsplatzes über Enteignung von Privateigentum bis hin zu unmenschlichen Haftstrafen standen auf der Tagesordnung. Wurde der Ausreise endlich zugestimmt, bekam man nur wenig Zeit, um persönliche Dinge einzupacken und auszureisen. Doch jedem, der illegal versuchte, die DDR zu verlassen, muss bewusst gewesen sein, dass er auf diesem Wege sein Leben riskierte. Niemand durfte freies Geleit erwarten, wenn er auf einen Grenzer traf. Ich wäre bei einer solchen Begegnung von einem Angriff auf meine Person ausgegangen und hätte mich verteidigt. Ein Grenzer konnte keinen Flüchtling nach seinen Beweggründen fragen. Wir durften befehlsgemäß nicht den Menschen mit seinen Problemen, Hoffnungen und Wünschen sehen, sondern den Grenzverletzer und in dieser Person das uns ständig vermittelte Feindbild. Ich war immer überzeugt davon, dass man in unserem Kompanieabschnitt zwischen Asbach und Sickenberg abhauen konnte. Allerdings gehörten gewisse Voraussetzungen und eine Portion Glück dazu. Der potentielle Grenzverletzer in guter geistiger und körperlicher Verfassung musste sich im Grenzgebiet auskennen, um bis an beide Zäune zu gelangen. Dort sollte er einige Zeit verbringen und unser Grenzregime ausspähen. Nach spätestens drei oder vier Tagen hätte ein aufmerksamer Beobachter gemerkt, dass in Asbach und Sickenberg jeweils ein Postenpaar auf dem BT saß. Auf einer Strecke von fünf Kilometern sah man nur den Grenzsignalzaun, den über drei Meter hohen Grenzzaun 1 und mittendrin bellten vernachlässigte Hunde an einer maroden Laufanlage. Vor den armseligen Kreaturen, die ständig mit ihren Ketten zwischen den Betonplatten der Kfz-Sperre hängen blieben, brauchte sich niemand zu fürchten. An der Hundetrasse wäre jedem halbwegs sportlichen Menschen mit einer normalen Leiter die Flucht über den vorderen Zaun gelungen. Zur Not hätte ein Turm aus zwei oder drei Hundehütten ausgereicht, denn die Flachdächer boten sich förmlich zum Übereinanderstapeln an. Beim kleinsten Grenzalarm wäre der Flüchtende bereits in Hessen gewesen, bevor wir Grenzer überhaupt die Tür vom Beobachtungsturm erreichten. An engen Stellen im Bereich Asbach lagen nur wenige Meter zwischen den beiden Zäunen. Natürlich besaßen wir Grenzer die besten Voraussetzungen für eine Flucht in den Westen. Allerdings hatten wir die ganze Zeit über einen Zeugen dabei. Da musste sich ein Postenpaar schon grundsätzlich einig sein und gemeinsam handeln.

Die Bürger von Asbach und Sickenberg, die in Sichtweite der Zäune lebten, kannten unser Grenzregime bestens. Ich glaube nicht, dass Einheimische Probleme bei einer Flucht gehabt hätten. Fremde hingegen brauchten mehr Zeit, um uns zu beobachten und daraus die nötigen Schlussfolgerungen für einen erfolgreichen Fluchtversuch abzuleiten.

Es ist jedoch ein Trugschluss, anzunehmen, dass alle Grenzsoldaten draußen schliefen. Angst, Dunkelheit und Kälte bildeten drei Gründe, wach zu bleiben. Vielleicht wünschten wir Grenzer uns einfach, gesund nach Hause zu kommen?

Führungsstelle und Kontrollstreife

Das Herzstück im Abschnitt bildete die Führungsstelle, von wo aus unser Zugführer die Schicht leitete.
Jedes Postenpaar hielt über das Grenzmeldenetz Verbindung mit dieser Zentrale. Alle Meldungen aus den
einzelnen Postenbereichen, Alarme am Grenzsignalzaun und Auslösungen der Selbstschussanlagen gingen
hier ein. Die Führungsstelle hatte Verbindung zur
Grenzkompanie in Weidenbach und zum Bataillon in
Hildebrandshausen. Dorthin meldete der Zugführer
unseren Abschnitt stündlich ohne Anzeichen einer
Grenzverletzung, wenn nichts passiert war. Ein Posten
unterstützte den Diensthabenden bei seiner Tätigkeit
und sicherte dessen Handlungen mit der Waffe. Beide
saßen im zweiten Stock dieses Gebäudes, in einem
kahlen Raum mit großen Fenstern. Die Zentrale der
Führungsstelle war wesentlich größer als die Kanzel
eines Beobachtungsturmes. Im Winter herrschten dort
angenehme Temperaturen, weil die Führungsstelle mit
elektrischen Plattenheizkörpern ausgestattet war. Der
Komfort sollte vermutlich falschen Entscheidungen
im Grenzdienst vorbeugen. Auf einem breiten Tisch in
der Mitte des Zimmers standen ein Modell unseres
Kompanieabschnittes und verschiedene Schalttafeln.
Entsprechend ihrer Bedeutung blinkten farbige Lämp-
chen auf, die Auslösungen bzw. Alarme signalisierten.
Als Hundeführer in Weidenbach durfte ich nicht auf
die Führungsstelle und zur Alarmgruppe bin ich nur
ein einziges Mal eingeteilt worden. Die Sondereinheit

bestand aus vier Grenzern, die im ersten Stock des Gebäudes schliefen. In diesem dunklen Bereitschaftsraum standen zwei verrostete Doppelstockbetten, in denen täglich andere Grenzer lagen. Die Matratzen waren so speckig und durchgelegen, dass man sich vor ihnen ekelte. Da nutzten auch die aus Weidenbach mitgebrachten Wolldecken wenig. Ein weiterer Nachteil dieses Raumes war seine Anordnung im Gebäude. Die Leute aus der Führungszentrale trampelten bei jeder Gelegenheit durch den Bereitschaftsraum, so dass die Alarmgruppe selten ihre Ruhe fand. Bei einem Grenzalarm wurde die Sondereinheit in der wahrscheinlichen Richtung des Grenzverletzers postiert. Zwei Zweierposten riegelten die Grenze ab. Für diesen Zweck existierten verschiedene Varianten, die mir am Modell auf der Führungsstelle zwar einleuchteten, aber dennoch Fragen aufwarfen. Wenn es hier tatsächlich darum ging, einem Flüchtenden den Weg abzuschneiden, begegnete man ihm vielleicht Auge in Auge. Oder trieb man den Fluchtwilligen sicherheitshalber zum Nachbarposten, wo er einem selbst nicht gefährlich werden konnte? Wieso sollte sich die Schlinge ausgerechnet in meinem Postenbereich zuziehen?

Solche Lagen mit Unterstützung der A-Gruppe waren die einzigen Situationen an der Grenze, in denen ich mich in der Überzahl fühlte. Im Normalfall kam ich mir zu zweit ziemlich verlassen vor. Ich bezweifle noch immer, dass die Effektivität der Grenztruppen der DDR darin bestand, mit wenigen Grenzposten möglichst viele Kilometer Grenze abzusichern. Die Führungsstelle wurde Hütte genannt, weil sie mitten im Wald stand. Sie befand sich in der Nähe des Hesselkopfes, der über 500 Meter hoch ist. Der Blick aus den Fenstern der Führungsstelle richtete sich auf den Grenzsignalzaun und den 2-Meter-Kontrollstreifen, die beide nur einen Steinwurf entfernt lagen. Der K 2 diente der Spurenkontrolle, die zweimal täglich in der Spät- und Nachtschicht erfolgte. Während der Frühschicht kontrollierten wir nur den K 6 vor dem Grenzzaun 1. Das Teilstück vom Gipfel des Iberges bis hinunter zu seinem Fuß war zu steil für Kontrollen. Also wurde in diesem Bereich auch nicht weiter nach Spuren gesucht. Dennoch ist der Abschnitt jeden Tag ohne Anzeichen einer Grenzverletzung protokolliert worden. Die oberflächliche Spurensuche bereitete mir anfangs Gewissensbisse. Später begnügte ich mich mit der Tatsache, dass keine Fußabdrücke vorlagen. Weitere Probleme ergaben sich, weil der Acker vor dem Grenzzaun 1 nicht regelmäßig gepflügt und geeggt wurde. Unter solchen Voraussetzungen war es praktisch unmöglich, Spuren zu entdecken. Wenn ich mir für die Schicht einen Kontrollstreifen aussuchen durfte, fiel meine Wahl immer auf den Weg am Grenzsignalzaun. Dort lagen keine Betonplatten, die scharfkantige Löcher aufwiesen, in die mein Hund treten konnte. Außerdem ergab sich die Möglichkeit für einen kurzen Abstecher nach Volkerode, wo ich rasch Freunde unter den Dorfbewohnern fand. Die Bewegung draußen an der frischen Luft tat mir gut und Alf fühlte sich in seinem Element. Bei meinen Kameraden bin ich mir heute noch nicht sicher, ob alle gerne liefen. Dabei verging die Zeit rasch, weil wir uns die einzelnen Streckenabschnitte selbst einteilen durften. Für das pünktliche Eintreffen an den Postenpunkten existierte keine Dienstvorschrift. Ob wir nun zwei, vier oder acht Stunden für die Strecke benötigten, war dem Zugführer auf der Führungsstelle egal, solange keine Lagen im Abschnitt auftraten. In gemächlichem Tempo waren die 13 Kilometer bis Sickenberg in knapp acht Stunden zu schaffen, weil es ständig bergauf und bergab ging. Deshalb kam mir der Weg entlang des Grenzsignalzaunes etwas länger vor als der Kontrollabschnitt am Grenzzaun 1. Vielleicht habe ich mich diesbezüglich auch geirrt.

Meistens organisierte ich den Fußmarsch so, dass wir zur Hälfte der Schicht die Führungsstelle erreichten und uns stärkten. Dafür mussten wir keine schweren Postentaschen mitschleppen, weil die vom Posten des Zugführers auf die Hütte transportiert wurden. Eine Strapaze bildete die Kontrolle des K 2 vor einem anstehenden Urlaub. Wenn ich freitags ab 4.00 Uhr von Uder aus in den verlängerten Kurzurlaub starten wollte, trat ich am Abend zuvor noch zur Nachtschicht an, denn die Vorgesetzten verplanten uns buchstäblich bis zur letzten Minute. Um den Zug von Arenshausen über Heiligenstadt, Mühlhausen, Bad Langensalza nach Erfurt nicht zu verpassen, musste ich die Strecke von Kella hinauf zur Hessel in knapp zwei Stunden schaffen. Diese zwei Stunden bedeuteten etwa die

Hälfte der sonst üblichen Zeit, wobei von laufen keine Rede sein konnte. Mit meinem Hund Alf und einem fluchenden, überforderten Posten rannte ich am Kontrollstreifen entlang, ohne im Dunkeln Spuren zu finden. Bei starkem Regen oder Schneefall haben wir uns manchmal selbst nicht gesehen. Auch mit Hilfe einer funktionstüchtigen Taschenlampe gestaltete sich die Kontrolle schwierig, weil der K 2 nur selten gepflügt wurde. In meiner Dienstzeit in Weidenbach ist mir nur einmal ein Traktor begegnet, der den Kontrollstreifen beackerte. Der ängstliche Traktorist brach die Arbeit jedoch ab, weil er am Rande der Hessel beinahe umgekippt wäre.

Wenn wir am Tage schon keine Fußabdrücke entdeckten, erkannten wir nachts noch viel weniger. Manche Spuren, die keinem bekannten Lebewesen zuzuordnen waren, verwischten wir sofort mit einem Ast, um späteren Missverständnissen vorzubeugen. Ich wollte vor dem Urlaub überhaupt keine Abdrücke finden, denn jede Spurenmeldung auf dem K 2 hatte eine Lage zur Folge. Ein übervorsichtiger Zugführer hätte uns die Fährte sichern lassen, die A-Gruppe in den Abschnitt befohlen und einen Vorgesetzten mit Röntgenaugen angefordert, der die Fußabdrücke genau analysiert. In diesem Falle wären sicher Stunden bis zur Aufklärung und der darauf folgenden Aufhebung einer Lage vergangen. Solche Verzögerungen konnte ich in der Nacht vor dem Urlaub nicht gebrauchen. Wenn nichts Außergewöhnliches passierte, kamen wir kurz nach Mitternacht zur Führungsstelle auf der Hessel.

Sogar hier hätte eine Lage unser bevorstehendes Schichtende und den Urlaub platzen lassen können. Deshalb galt es, den Grenzabschnitt so schnell wie möglich in Richtung Huscha zu verlassen. Wir verabschiedeten uns unverzüglich vom Vorgesetzten und liefen über die Hessellücke zurück nach Weidenbach. Auf dem Weg dorthin waren wir glücklicher Weise nicht telefonisch erreichbar. In der Regel erreichten wir gegen 2.00 Uhr die Grenzkompanie, wenn es keine Zwischenfälle mit Hasen, Rehen oder Wildschweinen gab, die Alf in seinem Jagdtrieb aufscheuchte.

Auf der Huscha versorgte ich den Hund mit Resten vom Abendessen. Während meiner Abwesenheit im Urlaub betreute ein anderer Hundeführer meinen Alf. Frisch geduscht, müde und abgekämpft standen wir morgens um 3.00 Uhr in Ausgangsuniform vor dem Unteroffizier vom Dienst, der uns in die Ferien verabschiedete. Einen richtigen Urlaubsappell, wie früher in Eisenach praktiziert, habe ich in Weidenbach nicht erlebt. Wahrscheinlich gingen die Vorgesetzten davon aus, dass jeder von uns Grenzern wusste, wie er sich außerhalb der Kompanie zu bewegen hatte. Den Urlaubsschein bekamen wir bereits am Vorabend vom Spieß ausgehändigt, da er und der Rest der Kompanie zu so früher Stunde noch schliefen.

Anschließend brachte uns der Schreiber zum Bahnhof nach Uder. Ich erinnere mich nicht, dass ich einmal zu spät zum Zug kam.

Sicherheit

Zur Dienstnachbereitung gehörte das Säubern aller Ausrüstungsgegenstände, die wir mit an die Grenze nahmen. Bereits während der kurzen Rückfahrt nach Weidenbach wurden sichtbare Staubkörnchen auf der Kalaschnikow mit Hilfe eines alten Rasierpinsels entfernt. Das sparte viel Zeit, war jedoch oberflächlich im Vergleich zum Waffenreinigen in der Keimschmiede Eisenach, wo das Putzen täglich stattfand, auch wenn die Kalaschnikow überhaupt nicht benutzt wurde. Der verantwortliche Waffenunteroffizier in Weidenbach fühlte sich für die Vollzähligkeit der Waffen zuständig, nicht jedoch für deren Sauberkeit. Nach Schichtende begutachtete niemand mehr meine Kalaschnikow. Der griesgrämige Unteroffizier öffnete und verschloss die Waffenkammer, ansonsten wollte er nur seine Ruhe haben. Das unzählige Auf und Zu seines Verantwortungsbereiches verteilt über den Tag und manchmal auch in der Nacht, wenn die Kontrollstreife oder eine Alarmgruppe ihre Waffen holte oder brachte, sowie der damit verbundene Schlafmangel machten dem Waffenunteroffizier zu schaffen. Zweimal im Jahr kontrollierte der Spieß den Zustand aller Gewehre und die Vollständigkeit der Munition. Um für diesen einkalkulierten Ernstfall einigermaßen gewappnet zu sein, hinterließen uns frühere Grenzergenerationen einen überaus wertvollen Vorrat an scharfen Patronen, der hinter der rechten Gardinenstange unseres Zimmerfensters oder in einer Plastiktüte im Spülkasten der mittleren Toilette lagerte. Die heimlichen Verstecke kannten nur die Alten, die sie erst kurz vor dem Entlassungstermin an das nächste Diensthalbjahr weitergaben. Wenn einem tatsächlich Stahlkerngeschosse und Ersatzmunition fehlten, benutzte man Platzpatronen oder schnitzte sich Attrappen aus Holz. Die billigen Imitate steckte man nach unten oder mittig ins Magazin, wo sie dem Spieß nicht direkt ins Auge fielen. Den Abschluss oben bildeten echte Patronen, durch die das Magazin vollzählig wirkte. Fehlende scharfe Munition bei einer zufälligen Kontrolle warf unangenehme Fragen auf. Diese Verhöre wären einem aufmerksamen Grenzsoldaten erspart geblieben, wenn er seine Magazine selbst regelmäßig kontrolliert hätte. Es kam vor, dass man eine Patrone aus Versehen oder Unachtsamkeit im Grenzgebiet verlor. Vor solchen zufälligen Verlusten war niemand gefeit. Ich weiß jedoch nicht, wie unsere Vorgesetzten auf eine entsprechende Fehlmeldung reagiert hätten.

Noch gefährlicher als den laschen Umgang mit der Kalaschnikow empfand ich die illegalen Schießübungen im Grenzdienst, bei denen jeder Teilnehmer mit einem Bein im Sarg lag. „Wer zieht am schnellsten?", lautete die Lieblingssportart gelangweilter Grenzsoldaten, bei der beide Posten ihre Waffen locker am Trageriemen über den Schultern trugen. Mit gezieltem Handkantenschlag wurde von hinten auf den Schaft der Waffe geschlagen, wodurch sich die Kalaschnikow unter den Armen durchdrehte. Nutzte man den kurzen Schwung aus, ließ sich die Flinte gleichzeitig entsichern. Es gab Kameraden, die das in Bruchteilen von Sekunden schafften. Obwohl diese Duelle verboten waren, gaben sie vielen Soldaten einen gewissen Kick. Leichtsinnige Kameraden duellierten sich, indem jeder versuchte, schneller zu ziehen als der andere. Viele Grenzergenerationen bestritten diesen gefährlichen Wettkampf ohne Magazin in der Kalaschnikow, denn mit eingeführtem Magazin wurde die Waffe praktisch geladen. Um derart tragischen Unglücksfällen vorzubeugen, wurde nach jedem Grenzdienst die Sicherheit kontrolliert. Wir mussten zuerst das Magazin aus der Kalaschnikow entfernen und dem Zugführer die entladene Waffe vorzeigen. Selbst bei diesem Vorgehen ereigneten sich Unfälle, wenn ein Soldat aus Unachtsamkeit vergaß, das gefüllte Magazin aus der Waffe zu nehmen.

Passend zu dem Thema möchte ich ein Vorkommnis schildern, das sich an einem Spätsommerabend des Jahres 1983 in Weidenbach ereignete. Die internationale Ölkrise überschattete in diesen Wochen auch unser Land. Zahlreiche DDR-Bürger, die ihren Urlaub mit dem Pkw in Rumänien verbrachten und kein Westgeld besaßen, hingen tagelang fest, weil man den Sprit nur gegen Devisen verkaufte. Während der Westen mit Sonntagsfahrverboten auf die Krise reagierte, legten wir Grenzer lange Fußmärsche zurück. Wer dachte, dass die bewaffneten Organe bevorzugt mit Kraftstoffen beliefert wurden, der irrte gewaltig. Bei den Grenztruppen wurde zuerst gespart. Hatte die Kompanie ihr Kontingent an Diesel verbraucht, blieben die Fahrzeuge in der Garage stehen. In der Folge liefen wir zu Fuß von Weidenbach bis Asbach, Sickenberg sowie Kella und nach Schichtende wieder zurück.

Unter Führung eines jungen Leutnants, der frisch von der Offiziersschule an die Grenze kam, absolvierten wir eine verkürzte Spätschicht. Unser Zug wurde ausnahmsweise vorzeitig abgelöst, weil viele Kameraden Fußball sehen wollten. Der 1. FC Magdeburg spielte an diesem Mittwoch, dem 14. September 1983, in der ersten Runde des Pokalsiegercups gegen den FC Barcelona. Der bis dahin fünffache EC-Sieger hatte Diego Maradona verpflichtet. Außerdem spielte der Deutsche Bernd Schuster in den Reihen der Katalanen. Allein der beiden Spieler wegen nahmen wir den Eilmarsch gern in Kauf. Im Wald zwischen Asbach und Weidenbach begann ein Wettlauf gegen die Uhr. Bei dem ständigen Auf und Ab müssen wir unseren Zugführer verloren haben, was niemand von uns bemerkte. Vollkommen erschöpft erreichten wir kurz nach 20.00 Uhr das Ortseingangsschild. Auf der Dorfstraße war keine einzige Menschenseele zu sehen. Sicher saßen alle Einwohner vorm Fernseher und guckten Fußball. Wir sprinteten die letzten Meter am Buckelbau vorbei, um keine Minute des Spieles zu verpassen. Der Wachposten vorm Tor feuerte uns zum Endspurt auf den Hof an. Schweißgebadet überprüfte jeder allein die Sicherheit seiner Waffe. Im Dauerlauf ging es weiter zur Huscha. Ich brachte Alf in den Zwinger und versorgte ihn mit ausreichend Wasser, bevor ich zur Waffenkammer stürmte. Der Waffi wartete bereits ungeduldig, denn auch er wollte das Spiel sehen. Wir lieferten Kalaschnikow samt Munition ab und stürzten nach oben in den überfüllten Fernsehraum. In diesem Augenblick fiel mir der neue Zugführer ein, den wir mit unserem Tempo irgendwo im Wald hinterm Altenstein abgehängt hatten. Der Vorgesetzte traf mit reichlicher Verspätung in Weidenbach ein und versuchte, sich umgehend Respekt zu verschaffen. „Mein Zug kontrolliert geschlossen Sicherheit", hörte ich den frischen Leutnant unten auf dem Hof brüllen. Mit einem markerschütternden Schrei befahl er uns, in vollständiger Dienstuniform mit Kalaschnikow vorm Kompaniegebäude anzutreten. Notgedrungen trabten wir runter auf den Kasernenhof, während der Schreiber in der Zwischenzeit unsere Plätze im Fernsehraum reservierte. Da der Vorgesetzte das nötige Verständnis für unsere Leidenschaft zeigte, durften wir Fußballfans zuerst Sicherheit machen. Jeder Grenzer wusste, dass man die Kalaschnikow mehrmals durchladen musste, um sicherzustellen, dass sich keine Patrone mehr im Lauf befand. Die Patrone fiel seitlich heraus, sofern das Magazin versehentlich noch in der Waffe steckte. Der junge Offizier lief von einem zum anderen und überprüfte die Sicherheit. Bevor er selbst an der Reihe war, rannten wir los zur Waffenkammer, um unsere Gewehre ein zweites Mal abzugeben. Als wir den Raum betraten, knallte es ohrenbetäubend auf dem Hof. Dem Geräusch nach zu urteilen, befürchtete ich, dass sich bei einem in der Reihe ein einzelner Schuss gelöst hätte und rechnete mit dem Schlimmsten. Alle drängelten sich ans Fenster, ohne durch das vergitterte Milchglas etwas erkennen zu können. Schnell eilte ich nach draußen, um zu sehen, was passiert war. Unser Zugführer stand allein und verlassen auf dem Hof. Hilflos fingerte er an seiner Kalaschnikow herum, in der noch das Magazin steckte. Der knallrote Kopf des Vorgesetzten ähnelte der Sonne, die gerade im Westen verschwand. Ausgerechnet der Offizier, der uns zur Wiederholung des Befehls zwang, hatte das Magazin in der Waffe vergessen. Am liebsten wäre ich dem Vorgesetzten zur Hilfe geeilt, aber die Situation auf dem Hof blieb gespannt. Im Buckelbau wurden alle Fenster wie auf Kommando geschlossen. Niemand traute sich hinaus vor die Tür. Es herrschte totale Panik, denn der Querschläger hatte nur knapp das Dach des Wohnhauses verfehlt. Wenn das Geschoss in einem Fenster gelandet wäre, hätte dass sicher eine zeitraubende Untersuchung zur Folge gehabt. Meine Kameraden konnten sich das Lachen nicht verkneifen und hänselten den Frischling mit einem mehrstimmigen „Sicherheit", das über den Hof echote. Erst in diesem Moment krochen die Offiziere geduckt aus dem Buckelbau. Der Küchenbulle robbte ängstlich über die Wiese. Gemeinsam zerrten sie ihren Zögling ins nächste Dienstzimmer, um ihn vor unseren Scherzen zu schützen. Das wichtige Fußballspiel, das die Magdeburger deutlich mit 1:5 gegen Barcelona verloren, interessierte an diesem Abend keinen mehr.

EK-Bewegung auf der Huscha

Meine Entscheidung für eine Teilnahme an der EK-Bewegung ist mir nicht leicht gefallen. Die Einweisung durch den strengen Stubenältesten am Tage meiner Ankunft in Weidenbach gab mir zu denken. Ich schlug eine Probezeit zur Eingewöhnung vor, doch die Entlassungskandidaten wollten unbedingt verhindern, dass man Vor- und Nachteile genau abwägt und eventuell nicht mitmacht. Die EK 83 I befürchteten sogar einen Verfall des Systems, den es unter allen Umständen für die nächsten Grenzergenerationen zu verhindern galt. Obwohl sich der fragwürdige Kult EK-Bewegung zutiefst unmoralisch erwies und teilweise gegen die Menschenwürde verstieß, habe ich zugesagt, um nicht ins Abseits zu geraten. Eine Absage hätte mir nur Nachteile eingebracht. Im schlimmsten Falle wäre ich wie ein Aussätziger behandelt worden. Man hätte nicht mit mir gesprochen und mich auch sonst nicht beachtet. Nach meiner offiziellen Bereitschaftserklärung war ich ganz unten in der Hierarchie angelangt. Der Stubenälteste gab mir zu verstehen, dass ich ohne Wenn und Aber all das zu machen hätte, was er und die Vertreter seines Diensthalbjahres mir befehlen würden. Kompromisse, die Vorteile für mich brachten, standen nicht auf der Tagesordnung. Ich war in seinen Augen „ein Nichts, ein Niemand ohne eigene Meinung". Das klang hart und brachte mich beim Stuben- und Revierreinigen für unseren Zug sofort in Verlegenheit. Wenn ich das Revier eines Entlassungskandidaten putzte und von einem vorbeikommenden Vorgesetzten gefragt wurde, warum hier nicht der Gefreite X, Y oder Z reinigen würde, durfte ich mich nicht verplappern. Um allen Ärger mit den Entlassungskandidaten zu entgehen, schwieg ich. Da die meisten Vorgesetzten wie ich Parteimitglieder waren, hätte ein einziges Wort von mir ausgereicht, die Bewegung auffliegen zu lassen, wofür ich von den EK wahrscheinlich gelyncht worden wäre.

Die Entlassungskandidaten besaßen eine privilegierte Stellung in Weidenbach, was keine Dienstvorschrift stützte. Trotzdem wurde die EK-Bewegung von den militärischen Vorgesetzten geduldet, weil sich die Arbeiten auf der Grenzkompanie praktisch von allein erledigten, was ein gepflegtes Antlitz der Huscha garantierte. Wer nach Weidenbach kam, erkannte auf Anhieb, dass hier Ordnung und Sauberkeit herrschten. Oberflächlich betrachtet konnte man den Eindruck gewinnen, dass die Offiziere, Fähnriche und Unteroffiziere ihre Huscha im Griff hatten. Dabei hätte ein einziger Blick hinter die Kulissen gezeigt, dass die Entlassungskandidaten für diesen Zustand verantwortlich waren. Sie, die ganz oben in der illegalen Hierarchie standen, zogen geschickt im Hintergrund die Fäden, ohne sich die Hände schmutzig zu machen. Die straffe Organisation der Abläufe auf der Kompanie war Sache der Vizes, die die eigentliche Drecksarbeit unter den neuen Soldaten aufteilten. Waren die EK schlecht gelaunt, hieß das verschärftes Stuben- und Revierreinigen für uns Achtziger.

Alle Orte mit dem Anfangsbuchstaben S waren zu säubern. Mit einer ausgedienten Zahnbürste reinigten wir die Fugen zwischen den Fliesen und entfernten den ekligen Urinstein von den Urinalen mit einer alten Rasierklinge. Wer nun dachte, dass sich die Putzaktion auf das Scheißhaus beschränkte, der irrte sich gewaltig. Da man das Fäkalwort vor jedes x-beliebige Revier setzen konnte, gab es das Scheiß-Zimmer, den Scheiß-Flur und die Scheiß-Treppe gleich hinterher. Wenn alles sauber und bei den Entlassungskandidaten abgemeldet war, bekamen wir das Scheiß-Außenrevier als Zugabe. Trotz der gewohnten Doppelbelastung mit meinem Hund habe ich mich nicht gegen das Stuben- und Revierreinigen gewehrt, weil ich diese Strapazen schnell hinter mir lassen wollte. Nach solchen überflüssigen Schikanen zeigten sich die EK äußerst gut gelaunt und spielten zur Belohnung Heimfahrt mit den unteren Diensthalbjahren. Es wurde eine Reihe von Stühlen hintereinander gestellt, auf denen die Entlassungskandidaten Platz nahmen. Dann rannten wir mit Zimmerpflanzen an beiden Seiten der Stuhlreihe vorbei, rüttelten an den Stühlen und machten dabei Fahrgeräusche, die dem einer schnaufenden Dampflok ähnelten. So gewöhnten sich die EK an die bevorstehende Fahrt nach Hause. Erwachsene Männer meines Zuges, die draußen Verantwortung für Frauen und Kinder trugen, benahmen sich wie Kleinkinder, wenn wir allein mit ihnen auf der Stube waren. Zu diesen gestandenen Mannsbildern zählten ein Ingenieur, ein Handwerksmeister, ein Baufacharbeiter und ein Berufskraftfahrer, normale Menschen wie du und ich, die im zivilen Leben keiner Fliege etwas zuleide taten. Hier auf der Grenzkompanie tickten sie wegen ihrer privilegierten Stellung in der EK-Bewegung völlig aus. Bei meiner Ankunft in Weidenbach war unsere Stube mit vier EK, drei Vizes und einem Achtziger belegt. Gegen diese Übermacht anzukämpfen, war praktisch aussichtslos. Die Entlassungskandidaten schliefen in Doppelstockbetten stets unten, weil sie zu faul waren, ins obere Bett zu klettern. Auf diese Weise vermieden sie körperliche Anstrengungen und schonten sich fürs zivile Leben. An die bereits erwähnten, kindlich naiven Panzerfahrten im Doppelstockbett gewöhnte ich mich rasch. Der unter mir liegende EK traktierte rücksichtslos meinen Federboden, dass ich nicht einschlafen konnte. Wenn mir die Sache zu bunt wurde, sprang ich einfach aus dem Bett und verschwand bei Alf im Zwinger, wo ich vorläufig meine Ruhe hatte. Den Gefreiten ging es in erster Linie darum, mich mit kleinen Hänseleien aus der Reserve zu locken. Ich sollte Widerworte geben und anständig motzen, weil das Putschen Geld in eine illegale Sparbüchse spülte. Für jede Verbalattacke gegen einen Vize oder einen EK zahlte ein Achtziger eine Mark in die Putscherkasse, aus der unser Zug seine Ausgänge finanzierte. Da Soldaten und Gefreite ausnahmsweise gleichermaßen vom eingezahlten Geld profitierten, nannten die Alten das Prinzip scheinheilig demokratisch. Manche sprachen sogar von Kameradschaft. Der EK aus dem Nachbarkreis, der mich täglich mit Füßen traktierte, wurde zum Glück nicht mein Patenonkel, weil seine restliche Dienstzeit dafür nicht mehr ausreichte. Ich kam im März 1983 ins Eichsfeld und der EK verließ im April 1983 Weidenbach. Normalerweise verkörperte der im Doppelstockbett unten Liegende den Patenonkel, der sich um die strenge Erziehung eines Achtzigers an der Grenze kümmerte. Meinen militärischen Zwangsverwandten lernte ich erst später kennen. Er stammte aus Halle an der Saale. Die Patenschaft begann mit nützlichen Geschenken vom Onkel. Dazu zählte ein aufblasbares Luftkissen, das nur Luki genannt wurde und dem Kopfteil einer Luftmatratze ähnelte. Das Luftkissen stellte ein absolutes Muss für jeden Grenzer dar, denn beim stundenlangen Sitzen im Abschnitt bekam man schnell einen kalten Hintern. Auf den harten Hockern in den Beobachtungstürmen benutzten wir die Kissen ebenfalls. Ein zusammengefaltetes Luki, das man in jedem Sportwarenladen kaufen konnte, wurde in der linken Beintasche der Uniformhose verstaut. Ferner übergab mir mein Patenonkel eine Aufstellung aller Postenpunkte unseres Abschnittes, die wir auswendig lernen mussten. Neben dem Spickzettel erhielt ich ein altes vergilbtes Notizbuch mit kleinen Bildern von US-Soldaten, Angehörigen des Bundesgrenzschutzes und des Grenzzolldienstes, deren Rangabzeichen und Fahrzeuge samt polizeilicher Kennzeichen. Fotos von Hubschraubern, die der Feinderkennung dienten, klebten ebenfalls darin. Dieses Buch gehörte zur Grundausstattung eines Grenzanfängers, der mit den überaus nützlichen Informationen vollständige

Meldungen übers Grenzmeldenetz absetzen konnte. Wir musterten die Kollegen im Westen und verglichen ihr Äußeres mit den Bildern in der Grenzerfibel. Nach wenigen Schichten beherrschte ich die Feindaufklärung so gut, dass ich die Dienstgrade der Amerikaner und Westdeutschen auswendig kannte. Sorgfältig vervollständigte ich das Notizbuch und vererbte es am letzten Tag in Weidenbach meinem Paten. Ein weiteres Geschenk bildete eine geflochtene Kordel mit zwei Karabinerhaken. Die Kordel befestigte ich mit einem Haken im Knopfloch der Innentasche meiner Uniform. Am anderen Haken hing der „goldene Schlüssel in den Westen", den jeder Postenführer nach bestandener Prüfung erhielt. Ein Verlust des Schlüssels, der zu allen Toren in unserem Abschnitt passte, wäre von den Vorgesetzten bestraft worden.

Wenn mein Patenonkel und ich ein Postenpaar bildeten, musste ich stets Schokolade, Bonbons, Kekse oder frisches Obst einpacken, um Pluspunkte auf dem Weg zum Entlassungskandidaten zu sammeln. Jeder Grenzer wollte pünktlich zum Vize geschlagen werden und in der Hierarchie aufsteigen. Im Normalfall beförderte man einen Achtziger zum Vize, wenn dieser die Hälfte seines Grundwehrdienstes absolviert hatte. Das Zeremoniell gestalteten die Gefreiten äußerst feierlich, wobei der genaue Zeitpunkt geheim blieb, denn kein Buckel sollte Notiz davon nehmen, um uns beim Vizeschlag zu stören. Wir Achtziger standen im kurzen Sportzeug hinter unseren Hockern und trugen den Stahlhelm mit einer brennenden Kerze darauf.

Nacheinander musste jeder Kandidat niederknien und seinen Oberkörper auf den Hocker legen, wobei das Kerzenlicht nicht erlöschen durfte. Der Patenonkel schlug mit seinem Lederkoppel so lange auf unseren Rücken ein, bis die Striemen unterm Turnhemd ein feuerrotes V ergaben, das für Vize stand. Zur Feier des Vizeschlages gab es Cola-Wodka für alle Beteiligten. Vor dem Schlafengehen bestrichen wir unsere Wunden auf dem Rücken mit Melkfett, weil wir die Schmerzen sonst nicht ertragen hätten.

Im nächsten Ausgang spendierte jeder Onkel seinem Paten den berühmten Vizetrunk, den er mindestens eine Stunde lang im Körper behalten musste, ohne sich zu übergeben. Das Getränk an sich bestand aus sämtlichen Schnapssorten, die der Wirt im Sortiment führte. Ganz unten ins Glas kam zähflüssiger Eierlikör, gefolgt von leckerem Kräuterschnaps und verschiedenen anderen Likören, teurem Kognak sowie billigem Klaren aus dem VEB Nordbrand Nordhausen. Ein Doppelter je Sorte wurde vorsichtig ins Halbliterglas gegossen und mit Bier bis an den Eichstrich unterm Rand aufgefüllt. Aufgrund der unterschiedlichen Dichten der einzelnen Schnapssorten bildeten sich farbige Schichten im Glas, das in einem Zug geleert werden musste. Anschließend stieg die Spannung, weil das hochprozentige Getränk eine Stunde lang nicht erbrochen werden durfte. Zur Kontrolle kam der Patenonkel bei jedem Toilettengang mit aufs Klo. Den ersten Vizetrunk gab es vom militärischen Zwangsverwandten gratis. Zusätzliche Versuche mussten aus der eigenen Tasche bezahlt werden. Nach erfolgreich bestandenem Alkoholtest galt man als echter Vize. Zur Belohnung durften wir unsere Schulterstücke in der Mitte knicken, was die hinter uns liegende Hälfte des Grundwehrdienstes symbolisierte. In der EK-Bewegung waren verformte Schulterstücke bei Achtzigern strengstens verboten. Die jungen Grenzer verstärkten ihre Dienstgradabzeichen von innen mit Aluminiumstreifen ausgedienter Brotbüchsen, um besagte Knickbildung zu vermeiden. Außerdem durften Vizes die obere Hälfte des ASV-Emblems vom Trainingsanzug auftrennen und nach innen einschlagen. So waren die Buchstaben A und S, die für „Achtzig sucht Verbindung" standen, nicht mehr zu sehen. Nur das V blieb sichtbar, was für Vize stand. Auf unser äußeres Erscheinungsbild legten die EK und Vizes besonderen Wert. Private Kleidungsstücke und Gebrauchsgegenstände wie Badelatschen, Zahnbürsten oder Seifendosen durften nur bestimmte Farben aufweisen, die streng nach Diensthalbjahren getrennt waren. Die Entlassungskandidaten trugen blau, was cool und gesetzt wirkte. Für Vizes galten gelbe Farbtöne, die ein wenig wärmer waren. Wir Achtziger verwendeten nur rote Sachen, die für Hitze standen. Bei Abweichungen zur roten Farbe musste das Wort rot in lesbaren Druckbuchstaben an den Gegenstand geschrieben werden. Auf meinen grünen Badelatschen klebten Pflaster, auf denen rot geschrieben stand. Sogar die richtige Wortwahl wurde beachtet, denn die verbotenen Farben durften verbal nicht ausgesprochen werden. Den Achtzigern waren lediglich die Worte rot und bunt für alle anderen Farbtöne erlaubt.

Je höher meine noch zu dienende Tageszahl war, desto größer gestaltete sich mein Gewicht. Wir schweren Achtziger wurden angeblich von der Anzahl unserer Tage erschlagen. Aus diesem Grunde polterte ich damals bei meiner Ankunft in Weidenbach vom Lkw. Die leichten EK schwebten wegen ihrer geringeren Tageszahl auf Wolke sieben durch das Kompaniegebäude. In der Praxis sah es meistens anders aus, wenn die Alten in ausgelatschten Hausschuhen behäbig über die von uns blank gewienerten Flure schlurften. Die harmlosen Wortgefechte belustigten eher. Ich konnte mit meinem Gewicht leben, was auch für das Wort Hitze zutraf. Die restlichen Tage ließen sich nämlich mit der Temperatur gleichsetzen. Je länger ich noch dienen musste, desto heißer bin ich gewesen. Daher vermied ich alle Bezüge auf hohe Temperaturen, weil Hohn und Spott von den Entlassungskandidaten ansonsten kein Ende nahmen. Die Worte EK, Heimgang oder Reserve waren für Soldaten in Gegenwart eines Gefreiten ebenfalls tabu. Verstöße gegen diese Regeln spülten einerseits jede Menge Kohle in die schwarze Kasse, andererseits verlängerten sie die leidige Zeit unseres Achtziger-Daseins. Das hatte zur Folge, dass wir erst nach dem Bergfest zum Vize geschlagen wurden. Eine solche Verzögerung war die größte Peinlichkeit, die einem Achtziger in der EK-Bewegung passieren konnte. Man verlor vorläufig den Anschluss an die Kollegen des gleichen Diensthalbjahres, wurde selbst von ihnen herabwürdigend behandelt und blieb in der Hierarchie der EK-Bewegung stecken. Solidarität kannte man in Weidenbach nicht. Das Heiligste für jeden Entlassungskandidaten war der Besitz des Bandmaßes für die letzten 150 Tage der Dienstzeit. Dabei handelte es sich um ein textiles Maßband von 150 Zentimetern Länge mit entsprechender Einteilung. Die Wochentage wurden farbig markiert: Montag blau, Dienstag und Donnerstag gelb, Mittwoch grün und Freitag braun. Die Sonntage waren rot, die Samstage halbrot ausgemalt, die bei der Armee verbrachten Lebensjahre schwarz, die Zahl 133 als Postleitzahl von Schwedt/Oder mit einem schwarzen Gitter für den Armeeknast versehen. Der erste Anschnitt des wichtigsten Utensils wurde 150 Tage vor dem Entlassungstermin gefeiert. Bei diesem Spektakel standen die Entlassungskandidaten auf ihren Hockern im Flur und hielten das Maßband fest in den Händen. Am ausgerollten Bandmaß hing unten der Stahlhelm. Im kurzen Sportzeug, den Stahlhelm mit brennender Kerze auf dem Kopf durften wir Vizes den ersten Zentimeter abschneiden. Da alle Patenkinder auf ein Kommando schnitten, donnerten die Stahlhelme gleichzeitig auf den Steinfußboden. Das laute Scheppern hörte man sogar drüben im Buckelbau. Die Offiziere verschonten uns jedoch mit ihrer Anwesenheit. Anschließend begossen wir den feierlichen Anschnitt mit reichlich Cola-Wodka. Täglich um 18.00 Uhr wurde ein Zentimeter vom Maßband abgetrennt, so dass dessen Länge die noch verbleibende Tageszahl anzeigte. Wenn ein Entlassungskandidat zu diesem Zeitpunkt an der Grenze weilte, ersetzte das Seitengewehr die Schere. Die abgetrennten Bandmaßschnipsel versteckten die EK gern in unseren Klamotten. Kamen die Schnipsel zum Vorschein und flogen durch die Gegend, hieß die Aktion Herbststurm. Das Bandmaß musste vom Besitzer ständig am Mann getragen werden, auch im Hundezwinger, im Waschraum und auf dem Klo. Zur Kontrolle verlangte ein Vize regelmäßig das Vorzeigen des Bandmaßes vom Entlassungskandidaten. Jeder EK, der ohne das Teil ertappt wurde, zahlte eine Mark in die Putscherkasse. Ab 50 Tage vor Ende der Dienstzeit trug der Entlassungskandidat sein Bandmaß offen. Den originellen Behälter in Form kleiner Fässer oder Schatztruhen vererbte er zur weiteren Nutzung an den Paten. Neidische Offiziere machten sich einen Spaß daraus, die begehrten Stücke einzuziehen. Nichts war peinlicher für einen EK als der Verlust seiner Legitimation. Viele Gefreite besaßen deshalb zwei Maßbänder, eines aus Plaste für den täglichen Grenzdienst und ein besonders schönes aus Holz für Ausgang und Urlaub.

Zahlreiche Spiele trugen auch in Weidenbach zur Belustigung der Entlassungskandidaten bei. Ein beliebtes Vergnügen war das E-Kegeln, das sich nicht gegen uns Soldaten sondern gegen den Unteroffizier vom Dienst richtete. Eine schwere Eisenkugel rollte über die Fliesen des Flures, verursachte dabei jede Menge Schrammen und einen ohrenbetäubenden Krach. Obwohl der Diensthabende unverzüglich herbeieilte, besaß er keine Chance, die EK auf frischer Tat zu stellen. Die Kugel kam ins nächste Zimmer und wurde dort vor den Augen des UvD versteckt. Hatte der Vorgesetzte seinen Platz im Erdgeschoss wieder eingenommen, rollte die nächste Kugel. Kein Achtziger durfte es wagen, das Spielgerät zu berühren. Was spaßig begann, konnte schnell einen menschenverachtenden und diskriminierenden Ausgang nehmen. Ein Beispiel dafür ist der „Sibirischer Winter" oder auch „Weiße Weihnacht" genannt. Die EK verstreuten großflächig das Scheuerpulver auf dem nassen Flur und verlangten von uns, den Boden zu schrubben. Die weiße Pampe verteilte sich in den Fußabdrücken, wodurch das Aufwischen Stunden dauerte. Ließen die Entlassungskandidaten zuerst das Pulver auf den Boden rieseln und bespritzten es anschließend mit Wasser, so bildeten sich steinharte Ablagerungen, die wir nur äußerst schwer abbekamen. Vermischten die EK das Reinigungsmittel zur Strafe mit Talkum, blieb ein weißer Film auf dem Boden und wir brauchten die ganze Nacht, um den Ausgangszustand herzustellen.

Das Spiel „Musikbox" zog sich oft über Stunden hin und konnte für den ausgewählten Sängerknaben des ersten Diensthalbjahres zum Martyrium werden. Ein vorlauter Achtziger wurde im leeren Besenspind eingeschlossen und gezwungen, das Lieblingslied eines Entlassungskandidaten zu singen. Wie bei einer richtigen Musikbox warf der EK zuerst ein Markstück ein. Sobald das Geld den Lüftungsschlitz passiert hatte, musste der Achtziger unverzüglich mit dem Gesang beginnen. Wer der Meinung war, dass er unter keinen Umständen gesungen hätte, der wurde schnell eines besseren belehrt. Jeder nahm sich anfangs vor, nicht zu singen und am Ende sangen alle. Gegen die Übermacht der EK hatte man überhaupt keine Chance, wollte man wieder gesund aus dem Schrank kommen. Einmal flippte ein Insasse unseres Zimmers aus, weil ihm die beklemmende Prozedur zu lange dauerte. Immer wieder flogen Geldstücke durch den Schlitz und die Entlassungskandidaten verlangten nach einer musikalischen Gegenleistung. Da diese ausblieb, kippten die EK den Spind nach vorne über, wobei das Teil mit der verschlossenen Tür auf dem Fußboden landete. Allein der laute Knall hätte die Vorgesetzten in dieser Nacht wecken müssen. Aber die Buckel hielten sich lieber aus den Machtkämpfen der EK-Bewegung heraus, weil sie gegen die Entlassungskandidaten sowieso keine Chance gehabt hätten. Nur der Unteroffizier vom Dienst im Erdgeschoß wurde misstrauisch vom Krach und eilte hinauf in unsere Stube. Der Achtziger im Besenspind schrie die ganze Zeit über wie am Spieß. Als der UvD die Bescherung sah, machte er auf ein Zeichen des Stubenältesten wieder kehrt und verließ wortlos den Raum. Unter höhnischem Gelächter der fiesen Tyrannen versuchte ich allein, den Schrank auf die Seite zu drehen. Trotz meiner gebündelten Wut vermochte ich es nicht, den Besenspind wieder aufzurichten, weil zwei EK auf Geheiß des Stubenältesten die Rückwand besetzten.

In dieser Situation half mir der Diplom-Ingenieur aus

Berlin, den der Krach beim Einschlafen störte. Der gleichberechtigte EK verscheuchte seine Kollegen vom Besenspind, half mir beim Aufrichten und sammelte dafür zahlreiche Minuspunkte. Ich bewunderte ihn für seinen Mut, einem Achtziger zu helfen. Der Sänger wurde trotzdem erst herausgelassen, nachdem er sich einigermaßen beruhigt hatte. Diese Ereignisse sind nicht spurlos an mir vorübergegangen. Vielleicht habe ich die EK-Bewegung anfangs zu leicht und später zu ernst genommen, weil mir das dicke Fell fehlte. Aber sollte ich meine Augen vor den kranken Schikanen verschließen, meinen Mund halten und mit allem einverstanden sein? Erfahrene Gefreite empfahlen mir, „strikt ihre Spielregeln zu befolgen und an die Demokratie der EK-Bewegung zu glauben, die ich eines Tages selbst genießen könnte". Ansonsten würde ich von ihnen die Quittung für mein unangepasstes Verhalten bekommen. Diese unmissverständliche Drohung bestätigte eindeutig, dass in Weidenbach eine Diktatur der Entlassungskandidaten herrschte, in der die Schwachen den Starken dienten. Auf unserer Grenzkompanie regierten die EK, weil die Offiziere bewusst wegschauten. Der Nutzen aus dieser Tatsache bestand für die Vorgesetzten darin, dass wir Achtziger den inneren Feind im EK und nicht im Offizier sahen. Selbst die Parteimitglieder trugen Scheuklappen. Fernab von sozialistischer Moral und Ethik entstand ein Klima in Weidenbach, in dem Menschen andere Menschen rücksichtslos unterdrückten. Ich kann keinen Offizier benennen, der sich während meiner Dienstzeit gegen die EK-Bewegung erhob, und Kurzschlussreaktionen gepeinigter Achtziger verhinderte. Diese zwiespältige Haltung der Vorgesetzten war in meinen Augen unverantwortlich. Dankbar tolerierten sie die Methoden der Entlassungskandidaten, weil sie darin ein Mittel zur Aufrechterhaltung der Disziplin sahen. Aus diesem Grunde schritt der Kompaniechef bei meiner Ankunft in Weidenbach nicht ein, um das Gejohle zu verhindern. Er wollte das Theater auf dem Hof überhaupt nicht beenden, weil ich sofort merken sollte, wer das Kommando auf der Grenzkompanie inne hatte. Das bewusste Schüren von Ängsten, Feindschaften und Misstrauen unter uns Grenzern durch die eigenen Vorgesetzten besaß Strategie und zielte darauf ab, dass ein Grenzer auf den anderen aufpasste. Die EK-Bewegung diente den Offizieren als Mittel zum Zweck. Den Spagat zwischen der militärischen Unterstellung durch die Vorgesetzten und der illegalen Unterdrückung durch die Entlassungskandidaten zu meistern, bildete eine denkbar ungünstige Voraussetzung für den gemeinsamen Grenzdienst. Für mich war es wichtig, einen Postenführer zu bekommen, mit dem ich es acht Stunden lang im Abschnitt aushielt. Obwohl die Entlassungskandidaten wie Sonnenkönige in Weidenbach regierten, hatten sie draußen an der Grenze mächtiges Tagedrücken. Wenn ihre Entlassung in die Reserve näher rückte, wuchs die Angst, sich von den Annehmlichkeiten des EK-Daseins verabschieden zu müssen. Deshalb legten die Entlassungskandidaten großen Wert darauf, dass ihre letzten Schichten ohne Vorkommnisse abliefen und behandelten uns wie gleichberechtigte Menschen. Ansonsten hätte ein drangsalierter Achtziger schnell durchdrehen und mit seiner Waffe Schaden anrichten können. Vielleicht würde auch ich mein edles Vorhaben, die Kalaschnikow nie auf einen Menschen zu richten, aufgeben, wenn mich unser Stubenältester im Grenzdienst gepiesackt hätte. Die nervliche Belastung war so hoch, dass es kein Gefreiter kurz vorm Heimgang riskierte, uns draußen zu schikanieren. Das hätte ich mir immer so gewünscht, denn an der Grenze musste man sich in jeder Situation auf den anderen verlassen können. Ich fand es überlebenswichtig, zu wissen, wie mein Partner reagieren würde, wenn es tatsächlich zu einem Zwischenfall käme. In dieser Hinsicht nutzte die Distanz zwischen Achtziger und Entlassungskandidaten wenig. Ganz im Gegenteil, der Konflikt der Diensthalbjahre untereinander schadete eher. Es wird mir daher ein Rätsel bleiben, warum die Menschen im Westen beim Anblick eines Postenpaares der Grenztruppen den Eindruck von Einigkeit und Geschlossenheit gewannen, der ihnen soviel Angst einflößte. Reichten gleiche Fahrzeuge, Uniformen und Schusswaffen für solche Schlussfolgerungen aus?

Ausgang

Im Gegensatz zu Eisenach gab es in Weidenbach nur die Möglichkeit, bei Martha und Willi einzukehren. Beide betrieben im Dorf eine Gaststube, die abends für die Grenzer der Kompanie öffnete. Wir mussten mittags bei den Wirtsleuten anrufen und uns für den Abend anmelden. Nach der Frühschicht erhielten wir einmal wöchentlich die Chance, uns anständig zu besaufen und die Probleme in der Huscha sowie im Grenzdienst vorübergehend zu vergessen. Spätestens um Mitternacht mussten wir wieder auf dem Gelände der Grenzkompanie sein. Wer nicht pünktlich heimkehrte, riskierte einen Grenzalarm und damit Ärger mit den Kameraden, die zur Suche ausrücken mussten. Weil einige Achtziger die Auseinandersetzung mit den Entlassungskandidaten scheuten, war unser Zug nie vollzählig im Ausgang. Wenigstens für ein paar Stunden wollten sie den heimlichen Machthabern der Kompanie aus dem Weg gehen und ihre Ruhe haben. Ich hingegen freute mich auf Streitgespräche, denn im Ausgang herrschte Putscherfreiheit, was bedeutete, dass wir für verbale Entgleisungen gegenüber Entlassungskandidaten nichts bezahlen mussten. Alle Wörter des Strafenkatalogs der EK-Bewegung durften im Ausgang benutzt werden. Außerdem wollte ich nicht auf meinen Anteil an der schwarzen Kasse verzichten. Ein Offizier vom Dienst kontrollierte vor der Ausgangsbelehrung, ob alle Ausgänger im Ausgangsbuch standen. Im Alarmfall mussten die Vorgesetzten auf der Grenzkompanie wissen, wo wir zu finden waren. In vollständiger Ausgangsuniform traten wir um 18.00 Uhr auf dem unteren Flur an. Es folgte eine intensive Leibesvisitation, bei der jeder einen Fünf-Mark-Schein, einen sauberen Kamm und ein gebügeltes Taschentuch vorzuweisen hatte. Unser Kompaniechef sah es gern, wenn die Uniformhosen exakte Bügelfalten aufwiesen. Deshalb wurden sie am Abend vorher an der Falte nass gemacht und unter die eigene Matratze gelegt, auf der man schlief. Eine bessere Bügelfalte brachte selbst meine Mutter mit dem Plätteisen nicht fertig. Nach der Ausgangsbelehrung gab es kein Halten mehr. Im Dauerlauf rannten wir den Berg hinauf zur Gaststube von Martha und Willi, die sich stets auf unseren Besuch freuten. Wenn ich den urgemütlichen Raum betrat, fühlte ich mich gleich wie zu Hause. Hier zählte für die Menschen nicht der Umsatz, sondern die Geselligkeit. Die liebe Martha las uns sprichwörtlich alle Wünsche von den Augen ab und servierte jedem Grenzer sein Leibgericht. Sie tischte selbst gemachten Kartoffelsalat mit knackigen Bockwürsten auf. Ich freute mich über Bratkartoffeln mit Spiegeleiern, andere Kollegen aßen Sülze oder Schmalzbrote. Alle Speisen schmeckten so lecker wie daheim. Martha war einzigartig. Der gute Willi schenkte Alkohol aus. Neben Flaschenbier waren einige Sorten Schnaps im Angebot, weil der Gerstensaft allein bei uns nicht die gewünschte Wirkung erzielte. Einer trank Braunen, andere bevorzugten Klaren. Beliebt war die Marke Juwel, die man den Blauen Würger nannte. Der billige

Fusel aus dem VEB Nordbrand Nordhausen machte seinem Namen alle Ehre, da man ihn ohne zu würgen nicht herunterbekam. Damals kursierte bei uns der Witz, dass man die blauen Etiketten sammeln konnte, um für 100 Exemplare einen kostenlosen Blindenhund zu erhalten. Das Zeug wurde trotzdem gesoffen. Ich trank mit Vorliebe Halb und Halb, einen lieblichen Kräuterlikör aus dem VEB Bärensiegel Berlin. Es dauerte meistens nicht lange bis wir betrunken waren. In diesem Zustand konnte man die Dispute zwischen Achtzigern und Entlassungskandidaten natürlich nicht lösen. Wahrscheinlich sollten die Meinungsverschiedenheiten untereinander überhaupt nicht ausgeräumt werden. Obwohl die EK-Bewegung während des Ausgangs ruhte, spürte ich die unüberwindbare Distanz zwischen Soldaten und Gefreiten. Der uns für wenige Stunden angebotene Frieden war scheinheilig und gefährlich, weil wir mit diesen Problemen am nächsten Tag wieder zum Grenzdienst fuhren.

Trotz der ergebnislosen Diskussionen über das Zusammenleben auf der Grenzkompanie Weidenbach fühlte ich mich wohl bei Martha und Willi. Dank ihrer Lebenserfahrung vermittelten sie mir eine Art Geborgenheit, die ich nur von meinen Eltern daheim kannte. Dabei hätten die Wirtsleute in uns durchaus Besatzer sehen können, waren sie doch im Zuge des Wanfrieder Abkommens von Hessen nach Thüringen gewechselt. Stattdessen tolerierten sie die Grenztruppen in ihrem Dorf, da sie nichts an unserer Existenz ändern konnten. Die Rentner mussten zwangsweise lernen, mit uns in Weidenbach zu leben. Ihre mir verständliche Enttäuschung über diese Tatsache habe ich bei meinen Besuchen nie gespürt. Ich hörte gerne zu, wenn Martha und Willi von der schönen Zeit vor dem Mauerbau berichteten. Das Ehepaar kannte jeden Stein auf dem Weg nach Bad Sooden-Allendorf. Im Gegensatz zu uns wussten sie bestens, wie es hinterm Zaun im Westen weiterging.

Von der ehemaligen Gaststätte in Weidenbach ist heute nichts mehr zu sehen.

Unsere Ausgänge endeten meistens in einem totalen Besäufnis, so dass wir auf Händen und Füßen die Treppenstufen der Huscha erklommen. Oben thronte der Kompaniechef wie einst Napoleon, versteckte eine Hand unter seiner Uniformjacke und schmunzelte dabei. Unmittelbar vor seinem Körper versuchten wir Betrunkenen verzweifelt, uns aufzurichten. Wer das nicht aus eigener Kraft schaffte, der zog sich an den glänzenden Stiefeln des Vorgesetzten hoch und fragte, „was wir bloß mit der Kompanie machen sollen?" Doch der Major antwortete nicht, sondern schüttelte nur mit dem Kopf. Der Ausgang galt erfolgreich beendet, wenn wir es aus eigener Kraft am Oberst vorbei bis ins Bett schafften. Da Alkohol bekanntlich Appetit auslöst, wurde auf den Zimmern noch gegessen. Es gab Brötchen mit frischem Hackepeter und Zwiebeln oder Makrelenfilets in Tomatentunke. Beim Essen passierte es häufig, dass wir einschliefen und morgens mit einem Brummschädel am Tisch aufwachten. Einmal nickte ich ein und träumte von üblen Schikanen der Entlassungskandidaten. Ein Gefreiter tobte durch die Stube und befahl mir zornig: „Achtzig, nimm die Schlange weg!" Da ich lediglich einen schwarzen Ledergürtel auf dem Boden erkannte, rührte ich mich nicht, was den Giftzwerg zur Weißglut brachte. Wütend nahm er sich den Rest der Butter vom Teller und schmierte ihn mir direkt in die Haare, während ich schlief. Als ich am Morgen erwachte, bemerkte ich beim ersten Griff an den Kopf, dass meine Haare tatsächlich aneinander klebten. Ich hatte nicht geträumt, fühlte mich gedemütigt und zutiefst verletzt. In diesem Augenblick fiel es mir äußerst schwer, meinen Jähzorn zu beherrschen, doch gegen die Entlassungskandidaten in Überzahl konnte ich nichts ausrichten. Deshalb schwor ich mir, es dem Kerl zu gegebener Zeit heimzuzahlen, wenn wir beide allein im Zimmer waren. Obwohl mich solche Rachegelüste befremdeten, wollte ich Genugtuung für das, was er mir angetan hatte. Edmund Dantes, der Graf von Monte Christo, hätte diese Angelegenheit gewiss eleganter gelöst. Ich sprach fortan kein Wort mehr mit den EK 83 I, weil es die Leute in meinen Augen nicht wert waren. Nur draußen im Grenzdienst musste ich den Befehlen der Entlassungskandidaten gehorchen. Die Zeit auf der Grenzkompanie verbrachte ich überwiegend bei Alf im Zwinger, in den sich die EK nicht hineintrauten. Zu den Mahlzeiten kehrte ich in den Speisesaal zurück, wo mein Fernbleiben von der Unterkunft keinem auffiel. Manchmal hasste ich die Vorgesetzten dafür, dass sie unsere Meinungsverschiedenheiten akzeptierten und nicht dagegen einschritten. Am Tage der Abrechnung schnappte ich mir den Gefreiten, der wie ein eitler Gockel vor seinem Spind stand und sich die strohblonden Haare zum Vokuhila kämmte. Während ich ihn von hinten anvisierte, drehte er sich zu mir um, spannte seine schmalen Daumen unter die Hosenträger und sah mich herausfordernd an. Diesen Blick mochte ich überhaupt nicht. Als er die Hosenträger gegen seine magere Hühnerbrust schnipsen ließ, schlug ich ihn mitten ins Gesicht. Meine rechte Faust beförderte den schmächtigen Kerl mit voller Wucht in den geöffneten Spind. Der angeknockte Gegner taumelte zwischen seinen säuberlich aufgereihten Uniformen. Sofort eine linke Gerade hinterher und mein Gegenüber sackte nieder. Da flog plötzlich die Tür auf und die anderen Gefreiten platzten ins Zimmer, womit ich natürlich nicht gerechnet hatte. Die unerwartete Situation überraschte die Entlassungskandidaten so sehr, dass es einen Moment dauerte, ehe sie begriffen, was sich vor ihren Augen abspielte. Zwei EK packten meine Oberarme und hielten mich fest, während ein dritter mir seine knochigen Fäuste abwechselnd in die Magengrube schlug. Ich sackte stöhnend in die Knie und schnappte nach Luft. „Wir bringen dir schon ordentliche Manieren bei", versprach mir der Stubenälteste. Um seine Worte noch einmal zu unterstreichen, trat er mir mit voller Wucht in den Bauch. Im nächsten Augenblick spürte ich einen eingefetteten Lederstiefel in meinem Gesicht und anschließend nichts mehr. Ich muss wohl kurzzeitig bewusstlos gewesen sein. Die kräftigen Kerle zerrten mich hoch und erwarteten, dass ich zurückschlagen würde. Dazu bin ich allerdings nicht mehr in der Lage gewesen. Im Grunde genommen konnte ich keiner Fliege etwas zu leide tun. Instinktiv hob ich beide Fäuste vors Gesicht, um die nächsten Schläge abzuwehren. Zwei Widersacher hielten mich fest, während sich der Stubenälteste fürsorglich seinem Kameraden widmete. Zu meiner Genugtuung hatte ich zweimal genau dessen Nase getroffen, aus der reichlich Blut floss. Die beiden Entlassungskandidaten, die mich flankierten, schaffte ich mir mit Fußtritten vom Leibe. Da ich Filzpantoffel trug, taten mir die Tritte mehr weh als ihnen. Schließlich kehrte endlich Ruhe ein. Der Schreck dieser Auseinandersetzung saß tief bei den EK 83 I. Ein kleiner

Achtziger hatte es tatsächlich gewagt, sich ihnen zur Wehr zu setzen. Insgeheim war ich mir sicher, dass ich den Stubenältesten wie einen tollwütigen Hund abgeknallt hätte, wenn er mir an der Grenze vor die Flinte gelaufen wäre. Heute ärgere ich mich über diesen Gedanken und den Fakt, dass ich rein menschlich versagt habe. Mit meinem Angriff auf den Schmierfink begab ich mich auf das unterste Niveau. Wer andere Menschen schlägt, findet keine Worte mehr. Damals wollte ich nicht alles widerspruchslos hinnehmen. Vor Schlägen hatte ich die geringste Angst, weil der körperliche Schmerz irgendwann vorüberging. Die seelischen Strapazen und deren Folgen für den gemeinsamen Dienst an der Grenze waren weitaus schlimmer. Das Schweigen fand seine Fortsetzung. Sogar im Grenzdienst fiel kein Wort mehr zwischen uns, was mich in der Funktion eines Postens nicht störte. Die eigentliche Arbeit blieb am Postenführer hängen, der mich mit Grenzdienst nach Vorschrift schikanierte. Erst als die EK 83 I verabschiedet wurden, waren dieser Spuk und das Spießrutenlaufen vorbei. Mein handgreiflicher Widerstand hatte böse Folgen für meinen Aufstieg in der Hierarchie, der sich lange hinauszögerte. Die Entlassungskandidaten hatten ihre negativen Eindrücke von meiner Putscherei an die nächste Generation weitergegeben. So dauerte es einige Wochen bis ich zum Vize geschlagen wurde, obwohl ich längst an der Reihe gewesen wäre. Wenn es ausnahmsweise nicht mit einem Termin bei Martha und Willi klappte, sind wir nach Mackenrode in den Ausgang marschiert. Im

Nachbardorf herrschte ein völlig anderes Klima als in Weidenbach. Die Einwohner wechselten demonstrativ die Straßenseite, bevor sie uns direkt in die Arme liefen. Man ging uns Grenzern aus dem Weg, vermied den Kontakt zu den ungewünschten Besatzern, weil man sich in seiner Bewegungsfreiheit eingeschränkt fühlte. Dabei hatte ich mir das Eichsfeld nicht freiwillig für den Grundwehrdienst ausgesucht. Ich wollte im Ausgang keine Einheimischen bewachen oder ihnen das Gefühl des Eingesperrtseins vermitteln. Ich bin nach Mackenrode gelaufen, um dort in aller Ruhe ein paar Gläser Bier zu trinken. Von mir aus hätte jeder Einwohner dieses Ortes nach Hessen abhauen können, aber nicht im Abschnitt der Grenzkompanie Weidenbach. Irgendwie erkannte ich mich in den Leuten von Mackenrode wieder, weil es immer leichter ist, Problemen aus dem Wege zu gehen, anstatt sie zu lösen. Ich weiß nicht, ob die Kneipe im Nachbardorf den Namen Gaststätte überhaupt verdient hatte. Als Grenzer in Ausgangsuniform kam ich mir dort jedenfalls nicht willkommen vor. Vielleicht rührte dieser negative Eindruck auch daher, dass ich von Martha und Willi aus Weidenbach eine andere Atmosphäre von Gastfreundlichkeit gewöhnt war.

Zu unserer eigenen Sicherheit legten wir untereinander Begleitschutz für den Ausgang fest. Ein Grenzer hatte auf seinen Nebenmann aufzupassen, dass diesem nichts passierte. Wenn einer von uns auf die Toilette musste, ging er nie alleine nach draußen. Einerseits hatten wir vollzählig und pünktlich auf der Huscha zu sein, um keinen Grenzalarm zu riskieren. Andererseits wollten wir bei Auseinandersetzungen mit Einheimischen nicht allein dastehen. Es handelte sich um eine reine Vorsichtsmaßnahme, weil sich das Klo auf dem Hinterhof des Anwesens befand. Trotzdem ist bei einer dieser Zechereien in Mackenrode ein Kamerad unserer Grenzkompanie spurlos verschwunden. Wir saßen friedlich beisammen und tranken in der Kürze der Zeit alles, was die Zapfkünste des Wirtes und das Sortiment an Spirituosen hergaben. Nach etwa zwei Stunden hatten wir das nötige Quantum erreicht, das die Zunge lähmte und den normalen Menschenverstand ausschaltete. Ab diesem Zeitpunkt ließen sich die sinnlosen Diskussionen am nächsten Tag schon nicht mehr zurückverfolgen. Der besagte Kollege, der immer ruhiger und kreidebleich im Gesicht wurde, sprang plötzlich auf, presste eine Hand vor den Mund und rannte aus der Gaststube. Vermutlich wollte er sich draußen auf dem Klo übergeben. Wir registrierten die überraschende Reaktion zwar, blieben jedoch am Tisch sitzen, ohne dem Kameraden nachzueilen. Wahrscheinlich gingen alle davon aus, dass man beim Kotzen keine Zuschauer brauchte. Obwohl niemand allein auf die Toilette gehen sollte, diskutierten und zechten wir munter weiter. Bereits vor dem Ausgang hatten wir vereinbart, nicht über militärische Angelegenheiten zu sprechen. So lautete der letzte Satz vor bzw. der erste Satz in der Gaststätte. Der zweite beinhaltete unsere Getränkebestellung und beim dritten Satz waren wir wieder beim Thema Grenzdienst angelangt. Das wiederholte sich in jedem Ausgang und keiner wusste einen Ausweg. Selbst die Androhung ganzer Saalrunden schuf kaum Abhilfe. Wenn unsere Putscherkasse geleert war, zahlte jeder Ausgänger eine Runde aus der eigenen Tasche, so dass 20 Mark zum Glücklichsein ausreichten. Da der Kamerad nach einer halben Stunde nicht wiederkehrte, meinte ein Entlassungskandidat, dass der Vermisste wahrscheinlich an der frischen Luft bleiben würde, um sich vom übermäßigen Alkoholgenuss zu erholen. In unserer Runde kam niemand auf die Idee, sich von der Richtigkeit dieser Vermutung zu überzeugen. Erst als der nächste Grenzer nach einer Stunde wieder zur Toilette musste, suchte er draußen vergeblich nach dem verschwundenen Kameraden. Aus dieser Tatsache schlussfolgerten wir, dass unser Kollege allein zur Kompanie gelaufen sei. Das verstieß zwar ebenfalls gegen die getroffene Abmachung, konnte die Stimmung aber keinesfalls trüben. Fortan diskutierten wir alle Möglichkeiten, wo der Grenzer auf dem Heimweg abgeblieben sein könnte und zogen sogar seinen Sturz in den Straßengraben in Betracht. Jegliche Reaktion auf die Abwesenheit unseres Kameraden blieb leider aus. Stattdessen wurde bis zur letzten Minute getrunken, denn Freizeit war kostbar. Wer wusste schon, wann wir wieder Ausgang hatten? Kurz nach 23.30 Uhr zahlten wir unsere Zeche und verließen gemeinsam die Kneipe, nicht ohne den Hof und die nähere Umgebung gründlich nach dem Vermissten abzusuchen. Unterwegs nach Weidenbach durchkämmten wir die Straßengräben auf beiden Seiten ohne Erfolg. Je näher wir der Objektwache kamen, desto mehr wuchs die Hoffnung, dass der Kollege bereits im Bett lag und schlief. Unsere Frage nach dem fehlenden Ausgänger quittierte der Wachposten der Einheit mit einem müden Lächeln, weil er damit rechnete, dass der Vermisste gleich aus der Dunkelheit auftauchen würde und der Zug wieder komplett wäre. Dann brauchten wir nur den Oberst passieren und der Ausgang war erfolgreich beendet. Soweit kamen wir an diesem Abend nicht. Bereits im Erdgeschoss fragte der diensthabende Offizier nach dem fehlenden Ausgänger, der tatsächlich noch nicht eingetrudelt war. Erst in diesem Moment erkannten einige von uns den Ernst der Lage. War der Kerl womöglich abgehauen und hatte uns das ganze Theater mit dem Schlechtwerden nur vorgespielt? Bei dieser heiklen Frage musste ich passen. Ich bin zu betrunken gewesen, den Ermittlungen der Vorgesetzten folgen zu können. Zur eigenen Sicherheit steckte man mich gemeinsam mit unserem Kraftfahrer in die Ausnüchterungszelle, da wir in diesem Zustand weder Lkw noch Hund führen konnten.

Dann muss die totale Panik auf der Grenzkompanie ausgebrochen sein, von der ich in meinem Rausch nichts mitbekam. Eine Viertelstunde nach Mitternacht löste der Oberst Grenzalarm aus, weil alle Anzeichen dafür sprachen, dass der Vermisste flüchten wollte. Die Postenpaare in Asbach und Sickenberg wurden durch die A-Gruppe von der Führungsstelle unterstützt. Zur kompletten Abriegelung der Grenze fuhren die Alarmgruppe der Kompanie und zwei weitere

Züge aus Weidenbach raus in den Abschnitt. Da es sich dabei um die Grenzer der bevorstehenden Frühschicht und die Jungs handelte, die gerade erst von der Spätschicht heimkehrten, kann man sich bestimmt vorstellen, wie begeistert sie von dieser außerplanmäßigen Aktion waren. Der Grenzalarm wurde weiterhin auf die Abschnitte der beiden angrenzenden Kompanien ausgedehnt. Freiwillige Helfer der Grenztruppen und Abschnittsbevollmächtigte aus den umliegenden Dörfern trafen in Weidenbach ein und halfen bei der Suche. Sogar unser Zug, der eben noch im Ausgang in Mackenrode zechte, bekam den Befehl, an den Kanten zu fahren. Zum Glück gelang es meinem Zugführer nicht, den Kraftfahrer und mich zu wecken. Während die komplette Grenzkompanie, halb Weidenbach und ein Teil des Bataillons auf den Beinen waren, schliefen wir seelenruhig in dem Raum, den man eigentlich für die A-Gruppe reservierte. Je länger die Suche nach dem Vermissten andauerte, desto mehr wuchs der Frust bei denen, die in der näheren Umgebung suchten oder draußen an der Grenze auf den vermeintlichen Flüchtling lauerten. Bei derart unklaren Lagen musste jeder Grenzer den Ernstfall, wahrscheinliche Bewegungsrichtung Westen, einkalkulieren. Allein der Selbstschutz gebot uns diese Vorsichtsmaßnahme. Die verständliche Forderung der Vorgesetzten in der Praxis umzusetzen, fiel mir äußerst schwer. Ich konnte mir beim besten Willen nicht vorstellen, dass der betrunkene Kollege flüchten wollte und nahm an, dass er in irgendeiner Scheune in Mackenrode seinen Rausch ausschlief. Wenn sich meine Vermutung bestätigt hätte, wäre er auf der Grenzkompanie verprügelt worden. Ausgerechnet der Grenzaufklärer vom Bataillon, der die von uns verschwiegene, versuchte Kontaktaufnahme in Asbach beim Kompaniechef anzinkte, fand den Grenzer eher zufällig in den frühen Morgenstunden. Der Feldwebel verfolgte den Weg, den unser Zug von der Kneipe in Mackenrode bis zur Grenzkompanie nach Weidenbach zurücklegte, in umgekehrter Richtung. Auf dem Hof der Gaststätte wurde er auf ein lautes Schnarchen im Garten aufmerksam, wo der Vermisste in der Hollywoodschaukel lag und schlummerte. Da hätten wir im Ausgang auch selbst drauf kommen können, doch niemand hielt diesen Fundort für möglich. Der Betrunkene muss in der Dunkelheit die Toilettentür mit der Tür in den Garten verwechselt haben und landete in den Blumenrabatten zwischen den Beeten. Dort irrte er ziellos umher, weil er den Ausgang nicht mehr fand. Schließlich legte er sich erschöpft in die Schaukel, wo er schlief, bis ihn der Grenzaufklärer unsanft weckte. Natürlich war dem Gartenschläfer das Vorkommnis peinlich, da er vielen Menschen in Weidenbach eine schlaflose Nacht bereitete. Zum Glück begegnete er auf dem Weg von den Garagen ins Kompaniegebäude noch keinem Grenzer, der wegen ihm in den Abschnitt musste. Ansonsten hätte dieser Gang einem Spießrutenlauf geähnelt, weil ihm alle an den Kragen wollten. Der Kollege war nicht ansprechbar, als er die Ausnüchterungszelle mit uns tauschen musste. Erst in diesem Moment beendete der

Kompaniechef die brisante Lage, da er sich selbst von der Anwesenheit des vermissten Grenzers überzeugen wollte, dessen zaghafte Entschuldigungsversuche auf Ablehnung stießen. Unser Oberst hatte die Schnauze gestrichen voll, denn derartige Eskapaden bewiesen den Vorgesetzten im Bataillon, dass der Major seine Grenzkompanie nicht im Griff hatte. Am meisten wurmte ihn jedoch, dass ein Auswärtiger unseren Kollegen fand. Diese Wut konnte man dem Oberst bei der Auswertung des Vorkommnisses, die noch am selben Vormittag erfolgte, anmerken. Der Grenzaufklärer, der den Vermissten in der Hollywoodschaukel aufspürte, wurde zum Oberfeldwebel befördert. Zähneknirschend überreichte ihm der Kompaniechef die Schulterstücke mit den zwei Pickeln, während der Beförderte innerlich jubilierte. Den stillen Triumph des Grenzaufklärers habe ich in diesem Moment als Retourkutsche für meine Ladung Zucker in seinem Tank gesehen. Für unseren Zug hagelte es saftige Strafen, weil wir eine gewisse Mitschuld am Verschwinden des Kameraden trugen. Wir hätten einfach besser auf den Nebenmann aufpassen müssen. Mackenrode wurde ab sofort von der Landkarte für künftige Ausgänge gestrichen. Der Gartenschläfer bekam offiziell ein halbes Jahr Urlaubs- und Ausgangssperre. Den Soldaten behandelte man von nun an wie einen Aussätzigen auf der Grenzkompanie. Alle Insassen mieden den Kontakt und einige Leute unseres Zuges weigerten sich sogar, mit ihm gemeinsam auf Streife zu gehen. Zu seiner eigenen Sicherheit plante ihn unser Zugführer in den nächsten Schichten auf die Führungsstelle ein, wo er ordentlich die Leviten gelesen bekam.

Die Entlassungskandidaten meines Diensthalbjahres

Schweigeschicht

Schweigen bedeutet die absolute Höchststrafe für mich. Schon als Kind musste ich überall meinen Senf dazugeben. Später lernte ich im Elternhaus, nicht dazwischenzureden, wenn sich Erwachsene miteinander unterhielten, was hart für mich war.

In der EK-Bewegung diente das Ablehnen kompletter Gespräche, das je nach Konfliktsituation und deren Bewältigung länger andauern konnte, einzig und allein der Erziehung. Sogar im täglichen Grenzdienst setzten die Gefreiten das Schweigen bewusst als Strafe ein. Unliebsame Zeitgenossen wurden grundlos mit ganzen Schweigeschichten bedacht. Am schwersten hatten es Grenzer, die sich nicht an der EK-Bewegung beteiligten. Obwohl ihnen die Entlassungskandidaten anfangs eine Art Sonderstatus versprachen, galten sie in der Folgezeit als Außenseiter, Versager und Weicheier. Deshalb versuchten die Entlassungskandidaten, Abtrünnige mit Schweigeschichten zur EK-Bewegung zu zwingen. Der Erfolg dieser zweifelhaften Erziehungsmaßnahme blieb in den meisten Fällen aus. Oftmals verschärften sich die Konflikte zwischen den Grenzern verschiedener Diensthalbjahre noch mehr. Ein Postenpaar, das sich schon vor dem gemeinsamen Grenzdienst nicht leiden konnte, funktionierte nach einer Schweigeschicht erst recht nicht mehr. Vorlaute Achtziger, die ihren Kollegen Freizeit, Ausgang und Urlaub versauten, wurden mit Schweigeschichten gemaßregelt. Das scheinbar positive Ergebnis war in der

Regel nur von kurzer Dauer, weil die Störenfriede irgendwann wieder aufbegehrten. Da ich Schweigeschichten für gefährlich hielt, habe ich mich nicht an derartigen Bestrafungen beteiligt. Man konnte doch nicht wissen, wie der Posten auf solche Provokationen reagieren würde. Der Grenzdienst an sich war in meinen Augen anstrengend genug. Musste man sich das Leben an der Grenze noch schwerer machen?

Einmal kam auch ich als Postenführer nicht um eine Schweigeschicht herum. Es war der erste Dienst, den der vermisste Gartenschläfer aus dem letzten Kapitel nach dem Vorkommnis mit einem Kollegen seines Zuges absolvierte. Eine Woche lang schmorte er vorher mit unserem Zugführer auf der Führungsstelle. Hatten sich alle Kameraden erfolgreich gegen eine gemeinsame Schicht mit dem Vermissten gewehrt, musste ich nun für einen Spätdienst auf dem Beobachtungsturm in Sickenberg herhalten, wobei mir der Schläfer als Posten zugeteilt wurde. Letzterer stammte aus der Schweriner Gegend, was seinen schwierigen Charakter hinlänglich erklärte. Die wortkargen Landsleute aus dem Norden eigneten sich mit ihrer rauen Schale hervorragend für den Dienst an der Staatsgrenze, weil man sie nicht genau einschätzen konnte. Trotzdem gab es bis zu diesem letzten Ausgang nach Mackenrode keinerlei Probleme zwischen dem Mecklenburger und mir. Wir fanden in den gemeinsamen Schichten immer irgendwelche Themen, bei denen man sich nicht um Kopf und Kragen redete. Die laue Sommernacht in der fremden Hollywoodschaukel, die

Suche nach ihm und die von den Vorgesetzten für möglich gehaltene Flucht veränderten den Menschen so sehr, dass er sich tief in sein Schneckenhaus zurückzog. Mein Posten fühlte sich verständlicher Weise schuldig. Er hatte seinen Fehler eingesehen und Besserung geschworen. Diese Einstellung ließ mich für die gemeinsame Schicht hoffen.

Auf der Hinfahrt nach Sickenberg stellte er Kneipenrunden für unseren Zug in Aussicht, sobald seine Ausgangssperre aufgehoben wäre. Sein Angebot auf dem Lkw klang verlockend. Es sollten die letzten Worte bleiben, die ich von meinem Kollegen an diesem Tage hörte. Sein Schweigen beim Besteigen des Beobachtungsturmes fand ich nicht ungewöhnlich, jedoch setzte es sich oben in der Kanzel fort. Nur die Ruhe bewahren, redete ich mir ein. Nach der ersten geschlagenen Schweigestunde fragte ich ihn höflich nach seinen Beweggründen, worauf ein mürrisches Köpfschütteln folgte. Was hatte das zu bedeuten? Wollte er mich einfach nur provozieren oder allen Ernstes meine Befehle verweigern? Für diese Frage erntete ich eine Kopfbewegung in vertikaler Richtung. Meine Anweisungen würde er wohl oder übel ausführen, was mir sein Nicken bestätigte. Es half nichts, wenn ich ihn dazu vergatterte, Meldungen an die Führungsstelle abzusetzen. Mit dieser Maßnahme erreichte ich keine Gesprächsbereitschaft. Was war nur in meinen Posten gefahren? Machte er mich etwa für seinen Aussetzer im Ausgang verantwortlich? Sicher hätte ich besser auf den Kameraden aufpassen müssen, der ganze Zug wäre in der Pflicht gewesen, doch die Hauptschuld lag allein bei ihm. Eine sachliche Diskussion über seine Verfehlung blockte er ab. Ich wusste nicht, was ich noch anstellen sollte, um dieses menschliche Wrack aus der Reserve zu locken. Verzweifelt versuchte ich, ihm direkt in die Augen zu gucken, doch mein Posten wandte sich demonstrativ ab. Er ignorierte mich einfach, indem er gelangweilt aus dem Fenster schaute, während ich ununterbrochen auf ihn einredete. Irgendwann ging mir die Alleinunterhaltung auf die Nerven. Ich wusste keine Argumente mehr, meinen Gegenüber zum Reden zu bewegen. In meiner Hilflosigkeit empfand ich die Aussicht auf den Friedhof von Sickenberg genauso bedrückend wie die Stimmung auf dem Beobachtungsturm. So wie wir beide uns gegenüber saßen, hätte man sich auch direkt duellieren können. Mir fiel spontan das Duell meines Romanhelden Edmund Dantes mit Albert de Mocerf ein, das ausfiel, weil sich der junge Albert beim Grafen von Monte Christo entschuldigte. Diese Tugend schien meinem Posten fremd zu sein und es hätte mindestens einen Toten unter uns gegeben. Meinen Namen sah ich schon auf dem ersten Grabstein eingraviert, der nur wenige Meter vom Grenzsignalzaun entfernt stand. Beim Anblick meines Postens wusste ich nicht, was mir mehr Angst einflößte, die Kalaschnikow auf seinem Schoß oder die eisige Stille in der Kanzel. Eine Waffe tötet wenigstens sofort und laut, aber Schweigen vernichtet langsam und leise. Die Ruhe war so trügerisch, dass man annehmen konnte, es würde jeden Augenblick mit dem Duell losgehen. Während ich in normalen Schichten meine Kalaschnikow achtlos in die Ecke stellte, behielt ich sie an diesem Nachmittag ständig am Mann, um für den Ernstfall gerüstet zu sein. Ich verzichtete auf Essen und Trinken, weil ich meinen Posten nicht aus den Augen lassen wollte.

Einen schweigenden Menschen acht Stunden lang zu ertragen, kann zur Unendlichkeit werden. Ich machte mir die schlimmsten Gedanken, wollte nur noch runter vom Turm und mit einem normalen Menschen reden. Je länger das Schweigen andauerte, desto unsicherer wurde ich. Also begann ich von vorn und versuchte, meinen Posten von den Vorteilen einer guten Konversation zu überzeugen. Aber meine gut gemeinten Vorträge über menschlichen Anstand nach Knigges Vorbild änderten nichts an seiner sturköpfigen Reserviertheit. Sogar meine letzte Bitte, mit mir von Mensch zu Mensch zu sprechen, erfüllte er nicht. Er lachte mich regelrecht aus, obwohl er nur schmunzelte. Tief in mir stieg pure Angst ums Überleben hoch. Ich spielte zwischenzeitlich sogar mit dem Gedanken, meine Waffe durchzuladen, ließ es aber sein. Wahrscheinlich hätte der Mecklenburger es mir gleich getan und wir wären beide nicht lebend vom Turm gekommen. Waren zwei tote Grenzer der Sinn und Zweck solch einer belastenden Schweigeschicht? Da es mein Posten am Schichtende ablehnte, den Beobachtungsturm als erster zu verlassen, spitzte sich die brenzlige Situation noch mehr zu. Sein Verhalten erfüllte eindeutig den Tatbestand einer Befehlsverweigerung.

Laut Dienstvorschrift kletterte zuerst der Posten die Leiter runter, um den Abstieg des Postenführers zu sichern. Meine Wut auf den Kameraden steigerte die Angst, dass diese Schicht eskalieren könnte, ins Unermessliche. Setzte sich mein Gegenüber womöglich zur Wehr? Durch diese Ungewissheit verlor ich vollkommen die Beherrschung. Ich brüllte den Fischkopf an, der frech zurückgrinste. Mein Ausflippen überzeugte den Sturkopf noch weniger als die sachlichen Argumente zuvor. Die Folgen einer Befehlsverweigerung quittierte er gelangweilt mit Abwinken. Anscheinend hatte er nichts mehr zu verlieren. Eine Meldung von mir an unseren Zugführer wäre meiner Kapitulation gleichgekommen. Vor mir saß eine tickende Zeitbombe, die sich hartnäckig vor dem Abstieg drückte. Da ich den Posten nicht einschätzen konnte, rechnete ich mit dem Äußersten. Als der Kerl wieder aus dem Fenster sah, schwang ich mich auf die Leiter und griff nach der Holzluke, denn ich musste so schnell wie möglich aus dem Schussfeld verschwinden. Der Posten erschrak, weil ihn meine hastige Aktion überraschte. Entsetzt blieb er an seinem Hocker kleben. Der Gedanke, auf den Kameraden schießen zu müssen, belastete mich zwar, doch ich war zu allem bereit, weil ich überleben wollte. Die panische Angst um die eigene Existenz beflügelte mich sogar. Polternd schlug die Luke über meinem Kopf zu, so dass ich mich bereits in Sicherheit wähnte. Dabei hätte mich der Posten durch die morschen Bretter noch erwischen können. In Windeseile hangelte ich die Leiter runter und rutschte dabei mehr als ich kletterte. Die Innenflächen meiner Hände brannten wie Feuer. Um ein Haar wäre ich mit dem Seitengewehr am Stromverteilerkasten hängen geblieben. Von meinem Posten war nichts zu sehen. Die Luke zur Kanzel blieb geschlossen. Unten angekommen, rettete ich mich mit einem beherzten Sprung aus dem Turm. Die Metalltür flog einmal auf und wieder zu. Erst in Deckung atmete ich tief durch. Mein Herz raste, obwohl ich mich längst in Sicherheit befand. Aus diesem Winkel hätte mich der Posten von oben nicht getroffen. Hilfesuchend sah ich zum Friedhof hinüber und sehnte unsere Ablösung herbei. Zum Glück hatten wir keinen Westbesuch, der unsere Auseinandersetzung verfolgte. Vorsichtig wagte ich, in den Turm zu blicken, wo sich nichts tat. Vom Tor im Grenzsignalzaun aus konnte ich meinen Posten am Fenster erkennen, der erst beim Eintreffen der Ablösung auftauchte. Mit knallrotem Kopf trat er aus dem Turm hervor, während die Kalaschnikow über seiner Schulter baumelte. Was lässig aussehen sollte, glich einem Häufchen Elend. Dem Sturkopf schlackerten mächtig die Knie. Vor Aufregung fiel bei der anschließenden Waffenkontrolle eine Patrone auf den Boden, weil er das Magazin in der Kalaschnikow vergessen hatte. Ein Zuschauer hätte denken können, dass wir beide zu blöd wären, um Sicherheit zu machen. Wortlos bestieg ich den Lkw, der uns zurück nach Weidenbach brachte. Niemand bemerkte meine innere Aufgewühltheit. Der Gartenschläfer schwieg noch immer. Bestimmt hatten sich in der Zwischenzeit die

Gründe für sein Verhalten geändert. Eine Entschuldigung von seiner Seite stand jedoch nicht zur Debatte. Ich fühlte mich in einer Weise ausgenutzt, die mir selbst Rätsel aufgab, weil mir die entsprechenden Vergleichsmöglichkeiten fehlten. In meiner Situation konnte ich mich keinem Menschen auf der Kompanie anvertrauen. Wäre meine Flucht vom Beobachtungsturm herausgekommen, hätte man mich nie wieder an die Grenze gelassen. Deshalb durften die Vorgesetzten nichts von diesem Zwischenfall erfahren. Trotzdem bat ich unseren Zugführer am selben Abend, mich aus persönlichen Gründen nicht mehr mit dem Mecklenburger aufzustellen. Der Vorgesetzte fragte nicht nach den Ursachen und entsprach meinem Wunsch. Allerdings gab er mir zu verstehen, dass dieser Zustand nicht den Rest der Dienstzeit andauern könne. Fürs Erste war ich zufrieden, machte mir jedoch selbst Vorwürfe, denn ich hatte mich von einem Kameraden erpressen lassen. Die Schweigeschicht lief wie ein Stummfilm vor meinen Augen ab und verfolgte mich bis tief in den Schlaf. Ich erschrak jedes Mal und erwachte schweißgebadet, sobald mein Traum anders endete. Mitten in der Nacht verzog ich mich zu Alf in den Hundezwinger, wo ich endlich zur Ruhe kam. Zu meiner Überraschung suchte mich der Mecklenburger am nächsten Vormittag am Zwinger auf und entschuldigte sich bei mir. Der harte, raue Mecklenburger wirkte weich und traurig. Ohne mir direkt in die Augen zu schauen, bat er stotternd um Verzeihung und streckte mir die Hand entgegen. Offensichtlich war es

ihm peinlich, mich mit seiner Sturheit in Gefahr gebracht zu haben. Meine hitzige Kurzschlussreaktion
tolerierte er wohlwollend unter dem Deckmantel der
Verschwiegenheit. Ich konnte noch froh darüber sein,
dass er mich nicht bei den Vorgesetzten anzinkte. Mit
einem einzigen Handschlag schien die Angelegenheit
für ihn erledigt. Mir fehlten die Worte, weil ich aus
diesem Menschen nicht schlau wurde. Durfte man an
der Grenze überhaupt jemandem vertrauen?

Links hinterm Friedhof in Sickenberg stand einst der
Beobachtungsturm, auf dem sich die Schweigeschicht abspielte.

Vertrauen ist gut, Kontrolle besser

Wie genau das mit unserer Überwachung durch die Staatssicherheit funktionierte, weiß ich bis heute nicht, weil mir das nötige Hintergrundwissen fehlt. Es sind mir aber einige Dinge aufgefallen, die für den einen oder anderen Leser vielleicht naiv klingen werden. Doch gerade in dieser Naivität lag die besondere Gefahr, die von der Stasi ausging.

Auch auf der Grenzkompanie in Weidenbach gab es ein Dienstzimmer, das nur von offiziellen Mitarbeitern der Staatssicherheit genutzt wurde. Diese Personen tauchten irgendwann auf und verschwanden wieder, ohne dass man ihre Arbeit in ein bestimmtes, regelmäßiges Zeitfenster einordnen konnte. Wir nannten die Leute der Einfachheit halber Abteilung 2000, wobei es sich um die Einheit mit inoffiziellem Namen Verwaltung 2000 handelte. Diese war identisch mit der Hauptabteilung 1 des Ministeriums für Staatssicherheit und für die Grenztruppen zuständig. Ihre Aufgabe bestand darin, uns Grenzsoldaten zu kontrollieren. Bei Telefongesprächen stand grundsätzlich ein Vorgesetzter daneben, der mithörte, und die tägliche Post wurde systematisch überwacht. Wir wunderten uns nicht mehr über aalglatte Kuverts, die das heimliche Öffnen kaschieren sollten. Doppelt zugeklebte oder gar eingerissene Briefumschläge deuteten ebenfalls darauf hin, dass man nicht der erste bzw. zweite Leser der zumeist intimen Botschaften war. In manchen Fällen bedurfte es nicht einmal der Postkontrolle, einen Kameraden vorübergehend von der Grenze zu verbannen. Hatte ein Grenzer private Probleme mit der Freundin, der Ehefrau oder den Eltern und sprach darüber im Kollegenkreis, weil er sich dort Hilfe erhoffte, wurde er durch die Abteilung 2000 in seiner Verwendbarkeit zurückgestuft. Angeblich war er nicht mehr tragbar für provokationsgefährdete Abschnitte, durfte zeitweise nicht mehr nach Asbach und Sickenberg, sondern blieb auf der Führungsstelle, am K 2 oder ganz in der Huscha. Um solchen Zurückstufungen vorzubeugen, schrieb ich keine vertraulichen Dienstangelegenheiten nach Hause, sondern entwickelte eine Geheimsprache im Briefwechsel mit meiner Freundin. Unregelmäßigkeiten wurden grundsätzlich mit dem Begriff Stress getarnt, wovon es jede Menge in Weidenbach gab. Berichtete ich beispielsweise vom stressigen Halbtagsjob, wusste Corinna, dass ich Zwölfstundenschichten absolvierte. Stress mit dem Alter bedeutete Konflikte mit den Entlassungskandidaten, Stress in der Küche hieß schlechtes Essen und Stress im Grenzdienst zeugte von verlängerten Schichten durch irgendwelche Lagen. Wir gewöhnten uns schnell an die notwendige Verschlüsselung, die den Stasis sicher nicht verborgen blieb. Die unauffälligen, zurückhaltenden Offiziere der Staatssicherheit unterschieden sich rein äußerlich nicht von unseren Vorgesetzten, weil sie die Uniform der Grenztruppen trugen. Wir hatten normal zu grüßen, wie es die Dienstvorschrift verlangte. Trotz ihrer vermutlichen Parteimitgliedschaft nahmen sie nie an den Versammlungen der SED-Grundorganisation teil. Daraus schlussfolgerte ich, dass es sich um eine elitäre Truppe handelte, die nicht den Befehlen der Grenztruppen unterstand. Soviel zu den hauptamtlichen Mitarbeitern der Staatssicherheit, die man offiziell auf der Grenzkompanie zu Gesicht bekam. Die Drecksarbeit in Form von Aushorchen und Anzinken erledigten die inoffiziellen Mitarbeiter der Staatssicherheit, die zwar normalen Grenzdienst absolvierten, aber höhere Dienstgrade innehatten. Wer in meinem persönlichen Umfeld dazugehörte, entzog sich meiner Kenntnis. Selbst der Versuch, mich während der Arbeit an diesem Buch „gaucken" zu lassen, brachte nichts Erhellendes zu Tage.

Natürlich bekamen wir in der Huscha mit, wenn einer von uns Grenzern ins Dienstzimmer der Stasi befohlen wurde. Doch man wusste nie die Gründe dafür und fragte sich, wie das System im Detail funktionierte. Warum liefen bestimmte Großmäuler, die den Sozialismus offensichtlich mit Löffeln gefressen hatten, feindwärts, während andere unscheinbare Intelligenzler auf der Führungsstelle oder am K 2 schmoren mussten? Da wir uns solche Fragen nicht ausreichend beantworten konnten, verdächtigten wir sogar die eigenen Kameraden, Informanten und damit inoffizielle Mitarbeiter der Staatssicherheit zu sein. Selbst wenn man gewusst hätte, mit welchen Mitteln diese Leute arbeiteten, wäre wahrscheinlich zwangsläufig Misstrauen entstanden. Man lief in diesem System Gefahr, Unschuldige zu verdächtigen und dabei menschliche Beziehungen zu zerstören, falls es solche in Weidenbach überhaupt gab. Fehlte ein Kollege auf der Stube, wurde nach dessen Rückkehr sofort gestichelt: „Na Maulwurf, wo bist du denn so lange gewesen? Hast du etwa bei der Abteilung 2000 reingeschaut und Bericht erstattet? Dauern eure Zusammenkünfte jetzt länger oder wiesen deine Informationen irgendwelche Lücken auf?". Solche provozierenden Fragen, die lustig klingen sollten, erreichten oft das ganze Gegenteil und vergifteten die ohnehin angespannte Atmosphäre in Weidenbach noch mehr.

Im Handbuch Militärisches Grundwissen wurde dem Thema Vertrauen nicht ein einziges Kapitel gewidmet. Stattdessen gab es das Kapitel „Wachsamkeit und Geheimhaltung", welches Verbote bzw. Verhaltensregeln für Armeeangehörige beinhaltete.

Ein Grenzer hatte unbedingt Meldung zu erstatten, sofern Familienangehörige in das nichtsozialistische Ausland oder nach Westberlin reisten. In eine solche Situation kam ich tatsächlich, als meine Eltern eine Einladung zum 70. Geburtstag aus dem Westen erhielten. Erwartungsgemäß bekam nur ein Elternteil die Erlaubnis, die Verwandte auf der Nordseeinsel Juist zu besuchen und das war meine Mutter. Diese Einschränkung entsprach der gängigen Praxis, weil man befürchtete, dass beide Elternteile in der Bundesrepublik bleiben würden. Da die polizeiliche Genehmigung gewöhnlich äußerst kurzfristig erfolgte, erfuhr ich erst während der Reise vom Auslandsaufenthalt meiner Mutter. Pflichtbewusst gab ich diese Information an meinen Zugführer weiter, der im Ernstfall davon auszugehen hatte, dass bei mir Fluchtgefahr bestand. Also durfte ich nicht mehr raus zum Grenzdienst und wurde vorübergehend ins Regiment nach Mühlhausen abkommandiert. Kurios empfand ich die Tatsache, dass ich genau an dem Tag aus Weidenbach abreiste, an dem meine Mutter wieder heimkehrte. Ich stand gerade unter der Dusche, um mich auf den abendlichen Ausgang vorzubereiten, als mir mein Zugführer den Kommandierungsbefehl überbrachte. Er stammelte, dass man ihm zwar auch nicht den genauen Grund für diesen Befehl mitgeteilt habe, aber dass es sich seines Erachtens nur um eine reine Formalität handeln könne. Wütend warf ich meine Sachen in den Seesack und bereitete mich auf die Abreise vor. Der Abschied von Weidenbach fiel schwer, weil ich nicht wusste, was mich im Regiment erwartete. Am Abend fuhr mich der Schreiber ins Grenzregiment „Eugen Levine", wo die Insassen offensichtlich Dienst nach Vorschrift schoben. Der Anblick dieser Vorzeigesoldaten in vollständigen, sauberen Uniformen mit Käppi, glatten Schulterstücken und blitzblank geputzten Stiefeln erinnerte mich sofort an die Ausbildung in Eisenach. Schlagartig fielen mir die Vorzüge des lockeren Grenzeralltags in Weidenbach ein, die hier wie Bumerangs zu Mängeln mutierten. Ich besaß überhaupt keine Schuhcreme mehr, die meinen Stiefeln zum gewünschten Glanz verhelfen konnte. Schließlich benutzten wir an der Grenze nur Lederfett, das unser Schuhwerk imprägnierte. Der Grenzdienst erforderte keine glänzenden Stiefel, sondern trockene und warme Füße.

Außerdem wusste ich beim besten Willen nicht, wie ich meine Uniform auf den geforderten Standard bringen sollte, den die Vorgesetzten in Mühlhausen von mir verlangten. Während meiner Kommandierung stand ich Wache am Kasernentor, eine ungewohnte Aufgabe, von der ich als Hundeführer in Weidenbach verschont blieb.

Auf meinem Zimmer lagen nicht nur Gefreite, die vorübergehend aus dem Grenzdienst verbannt wurden. Sogar ein Offizier, der ebenfalls aus Sicherheitsgründen hier weilte, war unter den Insassen. Der Vater dieses jungen Unterleutnants arbeitete in leitender Anstellung in einem Volkseigenen Betrieb für Mikroelektronik. Während seiner Dienstreise zu Vorträgen in die BRD durfte der Sohn nicht an die Grenze. Unser Staat machte also keinen Unterschied zwischen Soldaten, Gefreiten und Offizieren, wenn es um das Thema Vertrauen ging. Diese Tatsache brachte mich ins Grübeln. Der Unterleutnant hingegen beklagte sich nicht. Für ihn schien es keine Rolle zu spielen, ob er im Regiment, im Bataillon oder auf irgendeiner Grenzkompanie diente. Gegen eine zeitweilige Versetzung konnte auch er nichts unternehmen. Mit welch stoischer Ruhe und Gelassenheit er diesen Misstrauensbeweis seiner Vorgesetzten hinnahm, ließ ihn zu einem echten Vorbild für mich werden. Was er im tiefsten Inneren dachte und fühlte, verschwieg er uns befehlsgemäß. Sein Verhalten imponierte mir, denn mich überforderte der militärische Urschleim in Mühlhausen. Das ständige Grüßen eines jeden Vorgesetzten, die Einhaltung des Tagesdienstablaufplanes und das penible Stuben- und Revierreinigen bereiteten mir die erwarteten Schwierigkeiten. Übereifrige Unteroffiziere kontrollierten wie in Eisenach die Schrankordnung, den Bettenbau und die Sauberkeit auf der Stube sowie in den Revieren. Vor dem Zapfenstreich meldete der Stubenälteste, der besagte Unterleutnant, die Vollzähligkeit auf dem Zimmer. Diese Umstellung auf Ausbildungsniveau war neu und kaum auszuhalten für einen Grenzer, der sich gerade an den Alltag in Weidenbach gewöhnt hatte. Einige Dienstvorschriften waren mir längst entfallen, weil neben dem normalen Grenzdienst keine Zeit dafür blieb. Bestimmte Verhaltensregeln musste ich im Handbuch Militärisches Grundwissen nachschlagen, um sie in Erinnerung zu rufen. Wer einmal auf einer Grenzkompanie diente, wird wissen, wie sehr sich die dortige Praxis von der in einer Ausbildungskompanie unterschied. Ein Wehrpflichtiger aus Mühlhausen wäre mit den Freiheiten und Zwängen in Weidenbach niemals klargekommen. Wo die EK-Bewegung herrschte, da funktionierten nur Anpassung oder Opposition. Hier halfen einem weder Vorgesetzte noch irgendwelche Handbücher. Wer bei Wind und Wetter mindestens acht Stunden unter freiem Himmel stand, schuf sich in der Huscha einen Ausgleich für die Strapazen im Grenzdienst. Überraschten uns Bataillon oder Regiment in Weidenbach mit externen Kontrollen, zogen Vorgesetzte und Untergebene an einem Strang und stellten die Grenzkompanie nach dem Vorbild Potemkins zur Schau.

Durch diesen zeitweiligen Schulterschluss revanchierten wir uns fair für die Freiheiten, die die Offiziere im Alltag gewährten.

In Mühlhausen musste ich zum ersten Mal das Kasernentor bewachen und die Zutrittsberechtigung aller Personen kontrollieren, die ins Objekt wollten. Ich hatte zu prüfen, ob die Militärangehörigen den richtigen Passierschein für das Betreten des Regimentsgeländes besaßen. Der Schlagbaum ging ständig auf und wieder zu, was die Vorgesetzten mehr nervte als mich. Da ich die Leute nicht kannte, nahm ich mir ausreichend Zeit, deren Ausweise gewissenhaft zu prüfen. Manche Buckel flippten bereits aus, wenn sie mich nur von weitem sahen. Sofern die plumpen Proteste kein Ende nahmen, ließ ich die verdutzten Offiziere aussteigen. Natürlich machte ich mir einen Spaß aus den Kontrollen und nervte die Vorgesetzten mit meiner geradezu peinlichen Gründlichkeit, um bald vom Kasernentor verbannt zu werden. Ich wollte schnell nach Weidenbach zurück. Nicht, weil ich mich nach dem Grenzdienst sehnte, sondern weil mir der vorschriftsmäßige Dienst nicht lag. Bei meiner verantwortungsvollen Wachtätigkeit traf ich bekannte Offiziere vom Bataillonsstab, die den wahren Grund meiner Kommandierung wussten. Scheinheilig heuchelten sie Mitleid und empfahlen mir, ein aktuelles Lebenszeichen meiner Mutter zu beschaffen. Angeblich würden Briefe oder Karten meine Rückkehr zur Grenzkompanie nach Weidenbach beschleunigen. Unser Stabschef schlug tatsächlich vor, meine Mutter telefonisch zu bitten, eine Ansichtskarte von daheim zu schicken. Auf diesem Wege sollte ich den hiesigen Vorgesetzten beweisen, dass sie zurückgekehrt war. Ich hielt diesen Ratschlag für vollkommen überflüssig, weil die Stasi längst von der Ankunft meiner Mutter wusste. Trotzdem klammerte ich mich an diesen Strohhalm und telefonierte mit Corinna im LPG-Büro, die den Kartengruß in Auftrag gab. Selbst meine Freundin begriff die konstruierten Zusammenhänge nicht, zeigte jedoch Verständnis für meine angespannte Situation und informierte meine Mutter. Zwei Tage später erreichte mich die ersehnte Ansichtskarte von zu Hause. Am liebsten hätte ich gleich die Klamotten gepackt und wäre nach Weidenbach gelaufen. Doch so weit war es noch nicht. Die Offiziere ließen mich zappeln und bewiesen mir, wer das Kommando bei den Grenztruppen hatte. Möglich, dass die geniale Verzögerungstaktik eine Retourkutsche für meine übertrieben vorschriftsmäßigen Kontrollen am Kasernentor war. Nach einer Woche bangen Wartens wurde mein Antrag auf Rückkommandierung endlich genehmigt. Der Schreiber kam mit seinem Motorrad aus Weidenbach, um mich abzuholen. Da er den Schutzhelm für mich vergaß, musste ich auf der Heimfahrt meinen Stahlhelm aufsetzen, was mich nicht im Geringsten störte. Zur Not hätte ich mir einen Nachttopf auf dem Rückweg übergestülpt. Zufrieden saß ich mit Seesack und Kalaschnikow auf dem Sozius, als wir Richtung Eichsfeld braustеn. Sogar der Umweg ins Bataillon nach Hildebrandshausen, wo ein klärendes Gespräch zwischen dem obersten Offizier und mir stattfinden sollte, trübte meine frohe Stimmung nicht. Mit einer Entschuldigung vom Bataillonskommandeur hatte ich sowieso nicht gerechnet. Anstelle des Oberstleutnants erschien sein Stellvertretcr, der Politoffizier, den ich von den monatlichen Mitgliederversammlungen im Bataillon kannte. Der nachdenklich wirkende Major bot mir freundlicher Weise Kaffee an, wobei ich seine innere Aufregung spürte. Die Teelöffel auf den Untertassen klingelten beim Abstellen beider Gedecke. Mit zitternden Händen legte er seinen Löffel vor sich auf den Schreibtisch. Ich stellte keine Fragen, weil ich im Laufe meiner Dienstzeit gelernt hatte, dass niedere Dienstgrade keine ehrlichen Antworten bekamen. Außerdem wollte ich den Polit des Bataillons nicht in Verlegenheit bringen. Als Parteimitglieder saßen wir militärisch gesehen zwar im selben Boot, aber rein menschlich trennten uns Welten. Dennoch hatte ich den Eindruck, dass wir beide das gleiche dachten, uns aber nicht trauten, es offen auszusprechen. Der schrullige Major begann das Gespräch mit gefasster Stimme. Er setzte voraus, „dass ich auf Grund meiner Erziehung in Elternhaus und Schule intelligent genug wäre, die Kommandierung ins Regiment richtig einzuordnen". Fast hilflos schaute der Polit in seine leere Tasse. Es sah so aus, als würde er im verbliebenen Kaffeesatz nach irgendwelchen Argumenten suchen. Um die Stille zu beenden, gab ich vor, laut Dienstvorschrift gehandelt zu haben und versicherte, dass ich erst am Tage der Rückkehr meiner Mutter von ihrer Reise erfahren hatte. Der Offizier lobte mich und machte keinerlei Vorwürfe, was den Zeitpunkt der Meldung betraf. Wir redeten minutenlang um den heißen Brei und jeder Satz von mir entlastete den Vorgesetzten. Irgendwann quasselte ich mehr als der Polit. Die Erleichterung war meinem Gegenüber deutlich anzusehen. Während der gemeinsamen Unterredung hatte er das Problem, mich von einer Sache zu überzeugen, die auch er nicht verstand. Unser Gespräch endete mit seiner Bitte, meinen Kollegen in Weidenbach den wahren Hintergrund für die kurzfristige Kommandierung zu verschweigen. „Gießen Sie bitte kein weiteres Öl ins Feuer, Genosse Küch!", bat mich der Major verständnisvoll. Dabei schaute er mir zum ersten Mal direkt in die Augen. „Ist das ein Befehl, Genosse Major?", fragte ich. Da der Vorgesetzte nicht antwortete, sich demonstrativ von mir abwandte und den Raum verließ, war das Gespräch unter vier Augen anscheinend beendet. An diesem Tag wollte ich nicht weiter grübeln, denn ich hatte mir in Mühlhausen eine Woche lang den Kopf über das fehlende Vertrauen der Vorgesetzten zerbrochen. Geändert haben meine Überlegungen nichts. Auf dem Heimweg kaufte ich in Rüstungen reichlich Alkohol ein, um das Wiedersehen mit den Kameraden in Weidenbach zu feiern. Vielleicht wollte ich Mühlhausen einfach nur vergessen. Auf Grund der regelmäßigen Kontrollen durch die Vorgesetzten konnte auch im Grenzdienst keine Rede von Vertrauen sein. An Feiertagen sind wir strenger kontrolliert worden, weil die Offiziere von Bataillon und Regiment be-

fürchteten, dass wir an diesen Tagen unseren senti-
mentalen Gefühlen nachgaben und in den Westen
flüchten würden. Ich erinnere mich noch gut an eine
überraschende Kontrolle am Heiligen Abend 1983.
Ein Jahr nach den Ereignissen in Lauchröden war ich
von 18.00 Uhr bis 6.00 Uhr als Postenführer auf dem
BT Sickenberg eingesetzt. Mein Posten war ein junger
Soldat, den ich für seine Fortschritte im Grenzdienst
mit einem leckeren Essen belohnen wollte. Übrigens
war es das zweite Fest der Liebe, das ich nicht daheim
verbrachte. Solche Gedanken ließen sich auf einem
Beobachtungsturm fernab von zu Hause nicht auf
Knopfdruck abschalten. Trotz unserer begrenzten
Möglichkeiten versuchten wir, das Beste aus diesem
Abend zu machen. Zuerst hörten wir Weihnachtsgrü-
ße und Wunschhits auf HR 3. Dabei unterhielten wir
uns angeregt darüber, was es wohl daheim zu essen
gäbe. Mein Posten schwärmte von einer knusprig gefüllten Weihnachtsgans, Thüringer Klößen und Rotkohl, während ich vom obligatorischen Kartoffelsalat
mit Bockwurst berichtete, der alljährlich am Heiligabend auf unserem Tisch stand. Da uns bei der Vorstellung das Wasser im Munde zusammenlief, schlug
ich vor, das Abendessen zuzubereiten. Es sollte ein
zünftiges Gulaschgericht geben. Ich zündete eine Spiritustablette an und stellte meine Brotbüchse auf den
Kocher. Der Junge begann, die Zwiebeln zu schälen
und sie in Ringe zu schneiden, die wir so lange
dünsteten, bis sie glasig aussahen. Das nötige Fett lieferte eine Knackwurst aus der Vorratskammer des

Küchenbullen. Der Fourier ließ sich mit seiner deftigen Verpflegung für den Grenzdienst nicht lumpen, an Weihnachten schon gar nicht. Die Salami- und Schinkenbrote landeten vor der Schicht im Hundezwinger bei Alf, der auch merken sollte, dass Feiertag war. In der Zwischenzeit öffnete ich zwei Gulaschdosen und schüttete den Inhalt zu den Zwiebeln in die Brotbüchse. Das Essen köchelte vor sich hin und verbreitete einen appetitlichen Duft. Als die Übertragung einer Christmesse begann, schaltete ich das Radio aus und verstaute es in meiner Postentasche. Eine feierliche Stille erfüllte die Kanzel in diesem Augenblick und wären da nicht unsere gefährlichen Waffen gewesen, hätte man sogar von einem friedlichen Heiligabend sprechen können.

Während ich meinen Löffel fürs Abendessen polierte, klopfte es plötzlich unten an der Tür. Vor Schreck wäre ich beinahe vom Hocker gefallen. Mein Posten griff instinktiv, aber reichlich verunsichert nach seiner Waffe. Geistesgegenwärtig hielt ich meinen Zeigefinger demonstrativ vor den Mund, um ihn zu beruhigen. Dann klopfte es wieder, diesmal etwas lauter als zuvor. Mir war sofort klar, dass eine externe Kontrolle anstand. Wenn unser Oberst in den Abschnitt gefahren wäre, hätte sich das vorher in der Huscha herumgesprochen. Wir mussten Zeit gewinnen, die nicht zur Verfügung stand. In Windeseile öffnete ich alle Fenster, dass der Essensgeruch entweichen konnte. Meinem Posten flüsterte ich dabei zu, den Kocher und das Geschirr in der Postentasche verschwinden zu lassen.

Das funktionierte zwar recht ordentlich, brachte allerdings keine Zeit. Unten klopfte es schon das dritte Mal. Ein kurzer Blick aus dem Fenster reichte mir aus, um im Schein der Laterne einen großen Offizier zu sehen, der in strengem Ton fragte, ob ich ihm denn nicht öffnen wolle. An seiner Stimme erkannte ich den Politoffizier vom Bataillon, der vor der Tür mit einem Soldaten stand, welcher sein Fahrer sein musste. Das Tor im Grenzsignalzaun schienen die unerwünschten Eindringlinge unbemerkt passiert zu haben. Innerlich verurteilte ich mich für diese grobe Unachtsamkeit. Das hatte die Quatscherei vom Weihnachtsessen eingebracht. Wir saßen direkt in der Falle, in der Kanzel des BT Sickenberg, wo es nach leicht angebranntem Zwiebelgulasch roch. Obwohl einige Fenster sperrangelweit offen standen, hatte sich der Geruch noch nicht restlos verzogen. Mein Posten verbrannte sich gerade die Finger beim Löschen der Spiritustablette. Mit schmerzverzerrtem Gesicht griff er wortlos an die kalte Leiter. In diesem Moment fiel mir die aktuelle Parole für den Grenzdienst ein, die ich auch vom Major hören wollte, bevor wir ihm die Tür öffneten. Der Politoffizier zuckte hilflos mit den Schultern, weil er die Parole nicht parat hatte. Er schickte seinen Fahrer zurück zum Pkw, um die gültigen Losungsworte in der Postentabelle nachzuschlagen. Eine Parole bestand in der Regel aus zwei Kennwörtern, die täglich bei der Vergatterung ausgegeben wurden. Beispiele hierfür waren Frühjahr-Freiheit und Herbst-Heimgang, die wir spaßeshalber benutzten, wenn wir die aktuelle Parole tatsächlich vergessen hatten. Die beiden Wörter begannen immer mit dem gleichen Buchstaben. Die Kenntnis der Parole ermöglichte den Grenzern, die Tore im Grenzsignalzaun zu passieren. Daraus ergab sich die Frage, wie der Offizier vom Bataillon überhaupt in unseren Grenzabschnitt kam. Entweder handelte es sich um eine angemeldete Kontrolle oder unser Zugführer hatte den Polit an der Stimme erkannt. Leider warnte uns niemand vor dem Major. Nach dem Nennen der richtigen Parole beorderte ich meinen Posten nach unten, um die Tür zu öffnen. Ich blieb oben und räumte den Rest unserer Heimlichkeiten vorsichtig in die Postentasche. Der Major erklomm ächzend die Kanzel, wo ich ihm den Bereich Sickenberg ohne Anzeichen einer Grenzverletzung meldete. Der fällige Anschiss blieb aus, weil ich an die Parole gedacht hatte. Das Nichtwissen war dem Offizier überaus peinlich. Mein Posten stand orientierungslos in der Mitte des Turmes und ließ die kalte Leiter vor Schmerzen nicht los. Anstatt durchs Fenster in den Osten zu schauen, wie ich es ihm beigebracht hatte, blickte er verunsichert zu mir rüber. Als Postenführer teilte ich die beiden Soldaten unverzüglich zur Beobachtung des Bereiches Sickenberg ein. Mein Posten und der fremde Fahrer erhielten von mir einander überlappende Sektoren zugewiesen, die die vollständige Rundumbeobachtung gewährleisteten. Dem Major schien meine unbürokratische Art der Absicherung zu gefallen. Anerkennend klopfte er mir auf die Schulter und sprach davon, dass wir an den bevorstehenden

Feiertagen doppelt wachsam sein müssten, weil der Klassenfeind nicht schlafen würde. Wenn der Buckel gewusst hätte, wie sehr er uns mit seinen Ratschlägen auf die Nerven ging, wäre er sicher von selbst verschwunden. Ob wir denn an unserer Postenverpflegung merken würden, dass Weihnachten wäre, wollte der Politoffizier von mir wissen. Obwohl ich den Küchenbullen in höchsten Tönen lobte, gab der Offizier keine Ruhe. „Was habt ihr denn drauf, Genossen?", fragte der Polit in geradezu peinlicher Manier. „Schinken und ungarische Salami, Genosse Major", berichtete ich ihm wahrheitsgetreu. Zum Glück brauchte ich die belegten Brote nicht vorzuzeigen, die ich bereits vor der Schicht an meinen Hund verfüttert hatte. Der Politoffizier durfte nicht wissen, dass wir gerade dabei waren, Zwiebelgulasch zu kochen. Mein Magen knurrte so laut, dass es jeder in der Kanzel hören konnte. Anstandshalber hätten die beiden Batailloner sich nun verabschieden können. Doch das Unheil nahm seinen Lauf, denn plötzlich näherten sich auf westlicher Seite zwei Lichter unserem Postenbereich. Ein heller Bulli vom Grenzzolldienst zog die Aufmerksamkeit unseres hochrangigen Besuches auf sich. Der Polit schraubte wild an seinem Feldstecher herum, um das polizeiliche Kennzeichen des Bullis herauszufinden, was bei Dunkelheit nicht gerade leicht war. Die Leute vom GZD schalteten nachts gern das Licht aus, bevor sie den vorderen Zaun bei Sickenberg erreichten. Dann schliefen sie ein Weilchen hinterm Gebüsch gegenüber vom Beobachtungsturm und verschwanden ohne Licht in

Richtung Scheune. Für solche kniffligen Fälle verfügte ein Postenführer über eine Vielzahl von Autokennzeichen, die täglich am Kanten aufkreuzten und in jeder Grenzerfibel standen. Es wäre mir peinlich gewesen, ein Kraftfahrzeug vom Grenzzolldienst ohne polizeiliches Kennzeichen auf der Führungsstelle zu melden. Auf die Meldung zu verzichten, war im Beisein des stellvertretenden Bataillonskommandeurs unmöglich. An diesem Heiligabend hielten sich die Zöllner nicht lange hinterm Zaun auf. Sie hatten besseres vor, als uns Grenzern in Sickenberg Gesellschaft zu leisten. Der Fahrer betätigte die quäkende Hupe zum Abschied und fuhr ohne Licht bis hinter zur Scheune. Erst dort wurden die Lampen des Fahrzeuges wieder eingeschaltet. Da ich das unbeleuchtete Nummernschild bei der Abfahrt nicht erkennen konnte, schummelte ich ein Kennzeichen aus meinem Notizbuch in die Abschlussmeldung an unseren Zugführer auf der Führungsstelle. Der Politoffizier schüttelte sein weises Haupt hin und her, weil er nicht glauben konnte, was er soeben gehört hatte. Obwohl der Zoll verschwunden war, wunderte er sich noch lange über meine Weitsichtigkeit. Dann verabschiedete sich der Major endlich von uns. Mein Posten begleitete den nervigen Besuch hinunter an die Tür und verriegelte wieder von innen. Aufatmen konnte ich erst, als die Rücklichter des Pkw hinterm Friedhof von Sickenberg verschwanden. Ich ärgerte mich über meine Unaufmerksamkeit, die uns in Gefahr brachte. So leicht durfte sich ein Postenführer nicht von einem Vorgesetzten austrick-

sen lassen. Dem jungen Posten hämmerte ich unmissverständlich ein, dass die externe Kontrolle ein Lehr-
beispiel dafür darstellte, wie sich ein Postenpaar nie
verhalten darf. Anschließend versäumten wir keine
Zeit, das Weihnachtsessen aufzuwärmen. Es wurde
diese Art von Gulasch, für die man weder Messer
noch Gabel brauchte.

Die Unsichtbaren kommen

Durch die ständigen Kontrollgänge am K 2 entlang wurden die Kontakte zu den Bewohnern des Grenzgebietes intensiver und führten dazu, dass wir unsere Pause während des Streifendienstes am Nachmittag oft in Volkerode verbrachten. Anfangs hatte ich Zweifel, ob man den Menschen überhaupt trauen durfte. Wahrscheinlich hätte ich in jedem Einwohner einen Stasi sehen müssen, der heimlich Spitzeldienste leistete. Andererseits befürchtete ich, dass unsere Waffen abschreckend auf Zivilisten wirkten. Immer wenn wir an den schönen Gärten vorbeiliefen, die nur einen Steinwurf vom Grenzsignalzaun entfernt lagen, grüßten die Einheimischen freundlich und ein Rentner lud uns sogar zum Kaffeetrinken ein. Ich habe mich zuerst nicht getraut, in der dreckigen Uniform auf einem der liebevoll restaurierten Klappstühle Platz zu nehmen. Die Metallgestelle waren mit Silberbronze überzogen, wozu die giftgrüne Lackierung des Holzes einen herrlichen Kontrast bildete. Der Restaurator dieser Kunstwerke, ein handwerklicher Alleskönner, erwies sich so gastfreundlich, dass wir es unhöflich empfanden, die Einladungen abzulehnen. Im Sommer verlegten wir die obligatorische Pause als Kontrollstreife in der Spätschicht grundsätzlich nach Volkerode, wo Kaffee und Kuchen wie daheim schmeckten. Für meinen Hund Alf stand ausreichend frisches Wasser bereit. Wir saßen gemütlich im Garten am Rande des Dorfes und futterten, was an Obst und Gemüse reifte. Lagen wir bei der Kontrolle des K 2 nachmittags gut in der Zeit, halfen wir dem Rentner beim Pflücken der Äpfel, Kirschen, Pflaumen oder Gurken, wobei die Uniformen in den Bäumen zur guten Tarnung verhalfen. Bei dieser wohltuenden Ablenkung durften wir allerdings nicht vergessen, uns regelmäßig beim Zugführer auf der Führungsstelle zu melden. Es soll hier nicht der Eindruck entstehen, dass wir Grenzer den alten Mann in Volkerode ausnutzten. Oft brachte ich Lebensmittel aus der MHO in Weidenbach mit, die es im Dorfkonsum an der Ecke nicht zu kaufen gab. Darunter waren Gläser mit ungarischem Letscho, mit Mischobst oder Weintrauben aus Bulgarien, Tomatenketchup aus dem Havelland und vitaminreicher Sanddornsaft von der Sonneninsel Rügen. Da ich nicht mit leeren Händen ins Dorf kommen wollte, habe ich die Schlepperei der begehrten Mitbringsel gern in Kauf genommen. Im Laufe der Zeit fühlte man sich beim Rentner in Volkerode wie zu Hause. Wir entwickelten eine vertrauensvolle Basis für unsere Gespräche, in denen es sich meistens um den Grenzdienst drehte. Das war natürlich ein heißes Eisen für uns Grenzer, weil wir mit Zivilisten nicht über dienstliche Themen reden durften. Trotz der auferlegten Zurückhaltung merkte ich bald, dass unser Gegenüber ein guter Beobachter der Geschehnisse im Grenzgebiet war.

Der alte Mann goss frischen Kaffee ein und begann mit einer Geschichte, die sofort mein Interesse weckte. Er berichtete von zwei ihm fremden Fahrzeugen, die durch Volkerode in Richtung Grenze fuhren. Es ging um einen Lastkraftwagen vom Typ LO, der von einem Jeep P 3 bis in den Abschnitt der ersten Grenzkompanie und wieder zurück eskortiert wurde. Im Gegensatz zu den Fahrzeugen aus Weidenbach blieb die hintere Plane des Lkw während des Transportes komplett verschlossen, weil niemand sehen sollte, wer oder was auf der Ladefläche transportiert wurde. Erst als der Konvoi das Tor im Grenzsignalzaun passierte, schlug der Fahrzeugverantwortliche die Plane nach oben. In diesem Moment erkannte der Rentner, dass die Insassen Schwarzkombis trugen. Mein Gegenüber fragte, „ob ich etwas über Ziel oder Zweck dieses merkwürdigen Transportes wüsste?" Da ich nur mit den Schultern zuckte, äußerte er seine Vermutung, dass es sich bei den Leuten in Schwarzkombis um Agenten handelte, die auf diesem Weg still und heimlich in den Westen geschafft wurden, weil der Lkw leer aus dem Grenzabschnitt zurückkehrte. Den Beweis dafür lieferte sein verspielter Hund, der hinter einem Gummiball direkt vor das Fahrzeug lief. Der verdutzte Militärkraftfahrer musste eine Vollbremsung hinlegen, um das Tier nicht zu überrollen. Hätten sich noch Menschen auf der Ladefläche befunden, wäre das Geschrei der Verletzten groß gewesen. Aber keiner schrie, alles blieb ruhig. Nur die hintere Plane wehte nach oben und so konnte der alte Mann für einen Augenblick auf den leeren Lkw sehen. Der Vorfall auf der Rückfahrt bestärkte den Rentner in seiner Vermutung, dass es sich um einen Transport von Menschen in die BRD handelte.

Der Eingang der Stasi-Röhre am Uhlenkopf

Der Ausgang des Tunnels

Wegen der Geheimniskrämerei mit den Schwarzkombis nannte mein Gesprächspartner die Leute fortan die Unsichtbaren.

Erstaunlicher Weise deckten sich die interessanten Beobachtungen des alten Mannes aus Volkerode mit Eindrücken, die ich im Grenzdienst gewann. An bestimmten Tagen durfte der motorisierte Minenposten bei Schichtbeginn nicht auf die Gobert, die weiträumig abgesperrt war. Erst auf dem Weg an die Grenze erfuhren wir von dieser Besonderheit. Gründe für die Sperrung wurden uns nicht mitgeteilt. Vielleicht wussten unsere Vorgesetzten in diesem speziellen Fall selbst nicht mehr. Dabei kannte jeder in Weidenbach den Tunnel am Uhlenkopf, durch den Menschen in den Westen geschleust wurden. Ich entdeckte die grauen Betonröhren, die unter K 6 und Grenzzaun 1 nach drüben führten, zufällig während einer Pinkelpause. Wenn man mit dem Lkw oben auf dem Kolonnenweg blieb, fiel einem die Schleuse überhaupt nicht ins Auge. Am Eingang der Röhre befand sich eine verrostete Gittertür, die mit einem riesigen Vorhängeschloss versehen war. Der Generalschlüssel, den wir für die Tore im Grenzsignalzaun verwendeten, passte dort nicht. Dann hätte jeder von uns problemlos in den Westen marschieren können. Ob der Ausgang auf der anderen Seite verschlossen wurde, entzog sich meiner Kenntnis. Ich habe mich damals nicht getraut, dem Rentner vom Tunnel am Uhlenkopf zu erzählen, weil ich sonst in Teufels Küche gekommen wäre. Mir haben die Beobachtungen des alten Mannes sehr geholfen, das Bild von den mysteriösen Schleusungen im Abschnitt der ersten Grenzkompanie abzurunden.

Ich kann heute mit Sicherheit sagen, dass während meiner Dienstzeit in Weidenbach mindestens zwei Schleusungen stattfanden. Einmal im Winter konnten wir die Spuren direkt verfolgen, weil frischer Schnee lag. Das Schleusen wurde nachmittags an normalen Wochentagen durchgeführt, denn an Wochenenden hätte es zu viel Aufsehen erregt. Wer über die Grenze geschmuggelt wurde, blieb trotzdem reine Spekulation. Ich denke nicht, dass es sich bei den Personen um ehemalige DDR-Häftlinge handelte, die vom Westen freigekauft worden sind. Wahrscheinlich schickte unser Staat Agenten, Aufklärer oder Kundschafter des Friedens in die BRD und wollte dabei keine lästigen Augenzeugen haben. Am 26. September 1981 vermeldete die Presseagentur Deutscher Depeschendienst, „dass die DDR nach Informationen der in Hamburg erscheinenden „Bild am Sonntag" angeblich Agenten und sogenannte Grenzaufklärer durch geheime Tunnel unter der deutsch-deutschen Grenze ins Bundesgebiet schleusen wollte. Das Blatt berichtete in seiner neuesten Ausgabe, in der jüngsten Zeit sei der Bau von Tunneln unter den an der Grenze befindlichen Metallgitterzäunen beobachtet worden, die in das Gebiet zwischen Zaun und Grenzverlauf führten. Auf diese Weise ermögliche sich die DDR den gefahrlosen Einsatz von Grenzaufklärern." Die Schwarzkombis hatten in meinen Augen die Funktion, die normale Kleidung vor Verschmutzung zu schützen.

Als Lkw-Posten an der Minentrasse fuhren wir am Tag der Schleusung ausnahmsweise nicht auf die Gobert, sondern über die Dörfer bis hinein nach Volkerode. Dort warteten wir am Ortsausgang auf den Marschbefehl, der nach erfolgreicher Aktion jederzeit erteilt werden konnte. Das war so spannend, dass wir uns kein kleines Nickerchen gönnten. Beim Warten auf die Unsichtbaren ging der Nachmittag in den frühen Abend über. Insgeheim hofften wir, den leeren Fahrzeugen auf ihrem Rückweg zu begegnen. Daraus wurde jedoch nichts, weil die Lkw durch Tore gelotst wurden, die nicht auf unserem Weg in den Postenbereich lagen. Wenn wir durch Tor 11 ins Grenzgebiet fuhren, verließ der Konvoi den Abschnitt durch Tor 13. Diese Ausweichmanöver sollten ein direktes Aufeinandertreffen verhindern. Anschließend mussten wir zuerst einen Postenpunkt gegenüber der Minentrasse ansteuern, der nicht am Uhlenkopf lag. Bis zum Schichtende gelangten wir dennoch zum Tunnel, der neugierig durch die Gittertür inspiziert wurde. Obwohl man die Spuren in der Kürze der Zeit oberflächlich verwischt hatte, entdeckten wir frische Fußabdrücke vor und in den Betonröhren. Die Fährte verlief eindeutig in westlicher Richtung. Dass gerade in unserem Abschnitt geschleust wurde, lag sicher daran, weil sich das bergige Gelände dafür anbot. Die Gobert fiel auf der Westseite steil ab, so dass man sich unentdeckt im Schutze der Landschaft bewegen konnte. Aufmerksame Anwohner entdeckten die Agentenschleuse im Januar 1990. Jemand pinselte das Wort „Stasi-Röhre" mit Farbe an den Rahmen der Gittertür. Vielleicht verfügte der Maler über mehr Informationen als der Rentner und wir Grenzer zusammen. Bei meiner Rückkehr im Jahre 2008 wollte ich den Tunnel unbedingt selbst erkunden. Ich konnte mich relativ gut an den geheim gehaltenen Platz erinnern und fand die Stelle sofort wieder. Am Eingang im Osten fehlte die Gittertür bereits, so dass mir der Einstieg auf Anhieb gelang. Da der Ausgang auf der Westseite ebenfalls offen stand, konnte ich problemlos durch den etwa 38 Meter langen Tunnel kriechen. Früher dachte ich, dass der Ausgang direkt in den Westen führen würde, aber das stimmte nicht. Die Röhre endete noch auf dem Hoheitsgebiet der DDR, weil der Bundesgrenzschutz und der Grenzzolldienst nichts von den Schleusungen mitbekommen sollten.

Zur Reserve an den Kanten

Zu den Exoten an der Grenze zählten die Reservisten, Wehrpflichtige, die ihren aktiven Grundwehrdienst bereits absolviert hatten. Ein Resi konnte für die Zeit von bis zu drei Monaten zum Reservedienst einberufen werden. Während die Reservisten in der NVA noch Sinn machten, weil sie sich fit hielten für den Ernstfall, fand ich die Resis an der Grenze anfangs überflüssig. Die ehemaligen Grenzer durften nicht in ihre alten Abschnitte zurück, wo sie sich einst bestens auskannten. Sie begannen in fremder Umgebung praktisch bei Null, ohne die Schikanen der EK-Bewegung erleiden zu müssen. Die wenigen Resis in Weidenbach genossen eine schonende Behandlung, waren inoffiziell vom Stuben- und Revierreinigen sowie anderen lästigen Diensten befreit. Auch die Vorgesetzten sahen großzügig darüber hinweg, wenn sich Resis erfolgreich vor bestimmten Arbeiten drückten. Sogar die Entlassungskandidaten trauten sich nicht, die Reservisten herumzukommandieren, da Resis in der Hierarchie auf der Huscha ganz oben rangierten. Den Entlassungskandidaten stand die Reserve erst noch bevor. Als Achtziger und spätere Vizes mussten wir nicht nur den Entlassungskandidaten gehorchen, sondern auch den Resis, was uns zusätzlich belastete. Zum Glück übertrieben es die wenigen Reservisten in Weidenbach nicht mit ihren Vorteilen, die ihnen aus der EK-Bewegung zustanden. Im täglichen Grenzdienst wurden die Resis überwiegend als Posten eingesetzt, weil sie sich noch nicht im Abschnitt unserer Grenzkompanie auskannten. Einige machten überhaupt keine Anstalten, diesen Zustand zu ändern. Die Reservisten wichen in den drei Monaten jeglicher Verantwortung aus, lernten keine Postenpunkte auswendig und meldeten sich selten über das Grenzmeldenetz. Die ganze Arbeit eines Postenführers blieb auf uns, den wesentlich jüngeren Achtzigern oder den Vizes, hängen.

Eines Tages bekam unser Zug einen erfahrenen Resi zugeteilt, der vom Alter her mein Vater hätte sein können. Der Gefreite stammte aus Thüringen, was der gängigen Praxis bei den Grenztruppen widersprach, Wehrpflichtige so weit wie möglich aus der Heimat zu verbannen. Obwohl seine Ausbildung über zehn Jahre zurück lag, wusste er noch, dass sein Grundwehrdienst wesentlich ruhiger verlief. Deshalb wollte er den Reservistendienst in Weidenbach gemächlich gestalten. Der Gefreite ließ sich durch nichts und niemanden aus der Ruhe bringen. Bei den gemeinsamen Kontrollen des K 2 hatte ich Probleme, meinen Schritt seinem Schleichgang anzupassen. Mein Hund konnte gar nicht so langsam laufen, wie es der Resi am Kanten praktizierte. Überall blieb er stehen und genoss die herrliche Aussicht auf die Landschaft im Eichsfeld, was ich dem Naturfreund nicht einmal verübeln konnte. In den vielen Zwischenpausen, die mein Posten zusätzlich für sich beanspruchte, baute der Reservist Brücken zur Zivilbevölkerung, bei der seine offene Art ankam. Die Leute in den Dörfern am K 2 luden uns zum Kaffeetrinken ein, wenn wir Streife liefen. Wo auch immer der Resi auftauchte, stand er im Mittelpunkt. Sein freundlicher Gesichtsausdruck und die üppige Haarpracht, die mich an die Frisuren der vier berühmten Pilzköpfe aus Liverpool erinnerte, machten den Reservisten zu einem Kumpeltyp, dem man liebevoll auf die Schultern klopfte. Mir kam es so vor, dass er seinen Sonderstatus, überall Hahn im Korbe zu sein, genüsslich auskosten würde. Bei solchen Gelegenheiten plauderte mein Posten gern aus seiner eigenen Dienstzeit, um Eindruck zu schinden, dachte ich insgeheim. Eine Geschichte klang so übereinstimmend mit unseren Gepflogenheiten, als hätte sich bei den Grenztruppen im Laufe der Jahre nichts verändert. Der Resi prangerte ein gefährliches Spiel an, das Postenführer und Posten betrieben, sobald der Grenzdienst langweilig wurde oder man beispielsweise auf die Ablösung warten musste. Beim schon erwähnten Duellieren wetteiferten beide darum, wer als erster die Waffe zog. Die Kontrahenten standen sich allerdings nicht wie bei Duellen üblich von Angesicht zu Angesicht gegenüber, sondern liefen hintereinander wie ein normales Postenpaar. Die Waffen, aus denen vorher die Magazine entfernt wurden, hingen locker über der Schulter. Auf das Kommando „Zieh!" nahm jeder seine Kalaschnikow in den Hüftanschlag und zielte auf den anderen. Bei wem es zuerst klickte, der hatte das Duell gewonnen. Der Resi erzählte von einem tragischen Vorkommnis, das sich im November 1971 in seinem ehemaligen Regimentsabschnitt ereignete. Dabei vergaß der Postenführer aus Unachtsamkeit das

Magazin in der Waffe und schoss dem Posten von hinten in den Rücken. Anschließend unternahm der Unglücksschütze alles Menschenmögliche, um das Leben seines Kameraden zu retten, denn eine Flucht wäre für ihn nicht in Frage gekommen. Er meldete die Katastrophe unverzüglich bei seinem Vorgesetzten auf der Führungsstelle, leistete erste Hilfe und wartete auf ärztliche Unterstützung. Als der Krankenwagen endlich eintraf, war der Posten bereits innerlich verblutet. Der zuständige Militärarzt konnte vor Ort nur den Tod des Grenzers feststellen. Der erschossene Soldat war das einzige Kind der Eltern, die kurz vor Weihnachten vom tragischen Unglück erfuhren. Vater und Mutter erlitten einen Nervenzusammenbruch.

Nach einer kurzen Redepause fragte mich der Resi, „ob der Grenzdienst ein solches Menschenschicksal überhaupt wert wäre?", um mich wachzurütteln. Mit dieser Frage hatte mein Gesprächspartner genau den richtigen Nerv bei mir getroffen. Es war an der Zeit, gründlich über die Verantwortung eines Postenführers im Grenzdienst nachzudenken. Natürlich kannte ich die Duelle aus der täglichen Praxis, ohne mich daran zu beteiligen. Die Gefahr, die von dem kindischen Geplänkel ausging, hatte ich unterschätzt. Stattdessen hielt ich die Scharmützel immer für albern, weil sie mich an die Spielereien in der Kindheit erinnerten. Daraufhin bläute mir der Resi ein, zuerst mich zu schützen und dann an meinen Posten zu denken. Er betonte, dass es der Grenzdienst nicht wert wäre, das eigene Leben leichtsinnig zu riskieren. Der Resi gab seine wertvollen Erfahrungen an die nächsten Grenzergenerationen weiter, um junge Kerle wie mich zu sensibilisieren. Ich werde es ihm nie vergessen, dass er mich lehrte, sorgsamer über die Gefahren des Grenzdienstes nachzudenken.

In einer Frühschicht erteilte mir der Reservist einmal eine ordentliche Lektion in Sachen Wachsamkeit und Sicherheit. Einige Teilstücke der Gobert sind während meiner Dienstzeit landwirtschaftlich genutzt worden. An einem sonnigen Frühlingstag waren LPG-Bauern aus Volkerode samt Traktor mit Anhänger angemeldet, die wir zusätzlich zum Minenposten absicherten. Gemeinsam mit dem Resi sollte ich aufpassen, dass niemand von den Zivilisten in den Westen flüchtete. Morgens um 7.00 Uhr fuhr uns der Minenposten mit dem Lkw hinunter zum Tor bei Volkerode, wo wir die Genossenschaftsbauern abholten. Das motorisierte Postenpaar sollte uns anschließend zum Feldrand eskortieren und dabei ständig in Sichtweite bleiben. Die Brigade, zwei Männer und drei Frauen, durfte bis 16.00 Uhr in den Abschnitt, um Steine zu sammeln. Nach einer umständlichen Kontrolle der Dokumente, bei denen wir die Personalausweise penibel mit der Meldeliste aus Weidenbach verglichen, passierten die Bauern mit Traktor und Anhänger das Tor im Grenzsignalzaun. Zu diesem Zeitpunkt verschwand unser Lkw gerade im Wald, was normaler Weise verboten war. Dieser erste Fehler ließ sich darauf zurückführen, dass dem Militärkraftfahrer die Kontrolle der Bauern unten am Tor viel zu lange dauerte. Um mit dem landwirtschaftlichen Fahrzeug Schritt halten zu können, fuhren wir mit der Brigade in den Bereich des alten Sägewerkes. Während der Resi beim Brigadier und den Frauen auf dem Anhänger hockte, saß ich beim Traktoristen im Fahrerhaus. Dieser zweite Verhaltensfehler geschah aus reiner Bequemlichkeit. Obwohl das eigentliche Steinesammeln noch gar nicht angefangen hatte, waren uns Grenzern bereits zwei Fehler unterlaufen. Oben auf der Gobert angekommen, begannen die Genossenschaftsbauern sofort mit der eintönigen Arbeit. Der Reservist gesellte sich zu den fleißigen Frauen und flirtete mit ihnen. Ab und zu hob auch er einen kleinen Stein auf und warf ihn symbolisch auf den Hänger. Ich lief gelangweilt zum Kolonnenweg hinüber und beobachtete von dort aus das Treiben auf dem Acker. Da sich nichts Außergewöhnliches ereignete, spazierte ich zu einem unserer illegalen Lagerplätze, den wir mit großen Feldsteinen massiv befestigt hatten. Die Kanzel bot reichlich Sitzgelegenheiten und einen guten Blick auf die Minentrasse und den benachbarten Acker, auf dem die Brigade Steine sammelte. Ich musste nur die geheimen Stolperdrähte vor den Zivilisten verstecken, ein wenig Windbruch verschwinden lassen und schon war das passende Ambiente fürs gemeinsame Frühstück mit den Genossenschaftsbauern hergerichtet. In gewohnter Grenzermanier lehnte ich meine Kalaschnikow an eine Steinmauer, da sie beim Bücken ständig auf der Erde baumelte. Kurz vor 9.00 Uhr begleitete der Reservist die Bäuerinnen zu unserem Lagerplatz. Der Brigadier und sein Traktorist folgten mit Abstand. Die Kanzel, in die ich freundlich einlud, füllte sich zu einer gemütlichen Runde. Als der Resi bei seiner Ankunft meine unachtsam abgestellte Kalaschnikow entdeckte, die unbeaufsichtigt an der Mauer lehnte, erkannte er sofort die Gefahr. Ohne sein Zutun wäre es für jeden Bauern ein Kinderspiel gewesen, sich der Waffe zu bemächtigen. Der Resi, der vor den Genossenschaftsbauern Ruhe bewahrte, schnappte sich die Kaschi und trat mir mit voller Wucht gegen das Schienbein. Ich erschrak nicht wegen der Schmerzen, sondern weil mir schlagartig einfiel, was ich vergessen hatte. In Windeseile griff ich beim Aufstehen meine Kalaschnikow, die er mir wütend entgegenschleuderte und verstaute sie vorschriftsmäßig auf dem Rücken. Mein Fehler Nummer drei war gerade noch mal gut gegangen. Während uns die Genossenschaftsbauern verdutzt anschauten, zog mich der Resi am Kragen beiseite und rügte mich heftig. Obwohl ich innerlich rebellierte, war mir bewusst, dass mein leichtsinniges Verhalten uns beide in Gefahr gebracht hatte. Mit seinem derben Fußtritt bewies mir der Reservist einmal mehr seine Erfahrung. Ich musste ihm dankbar sein. Doch auch kluge Köpfe haben bekanntlich ihre schwachen Seiten und der Resi trank gerne einen über den Durst. Wenn er angeheitert vom Ausgang heimkehrte, spielte er mit Vorliebe den Chef in Weidenbach. Kurz nach Mitternacht tobte er auf den Fluren herum und brüllte, die ganze Kompanie antreten zu lassen. Da der Resi mit seinem Geschrei alle Insassen weckte, steckte ihn der diensthabende

Offizier in den Arrestraum, wo normaler Weise die Alarmgruppe schlief. Die vier Gefreiten durften den Rest der Nacht in ihren eigenen Betten verbringen, was im Alarmfall einen enormen Zeitverlust bedeutete. Der Reservist, der anständig einen im Kahn hatte, tapste schwerfällig durch den Raum und begann, einen militärischen Striptease hinzulegen. Allein der Versuch scheiterte schon nach Mütze und Jacke, so dass er sich in der verbliebenen Montur auf die untere Pritsche schmiss und sich mit der Uniformjacke zudeckte. Ich schaffte es gerade noch, ihm die Halbschuhe auszuziehen, bevor er einschlief. Für den Fall, dass er sich übergeben würde, stellte ich einen Emailleeimer vor sein Bett und blieb die ganze Nacht im Raum, weil ich mich diesem Menschen gegenüber verpflichtet fühlte. Der Resi hatte mir mehrmals aus der Patsche geholfen und dafür wollte ich ihm gern etwas zurückgeben. Damit hatte ich mir einen Bärendienst aufgehalst. Seine ständig wechselnden Schnarchgeräusche hörten sich wie das Abholzen aller Bäume auf der Gobert an. Als der Resi morgens um 4.00 Uhr aufwachte, muss sich die komplette Einrichtung vor seinen Augen gedreht haben. Er faselte wirres Zeug von einer Fahrt auf einem Kettenkarussell, die niemals enden würde. Ich sprang leicht irritiert aus dem Bett, knipste das Licht an und sah den Reservisten von seiner Pritsche auf den Fußboden plumpsen. Geistesgegenwärtig griff er nach dem Eimer, um sich halbwegs zivilisiert zu übergeben, aber sämtliche Mahlzeiten des Vortages ergossen sich leicht verdaut in einer gelblich-grünen

Bierbrühe direkt daneben. Der erste starke Rülpser füllte die Ausgangsschuhe vor dem Bett bis an den Rand, ein zweiter üppiger Schwall brachte sie zum Überlaufen. Die guten NVA-Treter schwammen in der Kotze durchs Zimmer. Es stank bestialisch nach einer Mischung aus Tüff-Rasierwasser, schwarzer Eg-Gü-Schuhcreme und frischem Erbrochenem. Der Resi kroch auf allen vieren an den Doppelstockbetten vorbei zur Tür, weil er nötig aufs Klo musste. Sein röchelndes Gestöhne und die völlige Orientierungslosigkeit taten mir leid. Deshalb half ich ihm beim Toilettengang und später beim Aufwischen. Der arme Resi nahm seinen erbrochenen Brei mit einem Scheuertuch auf und ich wedelte mit einem feuchten Lappen hinterher. Immer wenn der Gefreite den vollen Wischlappen auswrang, kam ein neuer Schwall Mageninhalt zum Vorschein. Da dieser auch bei Tageslicht nie den Eimer traf, putzten wir bis zum Frühstück, was mir gründlich den Appetit verdarb. Dabei war ich von meinen Hunden einiges gewöhnt.

Der Ball rollt wieder

Im Sommer 1983 wunderte ich mich darüber, dass der Fußballkollege nach Weidenbach versetzt wurde, der mich auf der Fahrt nach Eisenach begleitet hatte. Immerhin stammten wir beide aus demselben Kreis und kannten uns von zahlreichen Punkt- und Pokalspielen. Allein diese Tatsache hätte doch die Stasi misstrauisch machen müssen. Natürlich freute ich mich über die Ankunft von Meiers Paul, weil ich einen echten Kameraden gut gebrauchen konnte. Deshalb fühlte ich mich verpflichtet, den Neuankömmling mit den Gepflogenheiten in Weidenbach vertraut zu machen. Wir verzogen uns zum Quatschen mit einem Lederball auf den Rasenplatz, der diesen Namen eigentlich nicht verdient hatte. Dort standen nur wenige Halme, dass man keine einzige Ziege darauf halten konnte. Ein richtiger Bolzplatz eben, der den Plätzen in unserer heimischen Kreisliga ziemlich nahe kam. Auf diesem Geläuf verbot sich das Hinfallen von selbst, denn wer wusste schon, wie die Vorgesetzten auf Sportunfälle reagieren würden. Die Spielfläche entsprach knapp der Hälfte eines normalen Fußballfeldes, was für uns beide ausreichte. Zum Kicken war es kurz nach dem Mittagessen viel zu warm, aber in sicherer Entfernung von der Huscha hatten wir wenigstens die Ruhe, um ungestört miteinander zu reden. Während des Gespräches schossen wir uns die Lederkugel gegenseitig um die Ohren. Jeder stand in einem Tor und durfte den Ball nur zweimal berühren. Mit Banden am Spielfeldrand und hinter den Toren hätte der Wettkampf Mann gegen Mann noch mehr Spaß gemacht. Einige Kollegen sahen unserem Treiben interessiert zu und es dauerte nicht lange, bis sie in kurzem Sportzeug und Turnschuhen zum Bolzplatz kamen. Unser Spiel wirkte so ansteckend auf die anderen, dass sich bald genügend Leute fanden, um zwei Teams zu bilden. Im Laufe der Zeit schafften wir es, aus einer relativ durchschnittlichen Truppe eine ordentliche Mannschaft zu bilden, was sich rasch in den Nachbardörfern herumsprach. Einladungen zu Kleinfeldturnieren in der Nähe ließen nicht lange auf sich warten. Wenn es der Grenzdienst erlaubte, trainierten wir regelmäßig auf dem Bolzplatz gegenüber der Huscha. In dieser verschworenen Gemeinschaft verzichteten wir für das Training sogar auf Ausgang. Konditionstraining brauchten wir nicht, da es ausreichend Bewegung an der Grenze gab. Kurze Sprints zur Verbesserung der Grundschnelligkeit fielen ebenfalls aus. Da jeder Freizeitfußballer den Umgang mit dem Ball beherrschte, fehlte im Grunde genommen nur die Feinabstimmung untereinander. Es soll ja heute noch Trainer geben, die das Studium der Laufwege im Schritttempo absolvieren lassen und so müssen unsere Trockenübungen vom Spielfeldrand aus betrachtet auch ausgesehen haben. Im Gegensatz zu meinen Erfahrungen von Eisenach durfte jeder mitspielen, der halbwegs laufen konnte, weil es keinen Druck gab, sich einen Stammplatz erobern zu müssen. In Weidenbach zählten nur der Spaß und die Tatsache, sich von den Tiefschlägen der EK-Bewegung und den

Strapazen im Grenzdienst abzulenken. Sogar die Entlassungskandidaten unterwarfen sich den Regeln des fairen Mannschaftssportes.

Die Feuertaufe bestritten wir gegen unsere Vorgesetzten, die sich nach Dienstschluss gewöhnlich aus den Fenstern ihres Buckelbaus lehnten und uns misstrauisch beäugten. Man munkelte in Spielerkreisen, dass uns die Offiziere beim täglichen Training beobachteten, weil sie nach Schwachstellen in unserem Team suchten. Mit dieser Angewohnheit sollte endgültig Schluss sein. Einfache Anspielungen auf ihren desolaten Fitnesszustand reichten aus, die Buckel an der Ehre zu packen und für mehr Bewegung zu mobilisieren. Von nun an kämpften Soldaten und Gefreite gegen Unteroffiziere, Fähnriche und Offiziere. Der Sport vereinte Menschen, die sich durch Alter, Dienstgrad und die illegale Hierarchie auf der Grenzkompanie unterschieden. Die verbindende Eigenschaft, die man auch in anderen Gesellschaftsgruppen findet, wird für mich immer eine der faszinierenden Seiten des Fußballs bleiben. Es fiel uns wie erwartet nicht schwer, die Buckel zu besiegen. Das Spiel begann auf Augenhöhe, d. h., beide Mannschaften spielten gleichwertig. Das harmlose Anfangsgeplänkel gehörte zu unserer Taktik, um herauszufinden, was die Vorgesetzten drauf hatten. Als dem Gegner mittendrin die Puste ausging, schlugen wir gnadenlos zu, ließen die Buckel nicht mehr zur Entfaltung kommen und gewannen mit einigen Toren Vorsprung. Der Anfang schien gemacht und nun fieberten wir dem ersten Kleinfeldturnier entgegen. Während für uns Spieler vorrangig der Aufenthalt außerhalb der Grenzkompanie zählte, freute sich der Kompaniechef über die Präsenz und die Volksnähe, die wir Grenzer mit unserer Turnierteilnahme demonstrierten. Dieser Aspekt erschien unserem Oberst besonders wichtig. Der Pokal, den es zu gewinnen gab, war ihm zweitrangig. Die Zuschauer sahen uns in erster Linie als normale Menschen, die Gegner als sportliche Kontrahenten und nicht als Vertreter der Grenztruppen. Nach nur wenigen Trainingseinheiten bestritt unsere bunt zusammen gewürfelte Mannschaft erstmalig ein Turnier. Mit dieser Unbekümmertheit und ein wenig Glück gewannen wir nach einem Unentschieden im Auftaktspiel jede weitere Partie und erreichten am Ende den Turniersieg. Solche Erfolge lassen sich mit herkömmlichen Argumenten nicht erklären. Da wir vor dem Turnier bereits zehn Stunden an der Grenze unterwegs waren, glich unser Pokalerfolg einer kleinen Sensation. Zum Glück überfiel mich die Müdigkeit nicht während des Turniers, sondern erst bei der feuchtfröhlichen Siegesfeier, die zum Besäufnis ausartete. Das traditionelle Siegerbier tranken wir aus dem gewonnenen Pokal. Außerdem floss noch reichlich Rotkäppchen-Sekt und Kräuterlikör. Auf Grund der körperlichen Erschöpfung dauerte es nicht lange, bis ich volltrunken auf dem Lkw landete, der zurück nach Weidenbach fuhr. Wann und wie ich in mein Bett kam, weiß ich nicht mehr.

Am nächsten Morgen wurde unser Zug um 4.00 Uhr zur Frühschicht geweckt. Ich fühlte mich kotzübel

und konnte nicht aufstehen. Die grelle Leuchtstoff-
röhre blendete dermaßen, dass ich meine Augen sofort
wieder schloss und mich auf die andere Seite drehte.
Ein pelziger Belag auf meiner Zunge ließ diese am
Gaumen festkleben. Sprechen fiel also auch aus. Mein
Zugführer versuchte, mich mit Ohrfeigen munter zu
machen. Da ich trotzdem nicht aufgestanden bin,
packte der ansonsten stets freundliche Unteroffizier
den Kragen meiner gestreiften Schlafanzugjacke, wo-
gegen ich mich zur Wehr setzte. Auf Grund dieses
Fehlversuches ließ der Zugführer zornig von mir ab
und schlich mit knallrotem Kopf aus dem Zimmer.
Dann griff mein Patenonkel ins Geschehen ein. Wütend zerrte er so lange an meiner Nachtjacke bis die
Knöpfe nachgaben. Als er immer weiter an der Schlafanzugjacke zog, holte ich zu einem Faustschlag aus.
Durch meinen Volltreffer löste sich bei dem Angreifer
ein Schneidezahn aus dem Oberkiefer. Danach kehrte
zunächst Ruhe ein.

Kurz nach 8.00 Uhr rüttelte der nächste Störenfried an
meinem Bett. Diesmal handelte es sich um den UvD,
der mich zum Aufstehen zwang. Ich sollte unverzüglich beim Politoffizier antanzen und wusste nicht einmal warum. Trotz meines sagenhaften Brummschädels
erinnerte ich mich dunkel an den nächtlichen Weck-
versuch meiner Kameraden. Ich lag allein im Zimmer
und hatte die ersten zwei Stunden der Frühschicht
verschlafen, während meine Kollegen an der Grenze
waren. Da mich das schlechte Gewissen plagte, sprang
ich aus dem Bett, zog mich rasch an und stiefelte nach

unten zum Politoffizier. Keine Ausrede der Welt würde mich vor einer Strafe bewahren, dessen war ich mir sicher. Der Parteisekretär schenkte heißen Kaffee ein und bemerkte, „dass ich wesentlich besser aussehen würde als am Morgen um 4.00 Uhr". Kleinlaut fragte ich nach einer Bestrafung für meine Verfehlungen. Der Hauptmann sah mich an und grübelte einige Minuten. „Küch, sie sind doch auch nur ein Mensch und machen Fehler wie andere Menschen", argumentierte er ruhig und gelassen. Bei diesen Worten gewann ich den Eindruck, dass er das peinliche Vorkommnis vertuschen wollte, um dem Ansehen der Partei keinen Schaden zuzufügen. Bei allen anderen Beteiligten der misslungenen Weckaktion, dem Zugführer und meinem Patenonkel, handelte es sich um SED-Mitglieder, die schweigen konnten. Dafür hatte der Polit gesorgt, indem er die beiden zusammen für die Führungsstelle einteilte, wo man die morgendliche Auseinandersetzung mit mir unter den Teppich kehrte. Der Politoffizier forderte mich aber auf, durch gesellschaftliche Aktivitäten das Stimmungs- und Meinungsbild auf der Kompanie zu verbessern. Die Bedeutung dieser Forderung habe ich in meinem verkaterten Zustand nicht sofort begriffen. Dennoch willigte ich ein, weil mir nichts anderes übrig blieb. Nach dem Gespräch mit dem Polit durfte ich noch ausgiebig frühstücken und mir Postenbrote für den Grenzdienst schmieren, bevor ich an den Kanten gebracht wurde. Während mich der Schreiber mit dem Motorrad nach Sickenberg fuhr, hing ich wie ein Häufchen Elend auf dem Sozius.

Die frische Luft tat mir gut. Hinterm Friedhof reichte ich dem Unteroffizier, der morgens freiwillig für mich eingesprungen war, dankbar die Hand. Wie ein geprügelter Hund schlich ich die Leiter hinauf zur Kanzel und erschrak, denn vor mir saß der Mecklenburger, der mir einst die Schweigeschicht in Sickenberg bescherte. Allerdings merkte ich schnell, dass er seinen Fehler von damals eingesehen hatte und wiedergutmachen wollte. Mein Posten arbeitete für mich mit und managte die ganze Schicht. Ich brauchte nicht ein einziges Mal ans Grenzmeldenetz, um mich für meinen morgendlichen Aussetzer zu rechtfertigen. Nervös spielte ich mit der weichen Knetmasse, mit der wir vor Einbruch des Winters die Fenster vom Beobachtungsturm abdichteten, wenn es wie Hechtsuppe durch alle Ritzen zog. Der stark verformte Grenzsoldat stammte von meinem Patenkind in Eisenach, das bereits in der ersten Klasse lernte, wozu man uns Grenzer während der Ausbildung abrichtete.

Auf der Rückfahrt zur Grenzkompanie dachte ich gründlich über die Form meiner Entschuldigung bei den Kameraden nach. Mit einem Kloß im Halse trat ich auf dem Hof in Weidenbach vor den versammelten Zug und entschuldigte mich für das Fehlverhalten. Ich bat den Zugführer und meinen Patenonkel mit einem Händedruck persönlich um Entschuldigung. Überraschender Weise nahm mir keiner von beiden etwas übel. Sogar der befürchtete Ärger wegen der Zahnlücke meines Patenonkels blieb aus. Unser Zugführer schickte mich zum nächsten Fußballturnier, das am selben Abend stattfand. Diese Delegierung, die viele Neider auf der Grenzkompanie gehabt hätte, lehnte ich dankend ab. Meine Ablehnung war zwecklos, weil die Mannschaft einen Torwart brauchte. Ich fuhr gegen meinen Willen mit nach Wüstheuterode, wo der Sportverein ein echtes Schmuckstück als Fußballplatz geschaffen hatte. Die BSG Empor Wüstheuterode feierte 1981 den 60. Jahrestag ihres Bestehens. Das zweite Turnier der neuformierten Mannschaft verlief enttäuschend für uns. Wir verloren sämtliche Spiele und landeten abgeschlagen auf dem letzten Platz. Das schlechte Abschneiden in Wüstheuterode bestätigte unsere Kritiker auf der Grenzkompanie in Weidenbach. Einige Kameraden beschwerten sich beim Oberst darüber, dass nur die Fußballer gefördert wurden. Andere Sportarten und deren Anhänger blieben auf der Strecke, was mir die Möglichkeit gab, meinen Parteiauftrag zu erfüllen. Ich startete zunächst eine Umfrage, in der ich meine Kameraden darum bat, ihre Vorlieben zu notieren. Bei der Auswertung staunte ich darüber, dass das Kartenspiel unangefochten an erster Stelle lag. So entstand die Idee, ein Skatturnier im Fernsehraum zu organisieren. Der Kompaniechef willigte ein, denn offiziell gab es keinen Alkohol auf der Huscha. Mit ähnlichen Ausschreitungen wie beim Fußball war von vornherein nicht zu rechnen. Bei unserem Skatturnier tranken wir Vita Cola, ein koffeinhaltiges Erfrischungsgetränk mit Vitamin C. Dazu grillte ich Würstchen auf dem Elektrogrill, den der Küchenchef freundlicherweise zur Verfügung stellte.

Meine Bratwürste kamen bei allen Turnierteilnehmern gut an, obwohl die vom Holzkohlegrill besser schmecken. Sogar der Parteisekretär ließ sich beim Skatturnier blicken. Nachdem er angeblich aus Versehen an meiner Cola genippt hatte, um deren Promillegehalt zu testen, klopfte er mir anerkennend auf die Schulter. Es wurde ein rundum gelungener Abend, an dem ich meinen Mitstreitern jegliche Arbeit abnahm. Das war mein persönlicher Beitrag zur Versöhnung in Weidenbach, wo Kameradschaft nicht im Vordergrund stand. Von Freundschaften ganz zu schweigen.

Skatturnier auf der Grenzkompanie in Weidenbach

BiWaK

Besonders idiotisches Wirken am Kanten, von uns Grenzern kurz BiWaK genannt, hatte auch seine guten Seiten, wenn man die übertriebene Absicherung von Veranstaltungen und Festlichkeiten wegen Fluchtgefahr der Teilnehmer mit angenehmen Sachen wie z.B. Alkohol und Musik verbinden konnte.

Während einer Kirmes in Volkerode wurden Meiers Paul und ich von 20.00 Uhr bis 4.00 Uhr zur verstärkten Grenzsicherung eingeteilt. Angeblich senkte der Alkoholgenuss bei den Kirmesbesuchern die Hemmschwelle für Fluchtversuche. Da man sich auf der Strecke zwischen Ortsausgang und Grenzsignalzaun im Dunkeln gut verstecken konnte, durfte auch mein Hund Alf auf die Kirmes. Bei der Gelegenheit wollte ich mir mit Meiers Paul ein paar Gläser Bier genehmigen und vereinbarte ausnahmsweise eine Meldezeit von zwei Stunden mit dem Zugführer. Im Normalfall betrug der Abstand zwischen einzelnen Meldungen höchstens eine Stunde. Die außerplanmäßige Verlängerung begründete ich mit der weiten Entfernung von der Sprechsäule bis ins Dorf. Der Vorgesetzte erahnte selbstverständlich unser Vorhaben, zeigte jedoch Verständnis und stimmte zu.

Im Schutze der Dunkelheit näherten wir uns dem Tanzsaal, in dem die Musik derart laut spielte, dass man sie noch draußen auf der Straße hören konnte. In solchen Momenten dachte man selbst als Grenzer an alles andere, aber nicht an seine dienstlichen Verpflichtungen. Trotz der Uniform war man ein Mensch mit Gefühlen. Ich musste an Corinna und die allererste Disko denken, auf der ich sie mit meiner charmant zurückhaltenden Art erobert hatte. Gedankenversunken schwebte ich im siebten Himmel, bis Meiers Paul mich anstieß und vorschlug, uns ein wenig vom Eingang zu entfernen. Ich leinte meinen Hund in ausreichendem Abstand unter einem Vordach an, damit er keinen Schaden anrichtete. Dann beobachteten wir den regen Verkehr vor dem Saal, wo sich die Leute praktisch die Klinke in die Hand gaben. Abwechselnd baten wir verschiedene Personen, Würstchen und Bier für uns zu kaufen. Während wir den Gerstensaft in vollen Zügen genossen, ließ Alf sich die Thüringer Rostbratwürste schmecken. So kam jeder auf seine Kosten.

Im Laufe des Abends trafen wir Kirmesbesucher, die uns das Bier spendierten. Nachdem wir uns pünktlich um 22.00 Uhr das erste Mal auf der Führungsstelle gemeldet hatten, liefen wir auf dem Rückweg direkt in die Arme des Abschnittsbevollmächtigten. Der Typ hatte uns gerade noch gefehlt. Der ABV schwankte unsicher nach draußen, wo er sich erleichterte. Als er die Uniformen der Grenztruppen erkannte, packte er mich unsanft am Arm und verlangte, auf Alkohol im Dienst zu verzichten. „Wir sind beide Abstinenzler", log ich den Polizisten an, der nicht einmal ahnte, dass wir bereits ordentlich gezecht hatten. Beruhigt ging der ABV zurück in den Saal und schwang das Tanzbein. Wir bestellten bei einer der jungen, freundlichen

Kellnerinnen ein ganzes Tablett voll Bier gegen Vorkasse. Das sollte die letzte Runde werden, denn wir hatten für grenzdienstliche Verhältnisse genug getankt. Im gleichen Moment kam ein uns unbekannter Zivilist zum Pinkeln nach draußen. Er torkelte in unsere Richtung, blieb stehen und begann, sein Geschäft zu verrichten, ohne uns zu bemerken. Wir wichen langsam zurück, um jeglichen Streit zu vermeiden. Mein Hund fühlte sich allerdings in seiner Ruhe gestört und schlug an. Er bellte wie ein Verrückter und zog damit die Aufmerksamkeit des Angetrunkenen auf sich. Der Zivilist hatte unser Versteck entdeckt und lief direkt auf Alf zu. Dabei prahlte er lauthals, dass er sich bestens mit Schäferhunden auskenne und Alf zähmen wolle. Doch mein Hund ließ keine Fremden an sich heran. Ganz im Gegenteil, Alf sprang hoch und biss dem Betrunkenen ins rechte Hosenbein. Ich war auf der Stelle wieder nüchtern und versuchte, meinen aufgebrachten Hund zu beruhigen. Das war leichter gesagt als getan. Der Gebissene fiel jammernd zu Boden, wälzte sich im Dreck und schwafelte, dass er den Hund nun richtig zähmen wolle. Dieser Blödmann gab keine Ruhe. Mühsam versuchte er, vom kalten Untergrund aufzustehen, was Meiers Paul mit einem Faustschlag verhinderte. Wieder lag der Störenfried auf der Erde und es wurde sichtbar, was Alf angerichtet hatte. Die Jeans und die lange Unterhose waren zwar zerrissen, doch es floss kein Blut. Ansonsten wären wir verpflichtet gewesen, Erste Hilfe zu leisten.
Wir verschwanden von der Kirmes, ohne die bestellte

Runde Bier abzuwarten. In der Zwischenzeit hatte sich der Zivilist erhoben und humpelte ein paar Meter hinterher. Er vermochte es jedoch nicht, uns einzuholen. Wir rannten so schnell wir konnten in Richtung Grenze. Irgendwann verließen den Verfolger die Kräfte und er gab die für ihn aussichtslose Jagd auf.

Gegen Mitternacht erreichten wir die Anschlusssäule am Grenzsignalzaun und erstatteten Meldung beim Zugführer, der bereits über den Zwischenfall informiert war. Der diensteifrige ABV hatte längst in Weidenbach angerufen und das Vorkommnis dem Oberst persönlich gemeldet. Noch schlimmer hätte es für uns nicht kommen können. Das Lallen des Polizisten am Telefon warf jedoch Missverständnisse auf, so dass unsere Version der Ereignisse gefragt war. Ich berichtete übers Grenzmeldenetz, dass ein Betrunkener meinen Hund zähmen wollte und sich dieser Wunsch ins Gegenteil umkehrte. Fast lückenlos schilderte ich die Auseinandersetzung mit dem Zivilisten. Nur das leckere Bier erwähnte ich mit keinem Wort. Der Zugführer lobte unser Verhalten und befahl die Kontrolle des K 2 bis hinauf zur Führungsstelle. Auf dem Weg zur Hessel lutschten wir jede Menge Eukalyptusbonbons, um die Bierfahne loszuwerden, die uns bestimmt verraten hätte. Wir sind Spießruten gelaufen, weil wir insgeheim mit einem Alkoholtest rechneten. Spätestens auf der Huscha würde sich der Kompaniechef uns beide vorknöpfen. Doch es passierte nichts dergleichen. Gegen 4.00 Uhr morgens kam ein Lkw zur Führungsstelle, der uns nach Weidenbach brachte, wo wir zu meiner Verblüffung ohne lästige Verhöre sofort ins Bett durften. Vor Angst bekam ich kein Auge zu. Irgendwann bin ich doch eingeschlafen und träumte von einigen Wochen Zwangserziehung in Schwedt. Als der UvD mich weckte, hätte ich mich beinahe verplappert und alles zugegeben, was in der Nacht zuvor passierte. Dabei wollte der Vorgesetzte überhaupt nichts von mir wissen. Erst am späten Vormittag ging es ans Eingemachte.

Mit reichlichem Tamtam traf die Bataillonsführung in Weidenbach ein, um den verworrenen Sachverhalt der letzten Nacht aufzuklären. Die Offiziere verhörten uns einzeln. Als verantwortlicher Postenführer musste ich zuerst in die Höhle der Löwen. Am Tisch saßen der Bataillonskommandeur, sein Stellvertreter sowie unser Kompaniechef und dessen Stellvertreter. In der Runde fehlte der Abschnittsbevollmächtigte aus Volkerode, der den Stein ins Rollen brachte, weil solche pikanten Vorkommnisse innerhalb der Grenztruppen geklärt wurden. Nachdem der Bataillonskommandeur aus Hildebrandshausen den offiziellen Bericht verlesen hatte, atmete ich erleichtert auf, weil er sich grundsätzlich mit meinen Eindrücken deckte. Der Oberstleutnant gewährte mir genügend Raum für eine freie Interpretation der Geschehnisse. Ich wiederholte den Ablauf des Abends, schilderte die Auseinandersetzung mit dem Zivilisten und versicherte, keinen Alkohol während der Schicht getrunken zu haben. Mein ausführlicher Bericht konnte durch die schriftliche Aussage der Kellnerin bestätigt werden, die nur die Bierbestellung und unser Geld entgegen genommen hatte. In dem Moment, als sie mit dem vollen Tablett nach draußen kam, waren wir Grenzer samt Hund längst über alle Berge. So fand man keinen Zeugen, der uns beim Trinken beobachtete. Ich hätte die junge Frau küssen können, denn sie bewahrte uns mit ihrer Aussage vor dem Armeeknast. Nach meiner Vernehmung erzählte Meiers Paul seine Version mit sämtlichen Details, die wir in den vier Stunden nach Mitternacht abgestimmt hatten. Am Ende folgte wie bei mir die Notlüge, dass auch er auf jeglichen Alkohol im Dienst verzichtete. Mit einem Mal standen wir wie die Sieger da. Die Vorgesetzten vom Bataillon bedankten sich für das vorschriftsmäßige Verhalten. Mit der Bemerkung „Wir dürfen uns nichts von den Zivilisten gefallen lassen" legten sie den Fall endgültig zu den Akten. Als ich mittags die Hunde im Zwinger fütterte, sprach mir unser stellvertretender Kompaniechef seinen Respekt aus. Die Reaktion meines Hundes imponierte ihm. Während ich mir beim aufgezwungenen Händeschütteln das Lachen verkneifen musste, wurde mir klar, dass es den Vorgesetzten weder um Meiers Paul, meinen Hund Alf noch um mich ging. Die Grenztruppen wollten einmal mehr Stärke gegenüber der Zivilbevölkerung beweisen. So flüsterte mir der stellvertretende Kompaniechef, dass der betrunkene Zivilist bis zum Tage der Kirmes einen Passierschein für die Besuche bei seiner Freundin im Grenzgebiet besaß. Dieser wurde anschließend eingezogen, weil man die Attacke gegen Alf als Angriff auf die Grenztruppen wertete.

Kaffeekränzchen

Die Überschrift soll gemütlich klingen, was in einem Buch mit diesem Hintergrund die Frage aufwirft, wie sich das Wohlgefühl mit dem Dienst bei den Grenztruppen vereinbarte. Die Belastungen durch die EK-Bewegung und die Vorgesetzten in Weidenbach sowie die Strapazen im Grenzdienst verlangten nicht nur einen Ausgleich, sie schrien förmlich danach. Aus diesem Grunde versuchten wir, das Leben draußen an der Grenze und in der Grenzkompanie so angenehm wie möglich zu gestalten.

Das gemeinsame Kaffeetrinken am Nachmittag bildete eine willkommene Abwechslung für uns Grenzer. Ich mochte dieses Ritual nie missen und weiß bis heute nicht, wie ich damals ohne Kaffeekränzchen existiert hätte. Wenn man zur Kaffeezeit im Abschnitt weilte, organisierten wir an gut getarnten Lagerplätzen ein üppiges Picknick, das dem zu Hause durchaus Paroli bieten konnte. Die heimlichen Verstecke auf der Gobert wurden von einer Grenzergeneration zur nächsten weitergegeben und im Laufe der Jahre zu wahren Festungen ausgebaut. Ringsherum stapelten wir Feldsteine zu einer Mauer auf. Die Sitze im Inneren des Lagerplatzes bestanden aus Holzstümpfen und Feldsteinen. Man legte sein Luftkissen darauf und konnte bequem sitzen. In der kalten Jahreszeit spendierte der Lkw-Fahrer Decken aus seinem Wagen, um die Sitzgelegenheiten zu polstern. Als Tisch diente ein flacher, runder Stein in der Mitte des Versteckes. Im Sommer nahmen wir uns die Zeit, Sträuße aus Mohn- und Kornblumen zu pflücken, womit wir unserem Lager einen Hauch von Gemütlichkeit verliehen. Mit dem Kaffeetrinken wurde erst begonnen, wenn die nötigen Sicherheitsvorkehrungen getroffen waren. In unmittelbarer Umgebung eines Lagerplatzes spannten wir Stolperdrähte, die auf unliebsamen Besuch aufmerksam machen sollten. Als durchsickerte, dass unsere Vorgesetzten von den heimlichen Verstecken wussten, wurden die Stolperdrähte nach dem Verlassen der Plätze wieder neu gespannt, um herauszufinden, ob jemand die Orte tatsächlich während unserer Abwesenheit nutzte. Der Postenpunkt „Schöne Aussicht" gestattete einen überwältigenden Panoramablick auf Bad Sooden-Allendorf. Ein Grenzer war für jedes winzige Fünkchen Romantik dankbar. Bei guter Witterung konnten wir nachts die Leuchtreklame vom „Blauen Engel", einem Bordell in der hessischen Kurstadt, erkennen. Obwohl nur bunte, blinkende Lichter im Tal zu sehen waren, bildete ich mir ein, dass dort ein Freudenhaus stand. Manchmal lagen wir stundenlang in unserem Versteck und quatschten miteinander. Bei solchen Gelegenheiten versuchte ich stets, soviel wie möglich über die Gegend zu erfahren, denn die Älteren kannten sich bestens aus. Einmal lief ein Kraftfahrer mit mir von der Wegespinne bis hinter zur Goburg, wo wir am Waldrand die Reste von Grundmauern und Stallungen entdeckten. Das einstige Herren- und Forsthaus der Freiherren von Lüninck wurde 1961 beim Ausbau der Grenzanlagen zerstört.

An manchen Orten standen noch die alten hessisch-thüringischen Grenzsteine aus der Zeit nach 1815, die die Bezeichnungen KP für Königreich Preußen und KH für Kurhessen trugen. Auf dem Rückweg von der Ruine zum Kolonnenweg besichtigten wir das Grab des Försters Bruno Borkenhagen, das sich ganz in der Nähe befand. Vom Förstergrab war es nicht weit bis zum höchsten Berg des Eichsfeldes. Viele Grenzer bekamen diese Sehenswürdigkeiten überhaupt nicht zu Gesicht, weil sie Grenzdienst nach Vorschrift schoben, d. h., sie warteten acht Stunden lang auf das Ende der Schicht.

Das Förstergrab auf der Gobert

Wer sich heute ein Bild von meinem ehemaligen Kompanieabschnitt machen will, dem rate ich zu einer ausgedehnten Wanderung von der Kapelle bei Kella bis zum Friedhof nach Sickenberg. Die Strecke vermittelt einen Eindruck von der schönen Landschaft im Eichsfeld. Für den langen Fußmarsch sollte man einen ganzen Tag einplanen. Pausen empfehle ich an den Orten, die ich in diesem Kapitel kurz beschrieben habe. Den Wanderer erwartet ein anspruchsvolles Profil, weil der Weg zuerst hinauf zur Gobert, dann über die Hessel hinunter nach Asbach und wieder hinauf nach Sickenberg führt. Ein kurzer Abstecher zum Iberg lohnt sich schon wegen des sagenhaften Ausblicks. An der Stelle, wo die überdachte Sitzgelegenheit am Waldrand steht, befand sich früher einer unserer gut getarnten Rastplätze.

Die Kaffeekränzchen auf unserer Grenzkompanie in Weidenbach erforderten ein gewisses Organisationstalent, weil das Betreiben von Kaffeemaschinen auf den Stuben aus Sicherheitsgründen verboten war. Wir tranken den Kaffee ungefiltert, gossen das kochende Wasser einfach auf das Kaffeepulver in der Tasse. Die Prozedur funktionierte auch in umgekehrter Reihenfolge. Nachdem das Wasser in der Tasse kochte, kam ein Löffel Kosta, Mona oder Rondo oben drauf. Wer sich noch an die Qualität von Mocca-Fix erinnert, den wird der eklige Anblick bestimmt abschrecken. Als unsere Regierung Ende der 70er Jahre wegen gestiegener Weltmarktpreise die Kaffeeimporte einschränkte, entstand dieser Mischkaffee aus echten Bohnen und

Getreide. Das Gebräu hatte nicht mehr viel mit dem kleinen Stück Lebensqualität gemein, das wir uns an der Grenze erhalten wollten.

Anfangs benutzte ich zum Wasserkochen einen kleinen Reisetauchsieder, der haargenau in meine große Tasse hineinpasste. Da dieser Vorgang lange dauerte, bastelten wir ein spezielles Siedegerät aus zwei Metallplättchen, die mit etwas Abstand voneinander fixiert und mit einem Kabel an das Stromnetz angeschlossen wurden. Wir nannten das Teil Ufo, weil es schneller funktionierte als der genannte Tauchsieder. Mit Hilfe eines Ufos dauerte es nur einen Augenblick bis das Wasser kochte. Die dünnen Platten stammten von der Büchse mit Klarsichtscheiben für unsere Schutzmasken. Findige Hobbybastler fügten drei Metallplättchen zusammen und versahen diese mit Stromkabel und Netzstecker. Ein solches Turbo-Ufo brauchte knapp zehn Sekunden, um das Wasser in der Tasse zum Kochen zu bringen. Wenn pünktlich zur Kaffeezeit viele Ufos gleichzeitig im Einsatz waren, brach das elektrische Netz auf der Grenzkompanie zusammen. Wegen der extrem hohen Leistungsaufnahme flogen reihenweise die Sicherungen raus. Auf jedem Flur stand ein Achtziger vor dem Sicherungskasten, der die Sicherungen wieder hinein drücken musste. Erst wenn alle Entlassungskandidaten und Vizes ihren Kaffee zubereitet hatten, durften die Achtziger mit dem Wasserkochen beginnen.

Neben dem Kaffee zählte auch der Alkohol zu den beliebten Getränken in Weidenbach. Einmal in der

Woche durften wir abends nach einer Frühschicht in den Ausgang. Wem das nicht ausreichte, der versuchte heimlich, alkoholische Getränke zu beschaffen. Die Entlassungskandidaten warnten uns davor, Spirituosen im Nachbardorf einzukaufen, weil dort aufmerksames Fachpersonal arbeitete, das unverzüglich auf der Huscha Meldung erstattete. Unser Nachteil bestand darin, dass uns die Verkäuferinnen kannten, weil Weidenbach direkt um die Ecke lag. Ich habe diese Frauen für ihren übertriebenen Diensteifer und das Verpfeifen an die Vorgesetzten gehasst. Schließlich hätten wir genug Geld in den Laden gebracht. Doch der Umsatz interessierte im Osten nicht. Den Verkaufsstellenleitern war es wichtiger, dass am Feierabend die Kasse stimmte, denn ein Manko hätte unangenehme Folgen für sie haben können. Vielleicht gehörte das Anschwärzen zu den gesellschaftlichen Erfordernissen, denen sich nicht nur die Handelsvertreter verpflichtet fühlten. Zum heimlichen Alkoholkauf kehrte ich meistens in Rüstungen ein, weil es dort weniger Probleme gab. Entweder waren die Verkäuferinnen unkomplizierter oder sie ahnten tatsächlich nicht, ob wir von der ersten Grenzkompanie in Weidenbach oder von der zweiten in Pfaffschwende kamen. Welchen Standort hätten sie also anrufen sollen, um uns zu verpetzen? Wenn die Hobelspäne für den Hundezwinger zur Neige gingen, fuhren wir abends zum Tischler nach Schwobfeld und holten neue. Die Tour verlängerte der Kraftfahrer regelmäßig bis nach Rüstungen, wo ich ein paar Flaschen Bier als Dank für den Tischler und Kräuterlikör für den Eigenbedarf kaufte. Danach fuhren wir zurück zur Tischlerei und luden die Späne ein. Den kostenlosen Abfall durfte ich selbst in den Sack schippen, den mir der Kraftfahrer aufhielt. Bei dieser Gelegenheit versteckte ich die Schnapsflaschen zwischen den Hobelspänen. In jeden Sack kam nur eine Flasche, um Bruch zu vermeiden. Der Tischler bemerkte nie etwas davon, weil ich beim Einschippen mit dem Fahrer allein war. Anschließend leerten wir jeder eine Flasche Bier und verabschiedeten uns vom Tischler. In Weidenbach war es ein Kinderspiel, den Alkohol auf die Kompanie zu schmuggeln, denn Kontrollen fanden während meiner Dienstzeit nicht statt. Die leichten Säcke mit den Hobelspänen kamen in den Hundezwinger. Von dort transportierte ich den Fusel mit einer Postentasche direkt in meinen Spind. Das gelang nicht nur abends, sondern auch am Tage. Zur Tarnung tranken wir den Kräuterlikör aus gewöhnlichen Kaffeetassen, was wie echter Bohnenkaffee aussah. Der Offizier vom Dienst dachte immer, wir würden Kaffeekränzchen auf dem Zimmer abhalten. Die halbleeren Flaschen warfen wir zum Fenster hinaus auf den Rasen vorm Tor, wo sie der Wachposten bei seinen stündlichen Rundgängen aufsammelte. Die Reste blieben für den Posten, der sich bei Wind und Wetter über jeden Tropfen freute, der den Körper von innen wärmte.

Wenn ich aus dem Heimaturlaub nach Weidenbach zurückkehrte, nahm ich meistens einige Flaschen Bier mit auf die Huscha. In den Zügen der Deutschen

Reichsbahn verkaufte man Exportbier, das es in normalen Läden überhaupt nicht gab. Irgendwann kam ich auf die Schnapsidee, die begehrten Flaschen mit raus an die Grenze zu nehmen, um das Bier mit meinem Kumpel zu kosten. Ich informierte Meiers Paul und bat den Zugführer, eine gemeinsame Nachtschicht in Asbach zu organisieren. Mein Kollege hielt mein Vorhaben für gewagt, größenwahnsinnig und gefährlich. Offenbar hatte er vom Kirmesbesuch in Volkerode noch genug. Die ernsthaften Zweifel stachelten mich zusätzlich an. Heimlich verstaute ich vier Flaschen Bier, zwei für jeden von uns, in meiner Postentasche. Zur Sicherheit hatte ich die Glasflaschen vorher in Zeitungspapier eingewickelt, denn mein Plan funktionierte nur, wenn die Flaschen heil im Abschnitt ankamen. Niemand auf der Grenzkompanie schöpfte Verdacht und keiner kontrollierte meine Postentasche. Weder bei der Vergatterung noch während der Fahrt ins Gebiet fiel mein außergewöhnlicher Proviant auf. So saßen wir gegen Mitternacht am Grenzsignalzaun in Asbach und tranken das Exportbier. Wer hätte das gedacht? Meiers Paul war sprachlos und schüttelte nach jedem Schluck mit dem Kopf. Insgeheim freute ich mich riesig über diesen Triumph.

Durch das Rauschen des Alten Hainsbaches hörten wir nicht, dass sich aus Richtung Bad Sooden-Allendorf ein Fahrzeug näherte. Möglicherweise war der Wagen die letzten Meter auch nur gerollt, bevor ihn der Fahrer in der Haarnadelkurve stoppte oder wir waren tatsächlich eingepennt. Jedenfalls hatten uns die

Westler plötzlich vollständig im Scheinwerfer. Der grelle Lichtschein weckte zuerst meinen Posten. Er rüttelte an meinem Arm, um mich munter zu machen. Vor Schreck glitt mir die Bierflasche aus der Hand, so dass der Rest des Gerstensaftes über meine Stiefel lief. Die beiden Scheinwerfer blendeten mich und die Müdigkeit war mit einem Schlag verflogen. Ich spürte kalten Angstschweiß auf der Stirn, fühlte mich ertappt und wollte einfach nur weg. Hastig schnappte ich meine Waffe und lief mit Meiers Paul zum Beobachtungsturm. Trotz des Verbotes, nachts den BT zu besteigen, kletterten wir in die Kanzel, um uns zu verstecken. Die Beamten verfolgten unser unorganisiertes Treiben aufmerksam und wussten genau, dass wir auf dem BT saßen. Normalerweise erwischten wir den BGS bei seinen gepflegten Nickerchen am Zaun. Wenn wir Schläfer im Westen bemerkten, blendeten wir sie mit den Scheinwerfern vom Beobachtungsturm, die wegen dieser Begrüßung Hallo-Ballos genannt wurden. Die Dinger strahlten wie die Sonne in einer stockfinsteren Nacht. Diesmal benutzten wir den Scheinwerfer mit Verspätung, aber die Streife reagierte nicht auf unser langweiliges Scharmützel. Die Beamten hatten offensichtlich andere Probleme zu lösen. Sie knieten vorm rechten Hinterrad und begutachteten einen frischen Plattfuß. Womöglich waren sie beim Rangieren von der Straße abgekommen und in ein Stück Weidezaun gefahren, das den Reifen beschädigte. „Wir benötigen dringend Licht", rief einer der beiden in unsere Richtung. Zuerst glaubte ich, mich verhört zu haben und sah meinen Kumpel mit großen Augen an. Wir befürchteten zwar, dass man unseren Hallo-Ballo bis hinauf nach Sickenberg sehen könnte, aber für diesen Fall hätten wir eine passende Ausrede gefunden. Es gab keinen triftigen Grund, dem Wunsch vom BGS nicht nachzukommen. Der riesige Scheinwerfer blieb genau auf das Fahrzeug gerichtet, denn mit einem Leuchteinsatz von 1000 Watt ließ es sich besser arbeiten. Der Fahrer öffnete die Heckklappe und holte das Reserverad, einen Wagenheber und ein Radkreuz hervor. Der Radwechsel dauerte keine Viertelstunde, da jeder Handgriff wie beim Reifenservice saß. Mit nach oben gerichteten Daumen bedankte sich der BGS für die freundliche Unterstützung. Im Schatten unseres Scheinwerferlichtes sah ich dann, dass einer der beiden nach vorn an den Grenzzaun gelaufen kam. Er warf ein Päckchen rüber, das mitten auf dem Kolonnenweg landete, und bestieg wieder das Fahrzeug. Wollten sich die Westler etwa für die unkonventionelle Hilfe aus dem Osten revanchieren? Was in meinen Augen reine Dankbarkeit bedeutete, hätte vielleicht die Nominierung für den Friedensnobelpreis verdient, wäre unsere Aktion ans Tageslicht gekommen.

Wir Grenzer trauten uns nicht sofort hinunter, weil es gierig ausgesehen hätte, wenn wir uns gleich auf das Westpaket gestürzt hätten. Als der Bulli knatternd in Richtung Bad Sooden-Allendorf verschwand, sind wir hinuntergeklettert, um das mysteriöse Geschenk unter die Lupe zu nehmen. Das kleine Teil bestand aus zwei Abschnitten. Auf den orangefarbenen Tüten war Bifi in schwarzer Schrift zu lesen. Die Minisalami, die ich aus der Westwerbung kannte, schmeckte herzhaft und machte durstig. Zum Glück hatten wir noch zwei Flaschen Exportbier in meiner Postentasche übrig.

Auf den Hund gekommen

Als Hundeführer fuhr ich einmal im Monat zur Weiterbildung ins Bataillon. Jede einzelne Schulung glich einer Mordstortur, weil der Unterricht zusätzlich zum Grenzdienst in den Tagesablauf integriert wurde. Im allerschlimmsten Fall ging es direkt nach einer Nachtschicht zur Hundeführerschulung, obwohl wir in der Regel erst gegen 7.00 Uhr aus dem Grenzabschnitt zurückkamen. Manchmal blieb nicht einmal die Viertelstunde für eine Tasse Kaffee, da die Weiterbildung um 8.00 Uhr in Hildebrandshausen begann. Die Schulungen lohnten sich nicht nur wegen der vermittelten Theorie, sondern weil man die Teilnehmer des ersten Hundeführerlehrganges in Hildburghausen wieder traf. Aus diesen beiden Gründen bin ich trotz der erwähnten Strapazen gerne ins Bataillon gefahren.

Wir Hundeführer hatten einander viel zu berichten, wobei es nicht nur um unsere Hunde ging. Einigen Kameraden merkte man ihren Frust an, der sich seit dem Ausbildungslehrgang in Hildburghausen angestaut hatte. Es fiel ihnen schwer, die umfangreichen Aufgaben im Tagesgeschäft zu bewältigen. Aus den normalen acht Stunden Grenzdienst konnten mit Vor- und Nachbereitung sowie Hin- und Rückfahrt locker zwölf Stunden werden. Hinzu kamen Grenzalarme, BiWaK- und Zwölfstundenschichten sowie der lästige Innendienst auf der Huscha. Erst wenn diese Aufgaben erledigt waren, begann die eigentliche Tätigkeit mit den Hunden. Manch einem Hundeführer wurde diese Arbeit dann zuviel, so dass die Tiere an den meisten Tagen im Zwinger blieben. Am liebsten hätten die überforderten Kollegen ihre Hunde ganz abgegeben. Bei dieser Vorstellung kam ich ins Grübeln, da alle Hundeführer beim Abschied in Hildburghausen wesentlich motivierter klangen. Meiner Meinung nach handelte es sich bei den Kameraden um eine reine Willensfrage. Wenn man sich freiwillig für eine Sache entschied, dann zog man diese konsequent durch. Ich konnte mir den Grenzdienst ohne meinen Hund nicht mehr vorstellen, denn Alf gehörte seit dem Lehrgang in Hildburghausen einfach dazu. Er war für mich ein treuer Freund und zuverlässiger Gefährte, der mich bei Gefahr beschützte. Sein Zwinger war der ideale Zufluchtsort, wo ich mich vor Vertretern der EK-Bewegung versteckte. Gemeinsam liefen wir an der Grenze entlang, was nicht nur Alf in Bewegung hielt. Am Kontrollstreifen vorm Grenzsignalzaun habe ich den Hund oft von der Leine gelassen, um ihm den nötigen Auslauf zu gewähren, so wie ich das von zu Hause kannte. Er stürzte davon, jagte Vögel, Hasen und Rehe, dass man befürchten musste, er würde auf Nimmerwiedersehen verschwinden. Was habe ich in diesen bangen Minuten für Ängste ausgestanden. Aber Alf kehrte immer wieder zu mir zurück und wurde zum festen Bestandteil meines Tagesablaufes in Weidenbach. Wegen des Hundes durfte ich aus hygienischen Gründen nicht zum Küchendienst eingeteilt werden, wofür die Entlassungskandidaten noch Verständnis zeigten. Auf anderen Grenzkompanien gab es für Hundeführer sogar eine Befreiung vom Stuben- und Revierreinigen. Das war bei den herrschenden Machtverhältnissen in Weidenbach undenkbar. Überhaupt musste ich mich mächtig verbiegen, wollte ich die Aufgaben eines normalen Grenzers und eines Hundeführers unter einen Hut bekommen.

Während einer Fahrt zur Weiterbildung im Bataillon wurden wir einmal in einen Verkehrsunfall verwickelt. Gemeinsam mit einem älteren Hundeführer und den beiden Hunden ging es frühmorgens gleich nach der Nachtschicht in Weidenbach los. Kurz hinter dem Ortsausgang von Rüstungen krachte es dann. Auf der schmalen, kurvenreichen Strecke flog uns mit hoher Geschwindigkeit ein Pkw entgegen, der unsere Fahrbahnhälfte für sich beanspruchte und direkt auf uns zusteuerte. Um den erwarteten Zusammenstoß zu verhindern, wich unser Militärkraftfahrer nach rechts aus und lenkte den Jeep geradewegs in den Straßengraben, wo wir nach wenigen Metern gegen einen Feldstein prallten. Auf Grund der geringen Geschwindigkeit überschlug sich der P 3 glücklicherweise nicht. Dennoch zogen sich Fahrer und Beifahrer Platzwunden zu, weil sie mit ihren Köpfen gegen die Frontscheibe prallten. Schützende Sicherheitsgurte gab es im Jeep noch nicht. Beide Tiere und wir Hundeführer im Heck des Fahrzeuges kamen mit blauen Flecken davon. Nachdem wir den ersten Schreck überwunden hatten, war der Unfallverursacher längst über alle Berge, ohne sich den von ihm angerichteten Schaden anzusehen. Mit Alf lief ich zum Konsum nach Rüstungen und meldete den Unfall telefonisch beim UvD auf der Grenzkompanie, der Hilfe besorgen sollte. Doch von Weidenbach aus wurden weder die zuständige Polizei noch ein Krankenwagen alarmiert. Der Oberst startete auch keinerlei Versuche, den Unfallverursacher dingfest zu machen. Stattdessen schickte der Kompaniechef ein weiteres Fahrzeug los, das uns zur Weiterbildung nach Hildebrandshausen brachte, wo wir reichlich verspätet eintrafen. Ein Militärarzt, der bereits auf uns wartete, führte nur eine oberflächliche Untersuchung durch. Der Grobian betupfte unsere blutverkrusteten Wunden mit Wofasept, einem Desinfektionsmittel. Danach war er fertig mit seiner Ersten Hilfe. Man behandelte uns Grenzer tatsächlich wie den letzten Dreck. Zur Krönung bestätigte er allen Unfallteilnehmern die uneingeschränkte Diensttauglichkeit. Ich hätte wohl ein Schleudertrauma für einen Krankenschein simulieren müssen, um mich ordentlich ausschlafen zu dürfen.

Während meiner Dienstzeit in Weidenbach existierte außer mir noch ein ausgebildeter Hundeführer, der einen Hund besaß. Außerdem gehörte dem stellvertretenden Kompaniechef ein Hund im Zwinger, in dem ich jede freie Minute verbrachte. Näherte ich mich der Anlage, sprangen die Tiere vor Freude die Wände hoch. Die Hunde beruhigten sich erst, wenn ich die Türen öffnete und sie streichelte. Bei meiner Ankunft in Weidenbach nahm ich mir vor, alle Tiere gleich zu behandeln, was mir selten gelang. Da die Hunde nur einmal am Tag gefüttert wurden, sammelte ich die

Reste von unserem Mittagessen für sie. Das gestaltete sich oft schwierig, denn die Küchenabfälle waren heiß begehrt. Unsere Köchinnen radelten nach Feierabend mit randvoll gefüllten Einkaufsbeuteln aus buntem Dederon, der DDR-Variante von Perlon oder Nylon, vom Kasernenhof. Dabei brauchte ich die Abfälle dringend für meine Hunde, die normaler Weise nur in Wasser aufgelöste Trockenpellets bekamen. Der graubraune Brei stank bestialisch und schmeckte bestimmt auch so. Montags war generell Stehtag, an dem es nur Wasser zur Entschlackung gab. Den Hunden an der Laufanlage zwischen Asbach und Sickenberg erging es noch schlimmer. Reinrassige deutsche Schäferhunde hingen an rostigen Ketten, die man an gespannten Drahtseilen befestigt hatte. Die armen, verwilderten Kreaturen blieben regelmäßig hängen, weil sie ständig vorm Kfz-Sperrgraben hin- und herliefen und die Lücken zwischen den Betonplatten vom Regen so stark ausgespült waren, dass sich die Ketten darin verfingen. Da ich nur einmal täglich mit einem Kraftfahrer zum Füttern in den Abschnitt fuhr, kam es vor, dass ein Tier 24 Stunden lang festklemmte, bevor ich es befreien konnte. Während dieser Zeit waren die Hunde Wind und Wetter ausgesetzt, da sie ihre Holzhütten nicht erreichten. Die Tiere an der Laufanlage bekamen ausschließlich Trockenfutter. Obwohl ausreichend Trinkwasser in Weidenbach zur Verfügung stand, hatte ich ein logistisches Problem. Ich konnte gar nicht genug Wasser in den Abschnitt schaffen. Die Hunde warfen die Tröge ständig um, so dass das Wasser auslief. In einem solchen Fall blieb ihnen nichts anderes übrig, als das dreckige Regenwasser aus dem Kfz-Sperrgraben zu saufen. Im Winter musste ich warmes Wasser in den Abschnitt bringen, denn bei Frost froren die Fressnäpfe schnell zu. Aus diesem Grunde erwärmte ich das Wasser in Weidenbach, füllte es in riesige Thermoskübel und fuhr damit raus an die Grenze. Während der Fütterung hatten die Tiere an der Laufanlage wenigstens meine Gesellschaft. Die Einsamkeit im Grenzgebiet setzte ihnen mächtig zu. Manche Hunde reagierten so abartig, dass ich mit einem Angriff rechnete, wenn ich mich ihnen näherte. Soweit kam es allerdings nie.

Nachdem sich ein temperamentvoller Schäferhund zwischen Asbach und Sickenberg selbst strangulierte, brauchte man plötzlich Ersatz an der Laufanlage. Insgeheim befürchtete ich, dass der Reservehund aus Weidenbach kommen musste, weil unsere Grenzkompanie für diesen Bereich zuständig war. Schon bei der Vorstellung, dass mein Alf an die Kette gelegt werden könnte, wurde ich zornig, da er den Witterungsbedingungen irgendwann zum Opfer fallen würde. Ich wollte nicht einsehen, dass mein Hund ausgedient hatte und an der Trasse zwischen Asbach und Sickenberg landen sollte. Meine zutiefst menschlichen Gnadengesuche an den Oberst reichte dieser an den stellvertretenden Kompaniechef weiter, der selbst einen Hund im Zwinger hatte. Der Hundeverantwortliche unter den Offizieren befahl Alf an die Grenze, um seinen eigenen Hund vor der Laufanlage zu bewahren. Mir gegenüber argumentierte er scheinheilig, dass der verhängnisvolle Befehl aus dem Bataillonsstab stammte. In der Folge richtete ich meinen schriftlichen Protest an die Befehlsgeber in Hildebrandshausen, aber die Vorgesetzten reagierten nicht auf mein Ersuchen. Da Alf der älteste Hund im Zwinger war, kam er befehlsgemäß nach Asbach. An diesem rabenschwarzen Tag verlor ich jegliche Motivation als Hundeführer und hätte am liebsten alle Verpflichtungen hingeschmissen. Trotzdem versuchte ich weiterhin, Alf mit Küchenresten aus der Huscha zu versorgen. Wenn ich nicht persönlich zum Grenzdienst nach Asbach kam, bat ich den diensthabenden Posten darum, meinen Hund wenigstens mit belegten Broten zu füttern. Wie erwartet hielt Alf nicht lange an der Trasse durch. Nach nur wenigen Wochen bildeten sich Ekzeme an seinem Hintern, von denen kein Vorgesetzter etwas hören wollte. In ihren Augen war der Hund kerngesund. Aus Mitleid nahm ich Alf nach einer Schicht in Asbach heimlich mit in den Zwinger der Grenzkompanie, wo er vor lauter Schmerzen nur noch Schlitten fuhr. Es muss ihn mörderisch gejuckt haben, so blutig sah das lädierte Hinterteil aus. Während einer Spätschicht, in der ich draußen die Minentrasse bewachte, ist mein Hund von einem Tierarzt eingeschläfert worden. Ich konnte mich nicht einmal von Alf verabschieden und weiß auch nicht, wo er vergraben wurde. Als ich abends seinen leeren Zwinger in Weidenbach vorfand, kamen mir die Tränen. Die anschließende Nacht verbrachte ich ein letztes Mal unten im Zwinger, wo einst

mein Hund lebte, den ich gerne am Tage meiner Ent-
lassung mit nach Hause genommen hätte. Doch die
Tierquälerei bei den Grenztruppen machte mir einen
Strich durch die Rechnung. Der Platz von Alf an der
Hundelaufanlage zwischen Asbach und Sickenberg
blieb nach seinem Tode frei.

In diesem Zwinger links lebten einst meine Hunde

Wein, Weib und Gesang

Wie in allen Grenzkompanien wurde auch in Weidenbach ein sozialistischer Wettbewerb in verschiedenen Disziplinen geführt. Im Normalfall blieb dem Grenzer neben seinem täglichen Dienst und den weiteren Verpflichtungen gar keine Zeit für derartige Spielereien. Trotzdem zogen die Vorgesetzten den Wettstreit untereinander konsequent durch. Die vier Züge unserer Grenzkompanie wetteiferten fleißig um militärische Auszeichnungen wie Schützenschnüre, Abzeichen für gutes Wissen und Militärsportabzeichen. Um diesen Wettbewerb ordentlich anzuheizen, entwickelten intelligente Führungskräfte Initiativen wie das „Treffen mit dem ersten Schuss" und „Ich fahre den billigsten Kilometer". Das erstgenannte Motto beschränkte sich auf die halbjährlichen Schießübungen auf dem Böller. Bei diesen Ausflügen trichterte uns der Platzwart jedes Mal ein, dass die laufende Scheibe auch ein potentieller Grenzverletzer sein könnte. Die Erfolge im Schießen wurden mit Schützenschnüren und diversen Eicheln honoriert. Das regelmäßige Schießtraining diente insbesondere der geforderten Treffsicherheit im Grenzdienst, denn wem nutzten Grenzer, die schossen und nicht trafen. Außer bei der täglichen Vergatterung sprach kein Vorgesetzter offen über dieses heikle Thema, das an der Grenze genauso stiefmütterlich behandelt wurde wie in der Ausbildung. Die geistreiche Initiative „Ich fahre den billigsten Kilometer" sollte mithelfen, Dieselkraftstoff einzusparen. Oftmals rollten wir im Leerlauf von der Hessel bergab bis nach Asbach. Weitere Kriterien des sozialistischen Wettbewerbs bildeten die Ordnung und die Sauberkeit auf der Huscha. Ich weiß zwar heute noch nicht, nach welchen objektiven Parametern diese Disziplinen abgerechnet wurden, aber unserem Politoffizier gelang es stets, monatlich einen neuen Sieger zu küren. Im Grunde genommen konnte ein Gewinner überhaupt nichts gegen den obersten Platz auf dem Treppchen machen und Ablehnungen standen sowieso nicht zur Debatte. Wer befehlsgemäß an der Reihe war, der musste zwangsläufig dafür herhalten und wurde von den anderen einen Monat lang gehänselt. Jeder Zug durfte einmal gewinnen, so dass ständig für Abwechslung gesorgt war. Zur Belohnung gab es das obligatorische Foto vor der Grenzsäule in Weidenbach. Die feierliche Ehrung verlief derart amüsant, dass man sich das Lachen kaum verkneifen konnte, wie ein Bild von mir am Ende dieses Kapitels beweist.

Zu den beliebtesten Auszeichnungen zählte ein Ausgang in den erweiterten Standortbereich nach Rüstungen, der Farbe in den grauen Grenzeralltag brachte. Das Dorf verfügte über einen großen Saal, in dem Tanzveranstaltungen stattfanden. Einmal kam auch ich in den Genuss, mit unserem ausgezeichneten Zug nach Rüstungen zu fahren.

Im Tanzsaal fiel mein Blick zuerst auf ein Bild an der Wand, auf dem eine vollbusige Dame mit Weinglas, umgeben von Musikinstrumenten, zu sehen war. Unter dem Bild stand in verschnörkelter Schrift: „Wer nicht liebt Wein, Weib und Gesang, der bleibt ein Narr sein Leben lang". Hier drehte es sich also um den Alkohol, die Liebe und die Musik. Wir Grenzer wollten unseren Spaß haben und uns dabei von der besten Seite zeigen. Offiziell sprach der Oberst von guten Kontakten zur Bevölkerung, die das Ansehen der Grenztruppen aufbesserten. Die Vorgesetzten in Weidenbach sahen es gern, wenn sich Freundschaften im Grenzgebiet entwickelten, die nicht nur uns persönlich nutzten. Jede einzelne Verbindung zum Volk war wie ein Draht, der wichtige Informationen liefern konnte.

Wir tranken Bier vom Fass, hörten rhythmische Tanzmusik, es fehlten nur die vollbusigen Weiber, um die Losung von der Wand in die Tat umzusetzen. Hatte ich bisher dem zweifelsohne vorhandenen weiblichen Potential im Grenzgebiet widerstehen können, war ich an diesem Abend zu allen Schandtaten bereit. Die Strapazen des Grenzdienstes und der EK-Bewegung in Weidenbach hatten mich mürbe gemacht. Ich gebe zu, dass ich zwischenzeitlich ernsthaft an der eigenen Intelligenz zweifelte, weil ich meine Probleme nicht allein in den Griff bekam. Heutzutage hätte man bestimmt einen Psychiater zu Rate gezogen, den die Grenztruppen damals nicht brauchten. Ich war mit meinem Latein sprichwörtlich am Ende, suchte Trost bei einem verständnisvollen Menschen und Corinna war so weit weg. Sie fehlte mir.

In dieser vertrackten Situation fiel mir eine hübsche, zierliche, junge Frau auf, die mit einer anderen tanzte. Wegen der täuschenden Ähnlichkeit vermutete ich, dass es sich bei den beiden um Geschwister handeln würde. Später stellte sich heraus, dass die Tänzerinnen tatsächlich Schwestern waren. Zwei himmlische Töchter zogen die begehrenden Blicke sämtlicher Kameraden magisch an. Ich wollte nur gucken, nicht anfassen, vielleicht ein bisschen quatschen oder tanzen, nicht mehr und nicht weniger. Nach einigen Gläsern Bier wagte ich schüchtern, die unbekannte Schöne zum Tanzen aufzufordern. Dabei kamen wir miteinander ins Gespräch und ich erfuhr, dass Monika knapp zwei Jahre älter war als ich und in der Forstwirtschaft arbeitete. Meine anfänglichen Gewissensbisse wichen mit jedem Bier, das ich trank, und mit jedem Satz, den wir wechselten. Wer sollte mich hier im Grenzgebiet wegen eines harmlosen Tanzes, eines unbedeutenden Gespräches mit einer anderen Frau zur Rechenschaft ziehen? Fernab von zu Hause wähnte ich mich im Grenzgebiet in absoluter Sicherheit und begann, mich an Monika heranzutasten. Ihre auffallende Attraktivität, die sie entsprechend einzusetzen wusste, tat gewiss das Übrige in meinem Gefühlschaos. Um nicht gleich bei der ersten Gelegenheit umzufallen, gab ich mich weiterhin zurückhaltend und erweckte damit sogar ein wenig Mitleid. Im Sternzeichen der Jungfrau geboren, wollte ich alles perfekt machen. Dabei halfen mir die in Vorbereitung auf die Jugendweihe absolvierten Tanzstunden, die sich positiv auf den weiteren Verlauf des Abends auswirkten. Wir tanzten mehrere Male miteinander. Meine Sympathie für diese Frohnatur wuchs rasch. Ich spürte menschliche Wärme und nach langer Zeit erstmals richtiges Verständnis. Monikas helles, ungezwungenes Lachen wirkte so anziehend auf mich, dass ein Kuss nicht lange auf sich warten ließ. Mit einer herzlichen Umarmung verabschiedeten wir uns kurz vor Mitternacht. Auf der kurzen Rückfahrt zur Grenzkompanie durchlebte ich ein Wellenbad der Gefühle. Während in Rüstungen der Himmel noch voller Geigen hing, holte mich in Weidenbach das schlechte Gewissen eines unertappten Fremdgängers ein. Schließlich war ich mit Corinna liiert, die daheim auf mich wartete, und selbst in dieser Beziehung habe ich mir immer einen Ausweg gelassen. Da fahre ich doch nicht ins Eichsfeld, um dort eine feste Partnerschaft zu beginnen. Mit dieser eindeutigen Ansage schien meine Begierde fürs erste erledigt. Doch in Wirklichkeit hatte ich sie nur auf Eis gelegt. Warum sollte ich keine unentschuldbaren Dinge tun, um in Weidenbach klarzukommen? Ein Brief von Monika ließ nicht lange auf sich warten. Ich wunderte mich darüber, weil ich meine Anschrift nicht preisgegeben hatte. Die unerwartete Post zwang mich erneut, gründlich nachzudenken. Trotz aller Gewissensbisse traf ich Monika bei einer Disko wieder. Diesmal tanzten wir nicht. Sie saß neben mir am Tisch und hörte einfach nur zu. Ob ich die Auseinandersetzungen mit den Entlassungskandidaten schilderte oder meine Angst, im Grenzdienst zu versagen, war ihr egal. Sie zeigte Verständnis und bestärkte mich in meinem Vorhaben, den Grundwehrdienst bis zum letzten Tag durchzuhalten. Aus diesen Gesprächen schöpfte ich die Hoffnung, meine Dienstzeit schadlos zu überstehen. Gewiss hätte mir auch Corinna beigestanden, aber sie war nicht da. Bisher hatte ich mich nie getraut, meine menschlichen Schwächen ihr gegenüber preiszugeben, da jede Klage von mir wie eine persönliche Anklage geklungen hätte. Dabei konnte Corinna überhaupt nichts für meine Probleme. Monika tat mir gut, weil sie in der unmittelbaren Nähe wohnte. Auf meine Einladung hin kam sie prompt mit dem Moped nach Weidenbach. Unweit der Huscha lag ein kleiner Tümpel hinter Bäumen versteckt, den man heute sicher Biotop nennen würde. Dort gab es keine Zeugen für unsere Zweisamkeit unter freiem Himmel. Das Quaken der Frösche sorgte für die musikalische Umrahmung. Wir schufen ein heimliches Liebesnest, wo wir uns gelegentlich trafen. Der Kompaniechef genehmigte meine Ausflüge, solange sie sich auf den Standort Weidenbach beschränkten. Er befahl mir, mich vor dem Verlassen des Objektes beim Diensthabenden abzumelden, da immer höchste Alarmstufe herrschte, wenn ein Grenzer unentschuldigt der Kompanie fern blieb. Irgendwann vernachlässigte ich diesen Befehl und verließ illegal die Huscha, weil ich nicht ständig betteln wollte. Unter dem Vorwand, die Hunde zu füttern, schlich ich am Zwinger vorbei, um Monika zu treffen. Das fiel nicht auf, denn die Tiere fütterte ich manchmal, auch wenn Alf nicht mehr dabei war. Zur nächsten Mahlzeit saß ich wieder am Tisch und die Kameraden dachten stets, ich käme von den Hunden. Nur Meiers Paul weihte ich vorsichtshalber ein, dass wenigstens ein Mensch in der Huscha wusste, wo ich im Ernstfall zu finden war. Mein Fußballkumpel warnte mich vor den Offizieren im Buckelbau, denn von dort aus war es möglich, meinen Fluchtweg zu verfolgen. Außerdem hörte man den Mopedlärm, wenn Monika durch Weidenbach fuhr. Diese großzügigen Freiheiten wären mir beinahe zum Verhängnis geworden. Eines Tages überprüfte das Bataillon die Gefechtsbereitschaft unserer Kompanie. Monika und ich lagen im grünen Versteck, wo wir uns sicher fühlten. Unsere Körper verschmolzen gerade, als das Heulen einer Sirene an mein Ohr drang. Was hatte dieser auf- und abschwellende Signalton zu bedeuten? Ich hielt kurz inne und versuchte, dem von der Huscha kommenden Alarmsignal eine Bedeutung zuzuordnen. Gefechtsalarm? Tatsächlich, wir hatten Gefechtsalarm! Unverzüglich aufbrechen, hämmerte es in meinem Hinterkopf. Monika wusste nicht, wie ihr geschah. Sie schwebte eben noch auf Wolke sieben und wurde jäh aus ihrem Traum gerissen. Zügig streifte ich die Uniformhose über und wollte zur Huscha rennen. Da bemerkte ich, dass Monika noch auf der Jacke lag. Hektisch riss ich ihr die Unterlage weg, ohne Rücksicht auf ihren Gefühlszustand zu nehmen. Für einen Abschiedskuss blieb leider keine Zeit, denn die Hupe auf dem Hof verstummte nicht. Im Laufen zog ich meine Uniformjacke an und gelangte durch ein Loch im Holzzaun zum Hundezwinger, wo mich der stellvertretende Kompaniechef bereits suchte. „Wir haben Gefechtsalarm, Küch!“, schrie mich der Buckel wütend an. Völlig perplex stand ich vor dem Offizier und stammelte, beim Füttern der Tiere nichts gehört zu haben. Der Vorgesetzte tadelte meine unvollständige Anzugsordnung und befahl mir, wie die anderen Grenzer unten auf dem Kasernenhof anzutreten. In diesem Moment hörte ich Monikas Moped hinterm Buckelbau. Sicher war sie verärgert und fuhr enttäuscht davon. Im Laufschritt erreichte ich den Hof, wo meine ungenügende Alarmzeit keine Berücksichtigung fand. Ansonsten hätten wir die Übung in Weidenbach wiederholen müssen. Von diesem Zeitpunkt an meldete ich mich befehlsgemäß beim Diensthabenden ab, wenn ich die Huscha verließ. Ich wollte keine Schwierigkeiten mit den Vorgesetzten, die mir die Treffen mit Monika ermöglichten. Ich hatte mich auf diese Frau eingelassen, weil ich mir sicher war, nicht ertappt zu werden. Im Urlaub wartete meine Freundin daheim und an der Grenze besuchte mich das nette Mädchen vom Nachbarort. Je länger ich über diesen komfortablen Zustand nachdachte, desto verzwickter wurde die eigene Lage. Mein schäbiges Verhalten führe ich in erster Linie auf mangelnde Lebenserfahrung zurück. Ich war damals erst 20 Jahre alt und wusste nicht, was Liebe und insbesondere Treue überhaupt bedeuteten. Im Elternhaus lernte ich vieles, aber das Thema Liebe wurde nie besprochen. Meine Eltern redeten um den heißen Brei herum, wie es verklemmte Erwachsene gegenüber pubertierenden Jugendlichen in Sachen Sexualität tun. Später habe ich eingesehen, dass sie selbst nie richtig aufgeklärt wurden. Zärtlichkeiten zwischen meinem Vater und meiner Mutter fanden meistens im dunklen Kämmerchen statt. Wenn ich die beiden einmal beim Sex erwischte, war die Stimmung sowieso hinüber. Allein aus diesen Gründen hätte ich mir lieber jüngere Eltern gewünscht. Manchmal denke ich, dass ich meine Mutter mehr geliebt habe als mein Vater das tat. Seine Seitensprünge machten mich wütend, weil meine Mutter sehr darunter litt. Spätestens seit diesen Ehekrisen hätten die Alarmglocken bei mir schrillen müssen. Im eigenen Elternhaus wären genug Beweise zu finden gewesen, dass Treue eine Grundvoraussetzung für eine ehrliche Liebesbeziehung bildete.

Irgendwann war der Sommer in Weidenbach vorbei und draußen wurde es zunehmend kälter. Mir machte der Wechsel der Jahreszeit nichts aus, aber Monika reagierte empfindlich auf die sinkenden Temperaturen. Deshalb mussten wir uns nach einer anderen Bleibe umsehen. Monikas Elternhaus bot das passende Asyl. Obwohl ich dort in Uniform nicht gern gesehen war, trafen wir uns heimlich. Meistens weilte nur der Opa im Hause, der schwerhörig war. Ich hielt ihn für einen äußerst freundlichen Menschen, den es nicht störte, wenn ich in Ausgangsuniform aufkreuzte. Der alte Mann erkannte rasch, dass ich seiner Enkelin gut tat. Ich wollte einfach nur Spaß und hoffte insgeheim, dass Monika genauso dachte. Doch sie verfolgte längst ernstere Absichten als mir lieb waren. Irgendwann wuchs mir diese Affäre über den Kopf. Wahrscheinlich lag das an Monikas Zukunftsplänen, denn ich wollte um keinen Preis im Eichsfeld bleiben. Leider brachte ich nicht den Mut auf, die Liebschaft zu beenden. Die böse Überraschung ließ nicht lange auf sich warten. Ein freiwilliger Helfer der Grenztruppen aus Weidenbach hatte Monika mehrmals beim Frauenarzt in der Kreisstadt gesehen und zog daraus die entsprechenden Schlüsse. Er stoppte unseren Lkw mitten im Dorf, als wir gerade mit Hobelspänen vom Tischler in Schwobfeld kamen. Der Mann riss freudestrahlend die Fahrertür auf und gratulierte dem zukünftigen Papa auf dem Beifahrersitz. Die unerwartete Nachricht fiel wie ein schwerer Stein auf mich herab. Ich hatte das Gefühl, keine Luft mehr zum Atmen zu bekommen. Angstschweiß lief meinen Rücken hinunter. Total entsetzt verharrte ich auf der gepolsterten Sitzbank, als mir der Fahrer aufmunternd auf die linke Schulter klopfte. Es fiel mir schwer, mich zu bewegen. Wie unter Hypnose taumelte ich nach draußen, ohne den Verkehr auf der Dorfstraße wahrzunehmen. Mitten auf der Straße umarmte mich unser Fahrer unter Tränen. Während mein Kumpel vor Freude weinte, heulte ich, weil die Liebschaft aufgeflogen war. Verunsichert und überfordert fragte ich mich, wie es wohl weitergehen würde. Sollte ich brav den verständnisvollen Vater spielen und verdrängen, dass mich Monika mit dem Kind überrumpelt hatte? Ich fühlte mich vollkommen ausgenutzt, denn Nachwuchs war nie und nimmer das Ziel unserer Affäre. Sicher gehören zwei Menschen dazu, um ein neues Lebens zu zeugen. Trotzdem kam ich mir verarscht vor und wollte alle Brücken im

Eichsfeld abbrechen. Es konnte nur ein Entweder-Oder geben und deshalb musste eine Entscheidung herbei. Egal wie diese ausfiel, einem Menschen würde ich damit sehr wehtun, das stand fest. Bisher wurden mir die wichtigen Dinge im Leben immer abgenommen. Meine Eltern und Geschwister, Lehrer und Erzieher sowie der allmächtige Staat bestimmten meinen Lebenslauf. Corinna brach den Briefwechsel ab, weil sie spürte, dass etwas zwischen uns nicht stimmte. Auf Grund der negativen Erfahrungen in ihrer gescheiterten Ehe erahnte sie praktisch den Seitensprung. Mein Verhalten passte genau in ihr Bild vom unreifen Jugendlichen, der gern erwachsen wäre. Ich war zu feige, ihr die Wahrheit zu schreiben und schämte mich für meine Ungeduld, die in Untreue ausuferte. Mit aufgezwungener Enthaltsamkeit, Einsamkeit oder gar Unterdrückung durch andere Menschen ließ sich mein egoistisches Verhalten nicht entschuldigen. Als meine Mutter vom Seitensprung erfuhr, schrieb sie einen ernst gemeinten Drohbrief nach Weidenbach. „Bleibe gefälligst dort, wo der Pfeffer wächst!", formulierte sie wutentbrannt. Diese Zeilen erschütterten mein Bewusstsein zutiefst und holten mich auf den Boden der Realität zurück. Für meine Mutter ist die Untreue ihres Sohnes wie ein Schlag ins eigene Gesicht gewesen. Sie schämte sich nicht nur für mich, sondern für sich selbst, für ihre fehlgeschlagene Erziehung, für unsere Familie insgesamt und verweigerte mir das heimatliche Asyl. „Wenn etwas schief geht, Deine Mutter wohnt …", lautete der letzte Satz ihrer Anklageschrift. Dieser

Brief setzte mich zusätzlich unter Druck. Krampfhaft suchte ich während der Schichten nach einer Strategie, meine Beziehung mit Corinna zu retten. Ich wollte Reue zeigen und mich entschuldigen. Doch wie entschuldigt man sich für einen Seitensprung? Eine Affäre lässt sich nicht so einfach ungeschehen machen, mit Kind schon gar nicht. Ich hatte Angst, Corinna für immer zu verlieren und erwartete ihren Zorn. Um eine zweite Chance bei ihr zu bekommen, beantragte ich Urlaub und fuhr nach Hause. Im Zug hatte ich über sechs Stunden Zeit, mit mir selbst abzurechnen. Wie konnte es nur soweit kommen? Ausgangspunkt meiner Überlegungen bildete die Tatsache, dass ich zwei Wochen vor meiner Einberufung die Frau meines Lebens kennen lernte. Ich war nicht einfach nur zufrieden, sondern zum ersten Mal bis über beide Ohren verliebt und verteidigte die Beziehung mit Corinna gegenüber meinen Eltern. Mit diesem Gefühlshoch begann mein Dienst bei den Grenztruppen. Doch die Zustände an der Grenze machten mich zu einem sehr einsamen Menschen, der sich mit seinen Problemen im Stich gelassen fühlte. In diesem Gefühlstief hatte ich mich gründlich verrannt und Trost bei einer jungen Frau in der Nachbarschaft gesucht. Ich musste endlich die Reißleine ziehen, wollte ich dem Wechselbad meiner Gefühle ein Ende setzen. Es gibt Entscheidungen im Leben, die man pragmatisch mit all ihren Vor- und Nachteilen im Kopf durchdenkt und welche, die man mit dem Herzen trifft. Und mein Herz schlug für Corinna. Unsere Liebe war mir zu kostbar, um sie einfach wegzuwerfen. Als ich am Bahnhof aus dem Zug stieg, wusste ich, dass ich nie wieder zu Monika zurückkehren würde. Mein Entschluss hätte sich auch dann nicht geändert, wenn mir Corinna endgültig den Laufpass geben würde, soviel stand für mich fest.

Entschlossen kam ich zu Hause an, wo mir meine Mutter einen frostigen Empfang bereitete. Sie, die ich zuvor mühevoll von der neuen Freundin überzeugt hatte, gab mir zu verstehen, dass Corinna die einzig richtige Frau für mich war. Sogar mein Bruder ergriff Partei für seine Kollegin. Markus kannte und schätzte sie von der Arbeit her und forderte mich auf, ihr reinen Wein einzuschenken. Dieses Eingeständnis war das Schlimmste, was mir im Leben bevorstand.

Corinna empfing mich zwar höflich, umarmte mich jedoch nicht. Allein von dieser Begrüßung konnte ich ableiten, dass etwas zwischen uns kaputtgegangen war. Trotzdem wollte ich für diese Liebe kämpfen. Gewiss würden anfangs Schuld und Wut zwischen uns stehen und meine Freundin würde eine Zeit lang nicht zulassen, dass wir uns näher kommen. Schließlich hatte ich es verdient, für meine Verfehlungen zu leiden. Aber diese Spannungen würden vorübergehen, davon war ich fest überzeugt. Verzweifelt gestand ich meine Untreue, während Corinna nachdenklich zuhörte. Mir schien, dass sie einen Grund für den Seitensprung hören wollte, aber es gab ja keinen akzeptablen. Meine ausweichende Antwort war keine Verteidigung, sondern die ehrliche Bitte um Verzeihung. Nach langem

Schweigen rückten wir näher, umarmten und küssten uns unter Tränen. Trotz aller Enttäuschung hat mir Corinna verziehen, was bestimmt nicht einfach für sie gewesen ist. Der seelische Schmerz, der ihr vollkommen grundlos zugefügt wurde, war schließlich keine Strafe für ein Fehlverhalten ihrerseits. Betrogen zu werden, nagt am Selbstbewusstsein eines jeden Menschen. Noch härter musste es sein, wenn man wie Corinna die gleiche Situation schon einmal durchlebte. Mit den Fragen nach den Ursachen für mein Verhalten kämpfte sie allein. Corinna ging durch die Hölle, weil sie sich keinem Menschen anvertrauen konnte. Ihre Eltern hätten mit dem Wissen über meine Untreue bestimmt kein Verständnis dafür aufgebracht, mir eine zweite Chance einzuräumen. Reumütig versprach ich, einen Schlussstrich im Eichsfeld zu ziehen. Diese klare Entscheidung bekam Monika von mir in einem Brief mitgeteilt, um ihr nicht die Wahrheit ins Gesicht sagen zu müssen.

Als ich aus dem Urlaub nach Weidenbach zurückkehrte, war meine Trennung von der jungen Frau im Nachbarort längst bekannt, denn der Informationsfluss innerhalb der Huscha funktionierte reibungslos. Wegen der ungeklärten Familienverhältnisse haben mich die Vorgesetzten nicht mehr raus an die Grenze gelassen. Unverheiratet und ohne eigene Kinder war ich in den Augen der Sicherheitsorgane sowieso kein idealer Grenzer. Wenn es in meiner Beziehung kriselte, galt ich sofort als Unsicherheitsfaktor und potentieller Überläufer. Dieses Misstrauen bekam ich am eigenen

Leibe zu spüren. Angeblich bestand tatsächlich Flucht-gefahr. Ein solcher Gedanke wäre mir niemals in den Sinn gekommen. Für die Vorgesetzten stand mein Verbleib in der DDR an erster Stelle. Ich hatte noch nicht einmal meine Tasche ausgepackt, da durfte ich schon beim Kompaniechef zum Rapport antanzen. Der Politoffizier vom Bataillon kam extra wegen die-ser Personalie nach Weidenbach und hatte verschiede-ne Alternativen im Gepäck. Der Kompaniechef schlug eine Verlängerung der Dienstzeit mit entsprechender Beförderung und Gehaltserhöhung vor. Er hätte es gerne gesehen, wenn ich in Weidenbach bleiben wür-de, weil ich mich dort bestens auskannte. Aufkohlen wollte ich unter keinen Umständen. Die zweite Vari-ante beinhaltete meinen Umzug zu Monika in den Nachbarort, dort sollte ich als freiwilliger Helfer der Grenztruppen brauchbare Spitzeldienste leisten. Das kam für mich nicht in Frage. Da alle Überredungs-künste nichts nutzten, blieb nur die dritte Möglichkeit, die für mich an erster Stelle stand. Ich versicherte ernsthaft, dass ich mich für immer von Monika ge-trennt hatte und künftig Alimente für das gemeinsame Kind zahlen wollte. Doch die Offiziere glaubten mir nicht und befürchteten, dass ich in den Westen abhau-en würde, um mich den Unterhaltszahlungen zu ent-ziehen. Jeder Einwand meinerseits war zwecklos. Der Rest schien reine Formsache für die Vorgesetzten. Drei Monate vor meiner Entlassung aus dem Grund-wehrdienst erfolgte meine Versetzung in den Bataill-onsstab nach Hildebrandshausen.

Der 25. Januar 1984 war mein letzter Tag in Weidenbach. Während ich meine Sachen packte, wartete der Politoffizier vom Bataillon unten beim Kompaniechef, um mich sofort mitzunehmen. Zu meiner eigenen Sicherheit zog man mich von der unmittelbaren Grenze ab. Nie im Leben würde ich hierher zurückkehren, dachte ich bei meinem Abschied von der Huscha. Monika habe ich nicht wieder gesehen. Die werdende Mutter tröstete sich schnell. Es dauerte nur wenige Tage, bis mein Nachfolger an ihrer Seite feststand. Dabei handelte es sich ebenfalls um einen Grenzsoldaten, der nach mir in Weidenbach diente, was ich später von Meiers Paul erfuhr. Ich denke, dass Monika so handelte, um nach außen hin den Anschein zu wahren, dass sich in ihrer Beziehung nichts geändert hätte. Dieses Wissen würde sie jeden Tag bei sich tragen und sie zu einer fürsorglichen Mutter machen, dessen war ich mir sicher. Den Unterhalt für das Kind zahlte ich regelmäßig und pünktlich. Meine späteren Bemühungen, einen persönlichen Kontakt zu meinem Sohn aufzubauen, verweigerte Monika. Natürlich darf ich keine Forderungen stellen, denn als mich die junge Familie einst brauchte, habe ich mich gegen sie entschieden, wofür ich meine Gründe hatte. Aber Menschen entwickeln sich weiter, ändern ihre Standpunkte und so entstand die Neugier in mir, zu erfahren, was aus dem Jungen geworden ist. Diese Neugier wird mich weiterhin begleiten. Sollte mein Sohn eines Tages auf der Suche nach seinem Vater vor meiner Tür stehen, würde ich ihn willkommen heißen.

Vor der Grenzsäule in Weidenbach

Strafversetzt

Meine Versetzung von Weidenbach in den Bataillonsstab nach Hildebrandshausen empfand ich vom ersten
Tag an wie eine Strafe, denn die militärischen Verhältnisse glichen denen, die mir von der Ausbildung in
Eisenach und von der zeitweiligen Abkommandierung
ins Grenzregiment Mühlhausen bekannt waren. Ich
kam mir vor wie der letzte Dreck und man behandelte
mich auch so. Offiziell hatte ich nur Innendienst. Die
eintönige Arbeit begann morgens um 7.00 Uhr mit
Stuben- und Revierreinigen, setzte sich tagsüber mit
Stuben- und Revierreinigen fort und endete abends
um 17.00 Uhr mit Stuben- und Revierreinigen. Ein
überaus strenger Hauptfeldwebel mit schlohweißen
Haaren kontrollierte penibel die Sauberkeit bis hinein
in den letzten Winkel. Mit Argusaugen inspizierte er
auch die dunkelsten Ecken und suchte nach winzigen
Staubkörnchen, die ich im Übereifer meines Wirkens
übersehen hatte. Wenn er tatsächlich ein Krümelchen
fand, nahm er es zwischen Daumen und Zeigefinger
seiner rechten Hand und blies es mir provozierend
direkt ins Gesicht. Seine Standardfrage dabei lautete:
„Sehen sie mich noch, Küch?" Ich habe mich nie getraut, gegen den grimmigen Kerl aufzubegehren, weil
dessen große und kräftige Statur äußerst respektein-
flößend wirkte. Stattdessen fragte ich mich, warum
sich der Spieß noch für derartige Schikanen hergab,
trennten ihn doch nur wenige Jahre vom Ruhestand.
Missfiel dem Oberfähnrich der Zustand eines Reviers,

musste ich mit dem Putzen noch einmal von vorn beginnen. Der energische Vorgesetzte duldete keine Widerrede. In diesen enttäuschenden Momenten kostete mich das Schweigen eine Menge Überwindung. Meine ohnehin schlechte Laune wurde noch schlechter. Ich stand jeden Morgen widerwillig auf und fiel abends todmüde und gedemütigt ins Bett. Mein unmoralisches Verhalten bestimmte sämtliche Gedanken, die in meinem Kopf herumschwirrten. Die eintönige Arbeit bereitete mir Schwierigkeiten, so dass ich mich oft zwingen musste, überhaupt durchzuhalten.

Vielleicht hätte mich ein etwas diplomatischerer Auftritt beim letzten Rapport in Weidenbach vor einer Versetzung in den Bataillonsstab bewahrt. Das Vortäuschen einer intakten Beziehung zu Monika wäre in meinen Augen eine reine Notlüge gewesen, um bis zum Ende der Dienstzeit in Weidenbach bleiben zu dürfen. Diese Idee kam mir leider erst beim Putzen in den Sinn, weil ich im Bataillon genug Zeit zum Nachdenken hatte. Statt einer Lüge blieb ich freiwillig bei der Wahrheit, da dieser gute Vorsatz und seine tägliche Umsetzung in der Praxis einen Neubeginn für mich bedeuteten. Doch der gute Wille brachte mir nichts als mistige Reviere ein, die ich reinigen musste.

Im Verlauf meiner Verbannung entwickelte ich jedoch ein feines Gespür für Diplomatie gegenüber den Vorgesetzten. Was hatte ich in den verbleibenden 93 Tagen noch zu verlieren? Ich legte mir die Ruhe und Nervenstärke eines Stuhles zu, der auch mit jedem Arsch klarkommen muss. Es störte mich generell nicht mehr, wenn der Hauptfeldwebel das Ergebnis meiner Arbeit kritisierte und mich anschließend dafür bestrafte. Während mich solche Negativerlebnisse in Eisenach und Mühlhausen anständig auf die Palme brachten, lernte ich in Hildebrandshausen, entspannter mit diesen Missverständnissen umzugehen. Bei Kritik, egal ob berechtigt oder nicht, blieb ich absolut ruhig, nickte zustimmend oder senkte ehrfürchtig den Kopf. Meine späte Einsicht trug bald reife Früchte, denn die Vorgesetzten nahmen sich selbst in dem Maße zurück, in dem ich Ruhe bewahrte. Ich begriff, dass der Spieß von Zeit zu Zeit den fiesen Buckel rauskehren musste, ansonsten wäre er nicht für die Grenztruppen geeignet gewesen. Manchmal faltete er mich in Anwesenheit ranghöherer Offiziere schroff zusammen, dass es den Umstehenden gehörig die Sprache verschlug. Dabei zwinkerte mir der Hauptfeldwebel zu, wenn sich unsere Blicke trafen. Es kostete viel Mühe, mir bei solchen Gelegenheiten ein Lachen zu verkneifen. Aus einer militärischen Marionette entwickelte sich eine Art Vaterfigur für mich, deren Obhut und Fürsorge mich schützte. Das solidarische Verhalten des Spießes imponierte mir so sehr, dass ich zugeben musste, es gab tatsächlich normale Menschen bei den Grenztruppen der DDR.

Ich habe das leidige Stuben- und Revierreinigen perfektioniert, bis mir der Spieß half, in der Hierarchie des Bataillonsstabes aufzusteigen. Irgendwann brauchte ich keine Reviere mehr zu reinigen, weil regelmäßig menschliche Versager wie ich von den umliegenden

Grenzkompanien in Hildebrandshausen eintrafen. Genau nach dem Vorbild einer funktionierenden EK-Bewegung übernahmen die Verbannten meine Arbeit. Neue Besen kehren bekanntlich gut. Der Hauptfeldwebel befahl mich fortan zum Unteroffizier vom Dienst, was meine militärische Karriere völlig auf den Kopf stellte. In dieser verantwortungsvollen Funktion entlastete ich den Offizier vom Dienst, spielte eine Art besseren Laufburschen für ihn. Auf Befehl vom Spieß organisierte und kontrollierte ich selbstständig die Tagesdienste. Mein umfangreiches Aufgabengebiet beschränkte sich jedoch nicht nur auf den Bataillonsstab. Fehlte etwas auf den Grenzkompanien in Weidenbach, Pfaffschwende, Hildebrandshausen oder Treffurt, plante ich die erforderlichen Transporte dorthin. Allerdings durfte ich während meiner Tätigkeit das Gelände des Bataillonsstabes nicht verlassen.

Das Dienstzimmer des UvD, das sich auf demselben Flur wie die Kommandozentrale des Grenzbataillons befand, glich einer kleinen Telefonzentrale, in der ich abwechselnd mit meinem Gehilfen arbeitete. Da meistens beide Türen auf dem Gang offen standen, konnte ich jedes Wort des Führungsoffiziers mit anhören. Obwohl der aktive Grenzdienst längst ein Tabuthema für mich war, habe ich mir viele Zusammenhänge, die ich früher nicht verstand, vom Diensthabenden erklären lassen. Im Bataillon gingen die Meldungen von den Führungsstellen der vier Kompanieabschnitte ein, die nach ihrer Bedeutung gefiltert wurden, um sie anschließend an das Regiment in Mühlhausen weiterzugeben. Jede der einzelnen Meldungen bildete einen winzigen Mosaikstein, der hier im Bataillon zu einem vollständigen Bild zusammengefügt wurde. Im Abschnitt zwischen Sickenberg und Kella fehlte mir einst der Überblick, weil ich nur den eigenen Postenbereich kannte. Erst wenn alle Postenführer ihren Postenbereich ohne Anzeichen einer Grenzverletzung auf der Führungsstelle gemeldet hatten, meldete unser Zugführer den Abschnitt der Grenzkompanie Weidenbach ins Bataillon und der Führungsoffizier im Zimmer nebenan meldete den kompletten Bataillonsabschnitt Hildebrandshausen an das Regiment in Mühlhausen. Mühlhausen meldete an das Grenzkommando Süd in Erfurt. Auf diesem Weg funktionierte die interne Meldekette der Grenzsicherung von unten nach oben. Der diensthabende Offizier saß vor einer originalgetreuen Abbildung des Bataillonsabschnittes und dirigierte die Zugführer auf den Führungsstellen der vier Kompanieabschnitte. An diesem Modell wurden auch die Bewegungen von Bundesgrenzschutz, Grenzzolldienst und der US-Armee aufgeklärt und gemeldet. Wenn der BGS beispielsweise um 7.00 Uhr gegenüber von Sickenberg auftauchte, um eine Stunde später in der Gegend von Kella zu sein und um 9.00 Uhr im Bereich Treffurt gesichtet wurde, konnte man auf eine bestimmte Route schließen. Es war wirklich spannend, wie sich aus den Meldungen der einzelnen Postenführer der Weg einer Streife im Westen abzeichnete. Andererseits schreckte mich der Aufwand ab, den unser Staat da draußen betrieb, die Menschen am Verlassen der Republik zu hindern. Ein diensthabender Offizier im Bataillon plauderte in meiner Anwesenheit sämtliche Details der Grenzsicherung aus, um mir seine Intelligenz auf diesem Gebiet zu beweisen. Dabei merkte er nicht, dass er gegen alle Prinzipien von Wachsamkeit und Geheimhaltung verstieß. Seine dienstliche Oberflächlichkeit gipfelte darin, dass er mir erlaubte, über das Grenzmeldenetz Kontakt zur Führungsstelle meiner ehemaligen Grenzkompanie aufzunehmen. Als der Offizier auf dem Klo saß und rauchte, nutzte ich die Wechselsprecheinrichtung, um die Kollegen aus Weidenbach zu grüßen. Da ich immer genau wusste, wann mein Zug im Abschnitt weilte, gelang es mir sogar, meinen einstigen Zugführer davon zu überzeugen, Meiers Paul regelmäßig mit auf die Führungsstelle zu planen. Einmal wöchentlich informierte mich mein Kumpel über Neuigkeiten aus Weidenbach. Meiers Paul kannte auch die aktuellen Fußballergebnisse unserer heimischen Kreisliga. Die Gespräche dauerten oft nur eine Zigarettenlänge, reichten jedoch aus, mich vorübergehend wieder aufzubauen. Dieses Privileg verscherzte ich mir leider eines Tages, als ein LPG-Vorsitzender wichtige landwirtschaftliche Arbeiten im Schutzstreifen anmelden wollte und nach meinem Vorgesetzten verlangte. Nichtsahnend stiefelte ich mit dem Genossenschaftsbauern in Richtung Führungszimmer, wo ein lautes Geräusch an unsere Ohren drang. Der Offizier saß schnarchend vor seinem Modelltisch. Ich wich demonstrativ zurück und versperrte dem gestiefelten Begleiter den Blick auf meinen schlafenden Vorgesetzten. Vorsichtig klopfte ich an die offene Tür. Der Diensthabende zuckte zusammen und wäre beinahe vom Hocker gefallen. Er sprang auf und tobte wütend durch den abgedunkelten Raum. In diesem Moment sprengten die Hosenträger und seine Stiefelhose rutschte bis in die Kniekehlen. „Was habt ihr denn hier drin zu suchen?", brüllte der Buckel und schob uns beide unsanft aus dem Raum. Dabei rutschte die Hose über seine Stiefel, so dass er über die Türschwelle stolperte und uns direkt in die Hacken fiel. „Meldet euch gefälligst telefonisch an, bevor ihr einfach reinschneit!", schrie der Diensthabende aus voller Kehle hinterher. Ich begleitete den LPG-Vorsitzenden hinaus auf den Hof, wo wir uns freundlich voneinander verabschiedeten. Meine Hoffnung, der Offizier hätte sich in der Zwischenzeit etwas beruhigt, zerplatzte wie eine Seifenblase. Der Vorgesetzte saß wieder in vorschriftsmäßiger Anzugsordnung auf seinem Stuhl und zitterte am ganzen Körper. Sein Problem schien allerdings nicht die Überraschung beim Schlafen im Dienst zu sein. Angeblich wäre es für den ungebetenen Gast ein Kinderspiel gewesen, unseren Bataillonsabschnitt anhand des Modells auszuspionieren. Mit einem solchen Vorwurf hätte ich, der Unteroffizier vom Dienst, rechnen müssen. Da ich es nicht getan hatte, brachte mich meine Gutgläubigkeit um den wichtigen Kontakt zu den ehemaligen Kameraden. Ans Wechselsprechgerät im Führungszimmer durfte ich seit diesem Vorkommnis überhaupt nicht mehr. Der Posten des UvD blieb mir zum Glück erhalten.

Im Falle einer erneuten Degradierung zum Stuben- und Revierdienst wäre ich wahrscheinlich zugrunde gegangen.

In meinen Briefen an Corinna habe ich bewusst kein Blatt vor den Mund genommen. Während ich früher in Weidenbach vom Stress am Kanten berichtete, fühlte ich mich als Laufbursche im Bataillonsstab völlig unterfordert und formulierte diesen Zustand, ohne ihn dabei zu beschönigen. Insgeheim hoffte ich, dass die wissbegierigen Stasikontrolleure meine ehrlichen Briefe lesen würden. Obwohl ich meinen Zwangsaufenthalt im Bataillon verfluchte, begann ich damit, die Freizeit verhältnismäßig sinnvoll zu nutzen. Ich habe heimlich Bücher gelesen, in denen deutsche Kommunisten wie Robert Havemann ihre Lebenserfahrungen schilderten. Meine Ausgänge nach Hildebrandshausen beschränkten sich auf die Wochenenden, an denen ich ein paar Bier trank. Auf Besuche in Diskotheken und Tanzlokalen habe ich verzichtet, um nicht noch einmal den Vorzügen des weiblichen Geschlechts zu erliegen. Stattdessen spielte ich im Ausgang den hilfsbereiten Samariter, kümmerte mich beispielsweise um Soldaten des ersten Diensthalbjahres, die nach einer Zechtour nicht allein zurück in die Kaserne fanden. Natürlich trat ich dabei wieder ins Fettnäpfchen, was sich folgendermaßen abspielte.

Vorausgeschickt sei die Tatsache, dass sich Angehörige der Grenzkompanie Hildebrandshausen nicht mit denen des Bataillons Hildebrandshausen verstanden. Jede der einzelnen Parteien fühlte sich der anderen weitaus überlegen. Grenzsoldaten mochten Batailloner nicht, weil diese keinen Grenzdienst leisteten und demzufolge auch keine richtigen Grenzer waren. Bei den Grenztruppen der DDR stand das Bataillon in der Rangfolge allerdings über der Kompanie. Daher akzeptierten Batailloner wiederum keine Grenzsoldaten. Dieser Streit konnte nie beigelegt werden. Also ging man sich besser aus dem Weg. Gemeinsam mit den neuen Kollegen vom Stab feierten wir an einem Samstagabend in einer Gaststätte in Hildebrandshausen. Ein Soldat von meiner Stube kam verspätet ins Lokal, als an unserem Tisch bereits alle Stühle besetzt waren. Am Nachbartisch, wo die Entlassungskandidaten der dritten Grenzkompanie zechten, war hingegen noch ein Platz frei. Der Achtziger borgte sich den leeren Stuhl vom Nebentisch und setzte sich zu uns. Im Laufe des Abends wurde die Kneipe immer voller. Auch der Nachbartisch bekam Zuwachs, der sitzen wollte. Der Ärger schien vorprogrammiert. Als ein Grenzer der dritten Kompanie an unseren Tisch trat, um sich den verborgten Stuhl zurückzuholen, drohte die bis dahin friedliche Stimmung zu kippen. Unser Achtziger dachte nicht im Geringsten daran, von seinem Platz aufzustehen. Doch der angetrunkene Grenzer gab keine Ruhe. Solange mein Zimmerkollege nicht auf die Beleidigungen einging, ließ sich der Störenfried auch nicht abwimmeln. Der Kerl nervte mit seinen kindischen Besitzansprüchen, dass mir die ständige Quengelei über wurde. Es fehlte ein winziger Funke, der das Pulverfass zur Explosion bringen würde. Da sich der

Achtziger schließlich abwandte und den Entlassungskandidaten einfach stehenließ, tickte dieser völlig aus und bot dem Jungen Schläge an. Um seiner ernsthaften Forderung den entsprechenden Nachdruck zu verleihen, packte er den Soldaten am Schlips. Bevor die Fäuste der beiden flogen, sprang ich instinktiv auf und verpasste dem Gefreiten einen heftigen Schlag, der den Kontrahenten unter den Nachbartisch beförderte. Als er mit blutiger Nase hervor kroch, halfen ihm seine Kollegen beim Aufstehen. In der Zwischenzeit hatte der besorgte Wirt die Auseinandersetzung bereits telefonisch im Bataillonsstab gemeldet. Es dauerte gar nicht lange, bis wir getrennt von der Gaststätte abgeholt wurden. Der Spieß, der ausgerechnet an diesem Wochenende seinen Dienst versah, reagierte gelassen auf die Anzeige des Gaststättenleiters. Er befahl zwei Unteroffiziere mit zwei Fahrzeugen zur Kneipe, um weitere Schlägereien zu verhindern. Ich wurde unverzüglich ins Bataillon gebracht und mein Kontrahent zur dritten Grenzkompanie. Den Oberfähnrich bekam ich an diesem Abend nicht mehr zu Gesicht. Befragt wurden lediglich die Augenzeugen des Vorkommnisses, das nie offiziell ausgewertet wurde. Anscheinend hatte ich alles richtig gemacht.

Der Spieß befahl mich am nächsten Morgen in sein Dienstzimmer. Als ich die Tür öffnete, wehte mir der Duft von frischem Kaffee entgegen. Ich staunte nicht schlecht, standen doch zwei Tassen auf dem Schreibtisch vor mir. „Setz Dich, Küch, wir müssen reden!", fauchte mich der Vorgesetzte unfreundlich an.

Sein rauer Ton war mir seit meiner Ankunft in Hildebrandshausen hinlänglich bekannt. Innerlich zog ich die traurige Bilanz meiner bisherigen militärischen Laufbahn und erwartete die fällige Abreibung für meine Eskapaden. Ich dachte zuerst an die handgreifliche Auseinandersetzung mit den Entlassungskandidaten in Weidenbach, dann an den ausgeschlagenen Zahn meines Patenonkels und schließlich an den Faustschlag in der Gaststätte von Hildebrandshausen. Diese unrühmlichen Vorkommnisse in Summe machten mir Angst, weil ich mich selbst nicht wiedererkannte. Was hatten die Grenztruppen nur aus mir gemacht? Als zurückhaltender Mensch fuhr ich zum Grundwehrdienst, wo ich mich zeitweise in ein wildes Tier verwandelte.

Der alte Mann nahm seine Schirmmütze ab und goss nachdenklich schweigend Kaffee ein. „Nennen sie mir den Namen, Genosse Oberfähnrich, ich werde mich entschuldigen!", bettelte ich mehr als ich bat. Der Vorgesetzte winkte unwirsch ab und schob eine Kaffeetasse zu mir rüber. Dann blickte er mir tief in die Augen. „Wenn dich ein Grenzer mit lila Veilchen aufsucht und dir die Hand reicht, schlag ein! Darum bitte ich dich, Küch." Im ersten Moment glaubte ich, mich verhört zu haben. Der Oberfähnrich hatte mir keinen militärischen Befehl erteilt, sondern eine rein menschliche Bitte ausgesprochen. Erleichtert atmete ich auf und verließ das Dienstzimmer, ohne einen einzigen Schluck Kaffee getrunken zu haben. Der EK von der dritten Grenzkompanie in Hildebrandshausen suchte mich erst auf, nachdem sein Veilchen etwas abgeklungen war. Trotzdem sah der Kerl noch immer zum Fürchten aus. Der Bericht über meine aktive Zeit auf der Grenzkompanie in Weidenbach überzeugte ihn dermaßen, dass er mir anerkennend auf die Schultern klopfte. Im Eifer des Gefechts hatte er mich für einen Batailloner gehalten. Während der Aussprache erläuterte ich den Grund für mein aggressives Verhalten. Daraufhin reichten wir uns die Hände wie es sich für anständige Menschen gehört. Der Zwischenfall war dennoch nicht die letzte heikle Situation, die ich während meines Grundwehrdienstes überstehen musste.

Am letzten Samstag im März 1984 wurde ich zu einer Fahrt ins Ungewisse abkommandiert. Der Spieß bestellte mich morgens in sein Dienstzimmer, um mich persönlich darüber zu informieren. Diesmal gab es keinen Kaffee. Der Oberfähnrich saß hinterm Schreibtisch und schaute mich mit großen Augen an. Ich kannte sein strenges Gesicht, aber so ernst hatte ich ihn noch nie gesehen. Irgendetwas schien ihn zu bedrücken. „Küch, du fährst heute mit der Abteilung 2000 raus." Mir stockte sofort der Atem. „Stasi, was wollen die denn ausgerechnet von mir?", fragte ich irritiert. „Himmel, Arsch und Zwirn", schimpfte der Spieß. „Beruhige dich, Küch! Die Genossen werden dich unter Umständen auf die Probe stellen. Vielleicht versuchen sie sogar, dich aus der Reserve zu locken. Du wirst mir auf die letzten Tage keine Schande mehr machen! Auch deine Entlassung steht auf dem Spiel! Haben wir uns beide verstanden, Küch?" Der alte Mann schien angefressen zu sein, was man seinem überernsten Tonfall entnehmen konnte. Ich rang nach Luft und versuchte, seinen Worten einen Sinn zu entnehmen. Was wollte die Stasi noch von mir? Die Leute wussten längst über mich und die genauen Ursachen meiner Verbannung in den Bataillonsstab Bescheid. Der Spieß schwieg und es kam mir so vor, als würde er auf eine Reaktion von mir warten. „Ja, jawohl, Genosse Oberfähnrich, sie können sich auf mich verlassen", lautete meine gestammelte Antwort. Kurze Zeit später hupte unten vor dem Fenster ein Fahrzeug, was das Zeichen zum Aufbruch zu sein schien. Behäbig erhob ich mich vom Stuhl und sah den Vorgesetzten hilflos an. Der Spieß blinzelte mir zu wie früher, wenn er mich vor ranghöheren Offizieren anbrüllte. Anders konnte er mir nicht helfen. Die angespannte Situation glich einem Abschied für immer. Wortlos wandte ich mich ab und verließ den Raum, ohne mich umzuschauen. Draußen auf dem Kasernenhof schlug mir die Morgenkühle entgegen. Es war zwar kalt, aber Schnee lag nicht mehr. Vorm Bataillonsstab stand ein roter Lada mit laufendem Motor, in dem zwei Männer saßen, die auf mich warteten. Die Insassen, die Wattejacken mit Offiziersschulterstücken trugen, schienen es nicht nötig zu haben, wegen mir auszusteigen. Ich öffnete die Beifahrertür und setzte mich neben den beleibten Fahrer, wie es mir von seinem Vorgesetzten befohlen wurde. Meine Sitzposition ähnelte der beklemmenden Situation in einer Einzelzelle, wo man nur aufrecht stehen konnte. Misstrauisch musterte ich die Männer, die mir von gelegentlichen Besuchen in

Weidenbach bekannt vorkamen. Wir fuhren zu dritt vom Kasernenhof, jedoch nicht in Richtung Grenze, sondern freundwärts ins Inland. Nachdem sich meine Begleiter ihrer Wattejacken entledigt hatten, fiel mein Blick auf die schwarzen Pistolen vom Typ Makarow, die über den Zivilklamotten baumelten. Die gespielte Lässigkeit der jungen Männer gab mir zu denken. Einmal heuchelte der Offizier auf dem Rücksitz sogar Mitleid und behauptete, „dass der Genosse Küch das beste Pferd im Bataillonsstall wäre". War das etwa der Grund, warum mich diese Leute mitschleppten? Wollten sie mich zu irgendeiner Drecksarbeit zwingen oder mich heimlich, still und leise um die Ecke bringen? Es fiel mir einfach keine plausible Erklärung für diesen merkwürdigen Ausflug ein. Hilflos lehnte ich mich in den unbequemen Sitz zurück, drückte meinen Kopf gegen die zu tief eingestellte Nackenstütze und schloss beide Augen. Der Rest der Welt hatte mich im Stich gelassen und so blieb mir nur der Genickschuss für die Summe meiner Verfehlungen. Im Grund genommen kann meine Moral überhaupt nicht zur Debatte gestanden haben, denn die Stasileute besaßen ja selbst keine. „Wir lassen dich hier nicht raus, Küch!", riefen meine Begleiter abwechselnd in einem nicht enden wollenden Kanon. Von allein wäre ich niemals auf den absurden Gedanken gekommen, vor meinen Problemen davonzulaufen und in den Westen zu flüchten. Doch ich spürte, dass sich hinter diesen beiden Ganoven eine fremde Macht verbarg, der ich wehrlos ausgeliefert war. Der Kraftfahrer raste mit 120 Stundenkilometern über die Landstraßen, ohne sich den Geschwindigkeitsbegrenzungen der Straßenverkehrsordnung verpflichtet zu fühlen. Nach einer guten Stunde bogen wir von der asphaltierten Straße rechts in den Wald ab. Der schmale Weg führte an mehreren Lichtungen vorbei und schien kein Ende zu nehmen. Die mysteriöse Fahrt gab mir immer mehr Rätsel auf. Wollten sie mich hier umbringen und heimlich im Waldboden verscharren? Die Gegend sah so gottverlassen aus, dass ich befürchtete, hier würde meine letzte Stunde schlagen. Eine winzige Hoffnung versprühte das helle Tageslicht, das mich vielleicht vor den Schandtaten meiner Begleiter bewahren würde. Wir hielten schließlich vor einem mannshohen Zaun, der den Blick auf ein riesiges Anwesen versperrte. Ich musste auf Geheiß des hinter mir sitzenden Vorgesetzten aussteigen und das Tor aufschließen. Da nun mehrere Gebäude zum Vorschein kamen, konnte ich ein wenig aufatmen. Fehlte eigentlich nur noch der Förster, der mich aus der Übermacht der Staatsgewalt befreite. Die urige Holzhütte in der Mitte des Grundstücks schien ein Ferienhaus der Staatssicherheit zu sein, das mächtig unter der kalten Jahreszeit gelitten hatte. Sturm und Schnee des langen Winters hinterließen ihre Spuren auf dem gesamten Gelände, was viel Arbeit für mich bedeutete. Wahrscheinlich hatten die Stasileute meine Briefe an Corinna tatsächlich gelesen, Worte wie nutzlos, sinnlos und überflüssig gefunden, und wollten mir dafür einen anständigen Denkzettel verpassen. Nachdem ich das Tor wieder ordnungsgemäß verschlossen hatte, musste ich herumliegende Äste aufsammeln, die den Weg zur Garage versperrten. Erst dann konnte der Lada untergestellt werden. Anschließend hieß es für mich, die Hütte auszuräumen, um den dringend nötigen Frühjahrsputz zu erledigen. Da ich die schweren, rustikalen Möbelstücke nicht allein tragen konnte, packte der Fahrer mit an. Sein Kollege nahm mit einer Kiste Bier in der angerosteten Hollywoodschaukel auf der Terrasse Platz. Beim Blick auf die Habseligkeiten der Hütte verschlug es mir fast die Sprache. In den einzelnen Räumen standen teure Konsumgüter, die man in den Läden unserer Republik meist vergeblich suchte. Einige Elektrogeräte stammten zwar aus einheimischer Produktion, waren jedoch vom Exportkontingent in den Westen abgezweigt worden. Typenschilder von Privileg oder Quelle wiesen eindeutig auf diesen Umstand hin. Den Vormittag über schrubbte ich Dielen in der ausgeräumten Hütte. Während der Fußboden trocknete, hackte ich draußen Holz, bis sich Blasen an meinen Händen bildeten. Das zerkleinerte Brennholz stapelte ich zum Trocknen in den angrenzenden Schuppen. Als die Dielen im Haus wieder trocken waren, half mir der Fahrer beim Einräumen der Möbel, während sein Kollege bereits tief und fest in der Hollywoodschaukel schlummerte. Ängstlich schaute ich mich bei jedem Schritt nach ihm um, weil ich zu diesem Zeitpunkt noch immer mit dem Schlimmsten rechnete. Eine Pause gab es für mich erst nach getaner Arbeit. Am späten Nachmittag grillte der Dicke echte Thüringer

Rostbratwürste auf einem Holzkohlegrill. Dazu durfte ich sogar ein Radeberger Pils trinken, wofür ich mich bedankte. Meine Aufpasser bemühten sich krampfhaft, eine gepflegte Freundlichkeit an den Tag zu legen. Wir saßen zu dritt auf der Terrasse, was mich reichlich Überwindung kostete. Ich habe mich nicht einmal getraut, eine zwanglose Unterhaltung zu beginnen. Welches Thema hätte ich anschneiden sollen, um nicht gleich anzuecken? Die Gespräche, die meine Begleiter anfingen, verliefen äußerst oberflächlich. Selbst bei meinem Lieblingsthema Fußball hatten wir unterschiedliche Standpunkte, weil meine Aufpasser für Berlin waren, während ich für Dresden Partei ergriff. Wir stritten über den künftigen DDR-Meister, wobei mir leider die Argumente ausgingen. Lagen die beiden Dynamomannschaften am 24. März 1984 noch punktgleich an der Tabellenspitze, wendete sich das Blatt an diesem letzten Wochenende im März. Dynamo Dresden verlor durch ein 0:0 beim Schlusslicht in Halle die Tabellenführung an den BFC Dynamo, der daheim 4:2 gegen den FC Karl-Marx-Stadt gewann. Ich durfte die Oberligaspiele an diesem Samstag in Farbe verfolgen. Während die Genossen in der sauberen Hütte saßen, stand ich draußen neben dem Grill und wärmte mich ein wenig daran auf. Der große Fernseher mit japanischer Bildröhre, der offiziell über 6000 Mark im Rundfunkladen kostete, war direkt mit einer Stereoanlage verbunden. Sonst hätte ich auf der Terrasse gar nichts hören können. Auch die ARD-Sportschau um 18.00 Uhr habe ich mir unter Aufsicht der Staatssicherheit angeschaut. Die Genossen prahlten mit diesem Privileg, um mich aus der Reserve zu locken. Aber ich habe mich nicht provozieren lassen. Abends brachten mich die Stasileute zurück ins Bataillon, wo ich müde ins Bett fiel, so dass mir keine Zeit zum Nachdenken blieb.

Endlich nach Hause

Wie alle Kameraden meines Diensthalbjahres fieberte ich dem Tag der feierlichen Entlassung, dem 27. April 1984, ungeduldig entgegen. Die Aufregung am Vorabend war so groß, dass der Schlaf bei mir ausblieb. Ich lag wach in meinem Bett und malte mir aus, wie der bevorstehende Lebensabschnitt verlaufen würde. Da sich kein zufriedenstellendes Ergebnis abzeichnete, bin ich früher als die Kollegen aufgestanden. Nach der Morgentoilette hieß es, die Rasier-, Wasch- und Zahnputzutensilien, die man während des Grundwehrdienstes benutzt hatte, zu entsorgen. Mit diesem Ritual folgte ich der üblichen Tradition, Gebrauchsgegenstände aus der Dienstzeit verschwinden zu lassen, um später im zivilen Leben nicht an dieses dunkle Kapitel erinnert zu werden.

Das Wecken der anderen Entlassungskandidaten verlief an diesem Morgen viel schneller, weil die sich nicht lange bitten ließen und aus den Betten sprangen. Auf den Fluren begann ein reges Treiben, so dass der Bataillonsstab rasch einem Ameisenhaufen glich. Jeder Insasse rannte ziellos umher. Das goldene Stuben- und Revierreinigen ging total unter. Die Achtziger kamen mit den Reinigungsgeräten kaum durch. Symbolisch packten wir zwischendurch mit an, indem wir Besen und Bohnerkeule flüchtig berührten. Sämtliche Dinge und Tätigkeiten, die wir am Entlassungstag ein letztes Mal verrichteten, wurden golden genannt. Dazu gehörte neben anderen Postsachen auch ein symbolträchtiger Brief, den ich vor Tagen an Corinna abgeschickt hatte. Das goldene Frühstück habe ich bewusst ausgelassen, weil uns die Kameraden auf der Stube mit frischen Brötchen, Hackepeter und duftendem Bohnenkaffee bewirteten. Die jungen Leute legten sich mächtig ins Zeug, unseren Abschied so angenehm wie möglich zu gestalten. Sicherheitshalber kontrollierten wir nach der Morgenmahlzeit ein letztes Mahl die Bekleidungs- und Ausrüstungsgegenstände auf Vollzähligkeit, denn die Grenztruppen forderten bis auf meine Socken fast alles zurück. Was ich nicht abgeben musste und nicht mehr brauchte, bekam mein Pate geschenkt. Reichte man solche nützlichen Sachen an die nächst jüngere Grenzergeneration weiter, nannte sich das vererben. Wenn mir umgekehrt ein Teil gefehlt hätte, wäre es eine Ehre für den Paten gewesen, seinem Onkel das Utensil zu borgen. Spätestens bei der eigenen Entlassung wäre er selbst in den Genuss der Ausleihe gekommen. Während der goldenen Putz- und Flickstunde verteilte der Spieß die Pakete mit den Zivilsachen, die wir kurz vor unserer Entlassung von zu Hause bekamen. Die Kleidungsstücke hatten wir längst anprobiert. An einem Wochenende, an dem der Oberfähnrich keinen Dienst schob, überließ uns der Schreiber die Sachen netter Weise zum Probetragen. So bereiteten wir uns mit zivilem Kaffeekränzchen praxisnah auf den Heimgang vor und kontrollierten, ob die Sachen noch passten. Ich musste meine gute Jeanshose, die ich 1978 zur Jugendweihe geschenkt bekam, vom Schneider in Hildebrandshausen einnähen lassen, denn die persönlichen Eskapaden der letzten Wochen hatten mich einige Pfunde gekostet.

Im Keller des Bataillonsstabes nahmen der Spieß und sein Schreiber die gebrauchte Ausrüstung entgegen. Der Oberfähnrich wirkte genauso ernst wie am Tage meiner Ankunft in Hildebrandshausen. Er sah mit seinen vielen Falten im Gesicht zum Fürchten aus, als wollte er unsere letzten Stunden bei der Truppe noch nach Dienstvorschrift gestalten, was ich mir beim besten Willen nicht vorstellen konnte. Während er mir zum Abschied kräftig und lange die Hand schüttelte, konnte er sich dennoch ein Schmunzeln nicht verkneifen. „Wenn du nicht mehr hier bist, Küch, wird mir eine Menge fehlen. Bleib stets anständig und lass dich nicht verbiegen!", gab mir der Oberfähnrich mit auf den weiteren Weg. Er wünschte mir Glück in der Liebe, Gesundheit und ein langes Leben. Ich bedankte mich höflich und merkte, dass mir dabei Tränen über das Gesicht liefen. In dieser rührenden Situation konnte ich mich nicht mehr zurückhalten und umarmte den beleibten Pfundskerl, der mich mit seiner ganzen Persönlichkeit mehrmals vor Strafen schützte. Bei allem militärischen Wahnsinn an der Grenze hatte er sich einen Rest Menschlichkeit bewahrt, den er verantwortungsvoll seinen Untergebenen weitergab.

Nachdem wir uns ausgiebig von den Soldaten im Bataillon verabschiedet hatten, mussten wir draußen auf dem Appellplatz vorm Stabsgebäude antreten. Dort, wo ich einst mit meinem Hund auf den Abtransport an die Grenze lauerte, wartete ich nun auf die Kameraden meines Diensthalbjahres. Die Entlassungskandidaten von den Grenzkompanien in Weidenbach, Pfaffschwende, Hildebrandshausen und Treffurt erkannte ich in Zivilsachen kaum wieder. Alle trugen ein besonderes Halstuch zur Erinnerung. Die Resi-Tücher erhielten wir, weil wir „ehrenvoll bis zum letzten Tag bei den Grenztruppen der DDR gedient" hatten. Der Schriftzug prangte inmitten zahlreicher Grenzermotive auf dem weißen Tuch, auf dem sich die Kameraden mit ihren Adressen verewigten. Als ich meinen Kumpel Meiers Paul erblickte, umarmten wir uns lange. Die Tränen in unseren Augen waren eindeutig Freudentränen. Der Abschlussappell im Bataillon geriet zur Nebensache, denn auf dem Kasernenhof herrschte ein heilloses Durcheinander, das die Vorgesetzten nicht zu stören schien. Irgendwie gewann ich den Eindruck, dass uns die Buckel nur schnell vom Hof haben wollten. Das goldene Kommando „Aufsitzen!" auf den bereitstehenden Lkw war der letzte und schönste Befehl in Hildebrandshausen. Während die Soldaten vom Bataillon auf beiden Seiten Spalier standen und uns traurig zuwinkten, rollten wir fröhlich winkend vom Hof. Der Schlagbaum fiel für immer. Wir fuhren nach Mühlhausen, wo der feierliche Abschlussappell des Regimentes „Eugen Levine" stattfand, auf dem uns der Kommandeur für den geleisteten Grenzdienst dankte. Eine geschlagene Stunde lang drosch er die vertrauten Phrasen vom kalten Krieg bis hin zum Schutz von Frieden und Sozialismus, an die ich mich im Laufe der Dienstzeit gewöhnt hatte. Abschließend drohte er uns mit erhobenem Zeigefinger, die Abläufe im Grenzdienst zu verschweigen und wies auf die künftige Geheimhaltungspflicht hin. Mir dauerte das ganze Zeremoniell zu lange, denn ich wollte so schnell wie möglich zum Bahnhof.

Gegen Ende des langweiligen Appells brach das perfekte Chaos auf dem Kasernenhof aus. Jeder Reservist flüchtete zum Fuhrpark, ohne den entsprechenden Befehl abzuwarten. In diesem Durcheinander konnte man sich nicht einmal richtig von allen verabschieden. Obwohl sich jeder Jungreservist fest vornahm, gleich nach der Ankunft im Heimatort zu schreiben, wurde in den meisten Fällen nichts daraus. Um das Wirrwarr zu beseitigen, verfrachtete man uns bezirksweise auf Lastkraftwagen, die zum Bahnhof fuhren. Aus dem Bezirk Frankfurt befanden sich nur drei Reservisten auf dem Lkw. Zwei davon waren Meiers Paul und ich. Beim dritten Resi handelte es sich um den neuen Vater meines ungeborenen Sohnes, der auf der anderen Seite saß. Mit einem Schlag holte mich das schlechte Gewissen wieder ein. Mein Gegenüber blickte abwechselnd auf den Boden und in mein Gesicht. Wir kannten uns nicht und hatten uns demzufolge auch nichts zu sagen. Auf der Grenzkompanie in Weidenbach und in Rüstungen bekam ich einen Nachfolger. Alles blieb sozusagen in der Familie, den Grenztruppen der DDR. Die Anonymität der abgelegten Uniformen leistete einen entscheidenden Beitrag dazu.

Herbst 2008

Freitag, 3. Oktober 2008, Tag der deutschen Einheit. Wir fahren von Bad Sooden-Allendorf aus in Richtung Sickenberg und kommen der ehemaligen Grenze näher. Die malerische Landschaft im Eichsfeld ohne Zäune und Minen? Für mich unvorstellbar. Die Straße wird plötzlich so schmal, dass ich mich auf den Gegenverkehr konzentrieren muss. Nach 25 Jahren kehre ich zurück, um Spuren zu suchen.

Gemeinsam mit Corinna erreiche ich das Grenzmuseum Schifflersgrund, das erste Museum dieser Art, das nach der Wende geschaffen wurde. Auf dem Parkplatz stehen Autos mit Kennzeichen aus der gesamten Republik, was beweist, dass sich die Deutschen für ihre Geschichte interessieren. Vorm Eingang überkommt mich das befürchtete Unbehagen, denn Schifflersgrund ist kein Ort zum Wohlfühlen. An einer Wand hängen Bilder von Asbach und Sickenberg, die nach meiner aktiven Dienstzeit entstanden. In alten Propagandafilmen marschieren Soldaten der NVA. Man sollte die Marionetten von einst danach fragen, wie sie heute zu diesen Bildern und ihren Taten stehen. Leider kommen ehemalige Grenzer nicht zu Wort. Gerne würde ich jedem Besucher ein Manuskript meines Buches in die Hand drücken, weil es mir zu einfach erscheint, die innerdeutsche Grenze zu verurteilen und daraus abzuleiten, dass alle Grenzer Scharfschützen waren. Wer so argumentiert, der vergisst, dass die meisten von uns ihren Grundwehrdienst an der Grenze leisteten. Corinna ist überrascht von den erhalten gebliebenen Bauten auf dem Außengelände. An einer Grenzsäule begreife ich, dass das silberne Wappen der DDR aus Aluminiumguss gefertigt wurde. Ein schlichtes Kreuz aus Birkenholz am gegenüberliegenden Hang erinnert an Heinz-Josef Große, der bei einem Fluchtversuch von zwei Grenzsoldaten erschossen wurde. Hier tut Schifflersgrund am meisten weh.

Ein Teil des Grenzmuseums Schifflersgrund

Vom Grenzmuseum fahren wir weiter nach Sickenberg, wo mit viel Liebe zum Detail ein Biohof betrieben wird, auf dem man traditionelle Landwirtschaft erleben kann.

Hof Sickenberg

Ohne Eile passieren wir den kleinen Friedhof, der mit dem Abbau der Zäune seine Würde wieder bekam. Schmale Serpentinen verbinden die Ortsteile Sickenberg und Asbach. Wir genießen die schöne Aussicht auf Hessen. In Schrittgeschwindigkeit passieren wir Asbach und halten außerhalb des Dorfes vor einem Wendehammer. Es ist genau die Stelle, wo im Frühjahr 1983 mein aktiver Grenzdienst begann. Corinna ist längst ausgestiegen. Versteinert sitze ich hinterm Lenkrad und fühle mich wie ein Verbrecher, der an den Ort seiner Taten zurückgekehrt ist. In Gedanken sehe ich einen Lkw vor mir, denke an meinen Sturz von der Ladefläche und die zerbrochene Thermosflasche. Auf einmal ist alles so gegenwärtig. Doch es läuft kein Kaffee aus und den Postenführer von damals gibt es nicht mehr.

„Paul, komm endlich!", diese Aufforderung gilt mir, einem 45 Jahre alten, wiedervereinigten Deutschen. Zögernd steige ich aus, neugierig auf das, was mich erwartet. Es gelingt mir nicht, meine Unsicherheit vor Corinna zu verbergen. Aufgewühlt erkläre ich ihr den ehemaligen Grenzverlauf. Obwohl die Gegend nicht nach der versprochenen blühenden Landschaft aussieht, wurde vieles positiv verändert. Freiwillige aus Ost und West haben die Überbleibsel des kalten Krieges beseitigt. Nur der Kolonnenweg ist erhalten geblieben. Unkraut überwuchert die Platten. Dazwischen wachsen Gräser und Sträucher, die mir fast an die Gürtellinie reichen. Mit geübtem Schritt gelingt es mir, den rechteckigen Löchern auszuweichen. Wir wandern weiter bis uns ein rot-weiß gestreiftes Flatterband den Weg versperrt. Corinna fotografiert restaurierte Fachwerkhäuser, mittendrin das Restaurant „Zur Schmiede". Hier herrscht Hochbetrieb, weil heute Feiertag ist. Asbach wirkt hell und freundlich. Nur die Dorfstraße müsste noch saniert werden. Der Alte Hainsbach, dessen Lauf verändert wurde, plätschert vor sich hin. Ein Schäferhund bellt in einem Garten hinter Streckmetallplatten, die eindeutig vom Grenzzaun 1 stammen. Die Vögel fliegen noch immer von Ost nach West. Selbstverständlich kehren sie zurück, denn die Natur kennt keine Grenzen.

Anstelle des Beobachtungsturmes erblicken wir einen

Fußballplatz. Wo früher Grenzdienst geschoben wurde, wird heute gekickt. Das hätte ich mir beim besten Willen nicht träumen lassen. Hinterm Bolzplatz treffen wir Wanderer aus dem benachbarten Hessen, die die Landstraße nach Bad Sooden-Allendorf suchen. Vor 25 Jahren traute sich niemand, einen DDR-Grenzer nach dem Weg zu fragen. Heute weise ich den Wanderern die Richtung und merke, dass es die kleinen Gesten sind, die einem im Leben weiterhelfen. Wir haben jede Menge Zeit für die Natur, die sich im Schutze der Zäune entwickeln konnte, und viel Zeit zum Nachdenken.

Der Fußballplatz in Asbach

Nachwort

Bei meiner Rückkehr nach Asbach habe ich vieles noch einmal durchlebt und aufgeschrieben, um für mich einen Abschluss zu finden. Sich dieser unrühmlichen Zeit zu stellen, kostete Überwindung und tat weh, weil menschliche Gefühle und Beziehungen auf der Strecke blieben. Doch ich brauchte die vorliegende Aufarbeitung, um Ehrlichkeit in mein Leben zu bringen. Fehlte mir früher oft der Mut, ehrlich gegenüber meinen Mitmenschen zu sein, habe ich es mittlerweile gelernt, offen auszusprechen, was mir nicht passt. Ansonsten würde ich daran ersticken.

Während meiner Armeezeit bewachte ich einen Zaun, der längst zur deutschen Geschichte gehört. Was hätte man anstelle des Grundwehrdienstes alles lernen, studieren oder sich erarbeiten können? Wie der Graf von Monte Christo in meinem Lieblingsroman würde ich mich gern bei den Verantwortlichen von damals für diese Sinnlosigkeit revanchieren. Aber ich will die Schuld nicht auf andere schieben. Schließlich hätte ich auch verneinen können, als man meine Verteidigungsbereitschaft hinterfragte.

Die Erfahrungen des Grenzdienstes härteten mich grundlegend ab. Nie wieder würde ich für eine Sache eintreten, von der ich nicht hundertprozentig überzeugt bin. Der junge, naive Mitläufer, der im Alter von 19 Jahren zur Fahne kam, liegt irgendwo im Eichsfeld begraben. Ich habe mich seitdem zurückgezogen und bin misstrauischer gegenüber anderen Menschen geworden. Diese Eigenschaft ist heute wichtiger denn je. Zum Glück musste ich niemals entscheiden, ob ich auf einen Menschen schieße. Ich weiß nicht, wie meine Reaktion ausgefallen wäre. Im Falle eines Angriffes hätte ich mich verteidigt, soviel steht fest. Dennoch bin ich froh, dass an meinen Händen kein Blut klebt.

In der Zeit bei den Grenztruppen lernte ich eine Frau lieben, die zu mir hält. Leider brauchte ich 18 Monate, um dieses Glück zu begreifen. Unsere Hochzeit wird immer der schönste Tag in meinem Leben bleiben. Ich musste handeln, weil es an der Zeit war, endlich für klare Verhältnisse zu sorgen. So wurde ich erzogen.